体操初级教程

主　编：张予南　高留红
副主编：谢建中　游焜炎　金　逵

北京体育大学出版社

策划编辑：钱春华
责任编辑：钱春华
责任校对：张　洋
版式设计：博文宏图

图书在版编目（CIP）数据

体操初级教程 / 张予南主编. -- 北京 : 北京体育大学出版社，2011.7 （2025.8重印）
ISBN 978-7-5644-0745-2

Ⅰ. ①体… Ⅱ. ①张… Ⅲ. ①体操－教材 Ⅳ. ①G83

中国版本图书馆CIP数据核字(2011)第133012号

体操初级教程　　张予南　主编

出版发行：北京体育大学出版社
地　　址：北京市海淀区农大南路1号院2号楼2层办公B-212
邮　　编：100084
网　　址：http：//cbs.bsu.edu.cn
发 行 部：010-62989320
邮 购 部：北京体育大学出版社读者服务部 010-62989432
印　　刷：三河市龙大印装有限公司
开　　本：787mm × 1092mm　1/16
成品尺寸：185mm × 260mm
印　　张：19.5
字　　数：475千字
版　　次：2011年7月第1版
印　　次：2025年8月第12次印刷
定　　价：50.00元

作者简介

张予南　硕士学位、副教授、硕士生导师。1982年毕业于北京体育学院77级体操专业，留校任教。

北京体育大学“体操精品课程”负责人；教育部科技发展中心中国科技论文在线特聘专家；国家体操中心体操等级运动员规定动作修订及推广组核心成员。

曾获北京体育大学教师教学基本功大赛一等奖；北京体育大学先进个人奖；2006年获得省部级体育科学论文二等奖；2008年获得北京体育大学教学成果二等奖；2010年获得全国高等院校体育教育训练论文报告会一等奖等多项奖励。

参与完成国家级课题一项；主持及参与完成省部级课题两项、校级课题六项。参加《体操大词典》、《体操》、《竞技体操高级教程》等多部专业书籍的编著工作；主编出版《团体操》、《呼啦圈》等专著。

在《北京体育大学学报》等期刊上发表学术论文60余篇，40余万字。所撰写的学术论文先后选入第五届、第七届、第八届全国体育科学大会，2007年国际教练教育委员会全球教练员大会，第十一届全运会科学大会，2008年全国体育管理科学大会，2010年中国高等教育体育教学训练科学大会，2010年全国民族传统体育学术大会，2010年第十六届亚洲运动会科学大会，2011年第二十六届世界大学生运动会科学大会。

高留红　硕士学位、副教授、硕士生导师。1970 年入选陕西省体工队，1973 年入选国家体操集训队。1985 年毕业于北京体育大学运动系，留校工作。

主编《团体操》教材，并担任团体操课程主讲教师。曾任国家体育总局体操中心《国家二三级体操运动员规定动作》推广组副组长，负责大纲的修订和推广工作。多次策划组织全国体操规定动作比赛。

所撰写的论文先后入选第五届、第八届中国体育科学大会，第十六届亚科会，第二十六届世界大学生运动会学术大会等，公开发表学术论文 40 余篇。

曾获教育部中国科技论文在线优秀评审专家称号及北京体育大学教学成果奖等多项奖励。

编者的话

本书是在遵循《体育教育专业课程教学指导纲要》中，对体操课程教学基本要求的基础上，结合一线教师多年的教学实践和科研成果编写而成，是一本适合于体育院校体操普修课学生学习的教材。

体操在2000多年的发展过程中，已形成了一个庞大的理论体系。如何从中选择并构建本书的内容体系，是我们在编写过程中首先考虑的问题。在思考和解决这一问题时，全体编创人员达成了一个共识，即：应以目前体操教材体系构建中存在的问题为切入点，在继承前人优秀成果的基础上，完善体操教材的体系构建。

经过研究分析我们清晰地认识到，目前我国体操教材在内容体系构建上，还缺乏适合不同群体需求有层次性的系统教材，这与学校教育中层次性和系统性的要求有了一定的差距，所以在体操教学中，就难免存在着学生对体操理论知识掌握不全面，甚至对体操产生多种错误认识现象。因此，出版一套系统性强，层次分明，并能适应普修学生、专修学生和研究生需求的系列教材是当务之急。

依照人们认识事物层次性的规律，应将体操知识分为基础级、中级和高级三个层次。本书定位为：为初学体操理论者而编写的初级教材。

在本书内容体系的构建上我们以“三个有助于”为指导思想。即：有助于体操教学课程目标的达成；有助于初学者对体操能有一个概貌性了解和认识；有助于学生完成体操课业。并以“针对性”、“实用性”、“有效性”为基本原则。

针对性——应针对体育教育专业学生的培养目标及学生的体操基础来选择教材内容。

实用性——所选内容不仅能与体操的教学实践紧密结合，而且对学生将来的工作也具有实用价值。

有效性——对学生动作技能形成、教学能力培养与提高均能给予理论上的有效指导。

全书共分十五章。即第一章“对体操的认识”（高留红、张予南）、第二章“体操发展简况”（张予南、高留红）、第三章“体操术语”（游焜炎、高留红）、第四章“体操课程的教学设计”（张予南）、第五章“体操教学课的组织与方法”（张予南、游焜炎）、第六章“队列队形练习”（张予南）、第七章“徒手体操”（游焜炎）、第八章“持轻器械体操”（高留红、谢建中）、第九章“保护与帮助”（张予南）、第十章“器械体操”（谢建中、高留红）、第十一章“体操活动性游戏”（高留红、张予南）、第十二章“身体素质训练”（高留红）、第十三章“体操比赛的组织与方法”（高留红）。

前三章，介绍了体操的基础理论知识，从不同角度讨论了体操的概念、分类、特点、功能、价值；论述了体操教学和竞技体操的创立与发展过程；介绍了体操术语的作用和构成。

第四、第五章在重点分析教学目标、内容、条件、方式、方法以及结构特点的基础上提出了教学方案；并介绍了体操教学课的组织过程和体操教学课的一般程序。

第六、第七、第八章详细分析了队列队形练习、徒手体操、持轻器械体操的动作特点，并结合案例提出了具体的实施策略。这三章各自的体系和实施策略是其教学理论的有机组成部分，理解并掌握队列队形练习、徒手体操、持轻器械体操的理论，对教学实践操作具有重要的指导意义。

体操动作的保护与帮助已经形成了专门的理论体系，保护与帮助的方法和知识对初学者来说是一门很实用的技能。本书在第九章中对其进行了专门论述，对提高学生的保护帮助能力均有一定的指导意义。

器械体操是一个内容极为庞大的体系。经过多年的研究，结合最新颁布的体操运动员等级大纲动作，选择了适合体育院校学生的项目和动作。每一个动作都按照动作名称、动作过程、动作规格、动作教学步骤与方法、注意事项五个步骤进行描述，具有很强的实用性。学生根据第十章中的提示进行实践，可以在实践中少走弯路。

游戏是体操教学中为了提高学生学习的兴趣，调动学生学习的积极性，培养相关的人文素质而经常采用的一种教学手段。在多年的教学实践中已形成了一整套体操活动性游戏的内容体系，它是体操教学中不可缺少的组成部分。本书在第十一章对其进行了具体论述。

第十二章重点介绍了柔韧素质、速度素质、力量素质、耐力素质和灵敏素质的练习方法。第十三章在阐述比赛程序、秩序册制定的基础上，重点讨论了队列队形、徒手体操、持轻器械体操及器械体操比赛的裁判工作。

全书由北京体育大学体操教研室高留红、张予南完成串编定稿工作。保护与帮助操作示范者为北京体育大学学生安中杰、陈玲、高丹、梁占。

作为教科书，本书力求知识准确、概念明确、理论正确、吸纳最新的研究成果。

在此，我们谨向关心本书和对本书稿问世提供宝贵意见的教务处庄玲教授、章朝晖副教授、体操专家、北京体育大学体操专项硕士生、本科生，以及对本书出版给予大力支持的北京体育大学教务处领导、教育学院领导表示衷心的感谢。

由于时间仓促，水平有限，书中不妥之处敬请批评指正。

2010－10－28

目　　录

第一章 对体操的认识

内容提要

对体操的认识作为全书的首章，主要是从体操理论的概念、分类、动作内容、特点、功能、价值等不同的视角来认识体操。

依据体操练习的动作特征，将体操分为队列队形、徒手体操、持轻器械体操和器械体操四类。器械体操是竞技体操、技巧运动、蹦床运动的基础形式；持轻器械体操是艺术体操的基础形式；徒手体操则是竞技健美操的基础形式。换句话说，竞技体操、技巧运动、蹦床运动是器械体操的高级形式，艺术体操是持轻器械体操的高级形式，竞技健美操是徒手体操的高级形式。队列队形作为一种培养教育年轻人具有组织观和纪律性的一个内容，通过在军队中开展的体操而流传至今，因此它的高级形式是中国人民解放军阅兵式。

国际体操联合会（FIG）下属有6个国际单项体操联合会。这6个单项委员会均设有专门的技术委员会。即：男子竞技体操委员会（MAG）、女子竞技体操委员会（WAG）、艺术体操委员会（RSG）、健美操委员会（IAF）、技巧运动委员会（IFSA）、蹦床运动委员会（FIT）。

本章从体操动作、完成体操动作的肌肉用力、体操教学等不同的角度对体操特点进行了阐述，进而讨论了体操的一个基本理论问题——体操的功能，并从体操的正向功能和负向功能两方面进行了讨论分析，寻求体操的价值所在，以便帮助学习者对体操有一个概略性的认识。

关键词： 体操　队列队形　徒手体操　持轻器械体操　器械体操

第一节 体操的概念

一、体操项目内容的演变

汉语“体操”一词，是由日语汉字“体操”直接引进的。[①] 日语汉字“体操”一词，

① 陈镇华．中国体操运动史［M］．武汉：武汉出版社，1990. 74.

是由荷兰语 Gymnastiek 一词翻译过来。[①] 荷兰语“Gymnastiek”、现代英语“Gymnastics”、法语“Gymnastique”、希腊语“Gymnasttike”四者的词源皆为“Gymna'szin”。公元前 5 世纪希腊文化蓬勃兴起初期，人们把跑、跳、投掷、角力、舞蹈、骑马、军事游戏等展现完美体魄的手段统称为“Gymna'szin”，而“Gymna'szin”是由古希腊语 gymno（裸体）转换过来的。[②]

对早期的希腊人而言，裸体并非单纯的裸露而已，而是理想化的人。人类所有的优点与真相，即力量、健康、美丽、智慧、完整性，甚至他的灵魂价值，都展现在这完美的体魄上。在今天奥林匹克体操比赛的赛场上，我们仍然能够看到运动员穿着紧身体操服所表现出的力量、健康、美丽、智慧和完整性，这就是体操传承至今的精髓所在。

在体操的发展历程中，为了追求完美的体魄，人们运用各种理论、方法、手段、策略指导身体训练，进而达到展现完美体魄的目的。此后，在相当长的时间里，人们将在比赛场上展示完美体魄所采用的项目及其内容统称为体操，也就是现在所说的体育（表 1－1）。

表 1－1　体操项目内容的历史变化

时间	国家	学派或学校	体操项目																
			跑	跳	投掷	角力	舞蹈	骑马	军事游戏	器械体操						持轻器械体操	队列队形	徒手练习	备注
										单杠	木马	爬绳	技巧	双杠	平衡木				
公元前 5 世纪	希腊	柏拉图学派	V	V	V	V	V	V	V										所列内容指各学派的主要项目内容
15 世纪	法国	贵族学校	V	V	V			V		V	V	V							
18 世纪	德国	德国学派	V	V					V	V	V	V	V	V			V		
18 世纪	瑞典	瑞典学派	V	V					V	V	V	V	V	V	V	V		V	
18 世纪	丹麦	丹麦学派	V	V			V			V	V	V	V	V	V	V		V	
19 世纪 1862 年	捷克	鹰派		V	V		V			V	V	V	V	V	V	V	V	V	

从表 1－1 中我们看到在公元前 5 世纪时，体操项目有：跑、跳、投掷、角力、舞蹈、骑马、军事游戏 7 项内容。到了 15 世纪角力和舞蹈从体操的内容中退出，进而增加了器械体操的单杠、木马、爬绳 3 项内容。

18 世纪德国体操学派注重军事训练（军事游戏和队列队形）和普及器械体操项目。

---

① 日本《新修体育大词典》、《体育史》（国外体育文史资料摘编）

② 陈镇华. 中国体操运动史［M］. 武汉：武汉出版社，1990，73.

瑞典体操学派在德国体操学派的基础上扩展体操器械项目，[1] 增加了持轻器械体操项目。

丹麦体操学派在改进德国体操和瑞典体操的基础上又将舞蹈的元素加入到体操项目内容中。[2]

19 世纪，随着生理学家、医学家对体育运动价值的深入研究和科学区分，人们建立起了“体育是以身体活动为手段的教育”这一新概念。随着体育运动的不断发展，以及项目分类的不断细化，体操从原来作为体育的总概念中逐渐剥离出来。

1862 年，捷克“鹰派”体操学派的诞生成为体操作为一个独立项目的标志，体操从此成为体育下属中的一个运动项目。[3]

此后，体操注重将各种有利于身体发展的能力调动起来，对体操项目内容不断地进行重新整合，进而向多元化的方向发展。

如，1936 年，第 11 届奥林匹克运动会上，精选了男子体操项目内容，将男子项目整合为 6 项。1952 年，第 15 届奥林匹克运动会上，精选了女子体操项目内容，将女子项目整合为 4 项。至此，体操从第 1 届奥林匹克运动会，到第 15 届奥林匹克运动会，经历了半个多世纪的演变和发展，最终确定了统一的项目和规则。即，男子：单杠、双杠、吊环、鞍马、跳马、自由体操 6 项。女子：高低杠、平衡木、跳马、自由体操 4 项（表 1－2）。

表 1－2 奥林匹克体操比赛项目内容的变化

时间	届	举办国家	高低杠	平衡木	双杠	自由体操	跳马	吊环	单杠	鞍马	爬绳	跳远	推铅球	撑竿跳
1896	第 1 届	希腊			√			√	√	√	√	√	√	√
1936	第 11 届	德国			√	√	√	√	√	√	√	√	√	√
1952	第 15 届	芬兰	√	√	√	√	√	√	√	√				

又如，在体操的发展过程中，因技术不断地细化和整合，逐渐派生出了新的运动项目，艺术体操、竞技健美体操、技巧运动、蹦床运动，它们都源于体操，但都有各自鲜明的特点和运动形式。

由此，国际体操联合会（FIG）下属形成了 6 个国际单项委员会。这 6 个单项委员会均设有专门技术委员会。即：男子竞技体操委员会（MAG）、女子竞技体操委员会（WAG）、艺术体操委员会（RSG）、健美操委员会（IAF）、技巧运动委员会（IFSA）、蹦床运动委员会（FIT）。

---

① 林格，瑞典《体操的一般原理》，指出，身体的动作，不应像德国体操那样受器械的制约，不应由器械来决定，而是应该加以合理的设计，应由动作的需要决定器械的改进。

② 丹麦体操更加强调动作活泼、舒展、优美、有节奏等。陈镇华．中国体操运动史［M］．武汉：武汉出版社，1990.

③ 把器械体操、持轻器械体操、徒手练习、集体练习等编排成各种成套练习，强调动作的优美和吸引性，讲究难度和编排，并按专门制定的规则进行体操比赛。

二、体操动作练习的形式

形式是内容的存在方式，因为事物存在的形式，直接作用于人的感官，人们才有可能感知它、认识它。“人认识物质，就是认识物质的运动形式，因为除了运动的物质以外，世界上什么也没有，而物质的运动则必取一定的形式。”① 体操动作的形式是体操动作内容存在的方式，是通过具体的动作过程表现出来的，体操动作练习的形式有空间形式、时间形式和组合形式。

体操动作练习的空间形式：练习者采用专门设计的徒手、持轻器械、在器械上完成的动作在空间方位的变化。例如，保持静止姿势、改变身体姿势、围绕支点的旋转、无支撑旋转、在支撑物上改变姿势和相对支撑物的位移等。

体操动作练习的时间形式：练习者在音乐伴奏下、在口令指挥下或在器械上完成动作的过程。例如，队列队形练习、行进间徒手练习、器械上的各种动作练习过程。

体操动作练习的组合形式：练习者在练习中表现出的人与人之间以及人与器械之间的关系。

各种体操动作练习形式是相辅相成的，不可分割的。通常一个动作具有空间形式、时间形式也包括组合形式，但存在着主次关系。在完成体操动作中主要是以表现空间形式为主。

例如，各种空翻、转体、腾越等难度动作就是以在空间表现身体形态变化为主要形式。为了适应这一特征，国际体操联合会将体操规则进行了变革，将过去的“10 分制”改为“不封顶制”，即一个运动员完成的一套动作，在评价其动作质量的基础上，对其在空间形式上完成的难度情况进行无限制的增长评分。

即使在口令指挥下进行的行进间队列队形练习，它的着重点也是在完成动作的姿态和一致性上，强调的是空间形式，而不是时间形式。

由上述分析中可以看出，体操动作练习的形式主要体现在空间形式的身体变化上。

三、体操的定义

居于上述认识，我们认为体操可具有广义和狭义两种概念，并尝试给出“体操”的定义。

广义体操：练习者在地面上、持轻器械或在器械上，完成依据人体生理、解剖特征及人体运动生物力学原理设计的各种不同难度动作，将各种有利于身体发展的能力调动起来，促进身体素质均衡发展，在空间上展示身体技艺，表现力量、健康、美丽、智慧的一种实践活动（通常称为体操）。

狭义体操（通常称为竞技体操）：遵循国际体操规则的基本要求，男运动员在 6 项器械上（单杠、双杠、吊环、鞍马、跳马、自由体操垫子）；女运动员在 4 项器械上（高低杠、平衡木、跳马、自由体操垫子）完成依据人体解剖、生理特征及人体运动生物力学

① 毛泽东《矛盾论》，《毛泽东选集》第 1 卷，P308

原理设计的各种不同难度动作，将各种有利于身体发展的能力调动起来，促进身体素质均衡发展，对自身身体极限进行挑战，在空间上展示高超技艺，表现力量、健康、美丽、智慧的一种实践活动。

注：技巧运动、艺术体操、健美体操等，各项内容已自成体系。表现在：在教学内容上，均有各自独立的教学大纲和教材；在教学建制上，均有各自独立的教研室和专门的师资配制；在竞赛体制上，各自隶属于不同的技术机构，执行各自的竞赛规则，因而，对其定义，应是在各自的教材中来界定和描述。

（一）这两个定义划定了体操的内容属性。狭义的体操相对来说内容属性范围较小，即将练习内容限定在专门规格尺寸的器械上（男子在单杠、双杠、吊环、鞍马、跳马、自由体操垫子 6 项器械上，女子在高低杠、平衡木、跳马、自由体操垫子 4 项器械上）。

广义体操的内容属性范围更加广泛，即将练习内容限定在地面上、持轻器械或在器械上，也就是说练习者选择的范围扩大，练习者练习不受器材规格尺寸的限定，可以是在器械上，也可以持轻器械，还可以徒手进行。

（二）两个定义又将体操动作作了明确的规定。即练习者完成依据人体生理、解剖特征及人体运动生物力学原理设计的各种不同难度动作。也就是说一切没有目的的身体活动，或不是依据解剖、生理特征及人体运动生物力学原理设计的动作，都不属于体操动作。例如，某人坐久了站起来伸伸懒腰，就不属于体操动作，而模仿伸懒腰的外形，设计的伸展运动则是体操动作。又如，前苏联运动员在单杠上完成的“特卡切夫腾越”这一动作，就是在科研人员以生物力学的理论分析指导下并通过运动实践而成功的。

（三）两个定义都强调了将各种有利于身体发展的能力调动起来，促进身体素质均衡发展作为设计动作和完成动作的目的。换句话说，练习者完成依据人体生理、解剖特征及人体运动生物力学原理设计的各种不同难度动作，都是为了调动各种有利于身体发展的能力，促进练习者柔韧、力量、协调、灵敏素质的均衡发展。

（四）两个定义的本质是，徒手、持轻器械和在器械上，通过专门设计的动作在空间上展示身体技艺，表现力量、健康、美丽、智慧的一种实践活动。这是体操的显著特征，是体操质的规定性的体现。它主要表明的是练习者的身体，在空间上做出各种各样的姿势和达到所限定的规格，并能将身体或身体某部位控制到预期的位置，在空间上进行不断的技术突破。

（五）在对自身身体极限进行挑战的实践活动中（狭义的体操），练习者在满足生理需求的同时，获得一种充分运用自身身体进行艺术创造，和表现某种惊人能力的成果，以满足自我成就心理需求和高尚精神享受的需要。① 这种需求是人类不断向上的力量，是不断创新推动体操前进的力量，是不断开拓人的意识领域的创造力量，因而高超的技艺是体操的最高层次。

四、体操的分类

依据体操练习的动作特征可将其分为：队列队形、徒手体操、持轻器械体操和器械体

① 田麦久．运动训练科学化探索［M］．北京：人民体育出版社，1988. 20.

操4类（图1－1）。

注：团体操的动作内容有队列队形、徒手体操、持轻器械体操和器械体操的动作，它是在特殊的场合中，通常是以表演的形式出现。从体操练习的动作特征来看它不能单独成为一类，它是按照一定的主题，将体操动作内容综合的运用。

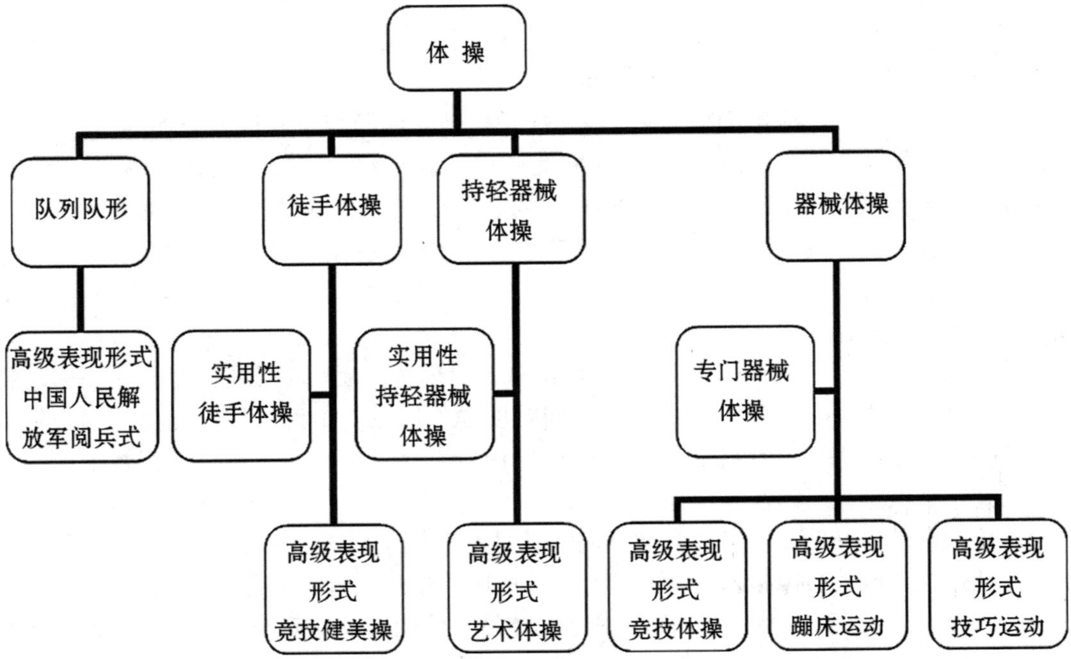

图1－1

（一）队列队形

队列队形练习的特征：将人们日常生活中的站、走、跑三个基本的生活内容，进行专门的设计，练习者按照一定的队形做协同一致的动作和队形、图形的变化。可培养练习者正确的站姿、走姿和控制身体的能力。

体操最初是在军队中广泛开展的，发展到今天它还保留着军队的遗风，即队列队形练习。队列队形的高级表现形式是中国人民解放军阅兵式。

（二）徒手体操

徒手体操练习的特征：分别以人体上肢、下肢、躯干、颈部等不同环节为主，同时将身体的其他环节作为辅助部分，进行专门的设计（如“体转运动”：要求设计以躯干转体练习为主，而下肢、上肢、颈部则是围绕躯干转体动作而进行的辅助设计），练习者以规定的姿势、方向、路线、幅度、频率和节奏进行练习。可培养练习者良好的身体姿势及动作的协调性。

从徒手体操的实用价值来看，根据不同年龄特征又可将徒手体操分为：儿童徒手体操、中老年徒手体操等。根据职业的不同可分为：“白领”徒手体操、驾驶员徒手体操等。根据身体保健及康复的需要可分为：眼保健体操、康复体操等。

徒手体操是竞技健美操的基础形式，竞技健美操是在徒手体操的基础上发展变化而来的。徒手体操的高级表现形式是竞技健美操运动。

（三）持轻器械体操

持轻器械体操练习的特征：在徒手体操的基础上，通过手持体操棍、实心球、哑铃、跳绳、火棒、圈、球、彩带等进行身体练习。可培养练习者良好的身体姿势、动作的协调性，提高练习者的身体素质。随着持轻器械体操的发展，目前除上述内容外，已派生出更具实用性的内容，如扇子操、柔力球等，满足了不同年龄和不同职业人群的需求。

持轻器械体操是艺术体操的基础形式，艺术体操是在持轻器械体操基础上演变发展起来的，所以持轻器械体操的高级表现形式是艺术体操。

（四）器械体操

器械体操练习的特征：练习者在器械上，依靠外力和内力的相互作用，利用人体局部环节组成的生物链，围绕器械轴或人体解剖轴，调整身体姿势，以完成日常生活中极为少见的、人为预先设计的单个或成套动作。可提高练习者各器官功能，培养练习者刚毅、果断的品质。

注：技巧动作表现出练习者在垫子上，依靠外力和内力的相互作用，利用人体局部环节组成的生物链，围绕人体解剖轴，调整身体姿势，以完成日常生活中极为少见的、人为预先设计的单个或成套动作的特征，所以我们也将其归为器械体操类。

为了能在竞技体操规则规定的体操器械上完成动作，人们设计出相对简单而又有利于完成动作的辅助器械，我们称之为专门器械。如肋木、爬杆、山羊、跳箱、跳桌等。目前随着全民健身计划的贯彻，各社区出现了一大批健身器械，这些器械的训练方法都可采用器械体操的训练手段进行健身，因而也可将其归为体操器械。

竞技体操、技巧运动、蹦床运动是由器械体操发展变化而来的，器械体操是竞技体操、技巧运动、蹦床运动的基础形式。换句话说，竞技体操、蹦床运动和技巧运动是器械体操的高级表现形式。

五、体操动作内容

各类型体操动作内容如下。

（一）队列队形

原地动作：稍息、立正、看齐、转法、队列队形变化等。
行进间动作：立定、走步、跑步、步法互换、转法、队列队形变化、图形变化等。

（二）徒手体操

上肢动作：举、振、屈、伸、绕、绕环等。
下肢动作：蹲、踢、举、屈、伸、绕、绕环、弓步、跳等。
躯干动作：振、屈、绕、绕环、体转等。

头颈动作：屈、转、绕、绕环等。

（三）持轻器械体操

它是在徒手体操的基础上，练习者通过手持体操棍、实心球、哑铃、跳绳、火棒等轻器械进行上肢的举、振、屈、伸、绕、绕环等；下肢的蹲、踢、举、屈、伸、绕、绕环、跳等；躯干的振、屈、绕、绕环、体转等以及抛接等动作的练习。

（四）器械体操

1. 竞技体操比赛用器械与动作类型

（1）男子单杠

器械规格：高度（从垫子上沿量起）2.60 米，横杠长度 2.44 米。

动作类型：悬垂、摆动、屈伸、回环、腾越、空翻、转体、下法等。

（2）男子双杠

器械规格：高度（从垫子上沿量起）1.80 米，宽：0.4 ~ 0.6 米（两杠间宽度可以根据运动员的需要和习惯调整），长度：3.5 米。

动作类型：支撑、摆动、屈伸、回环、空翻、滚翻、上法、下法等。

（3）男子吊环

器械规格：高度（从垫子上沿到环的下沿）2.6 米。

动作类型：悬垂、支撑、摆动、屈伸、回环、倒立、上法、下法等。

（4）男子鞍马

器械规格：高度（从垫子上沿到马身上沿）1.05 米，长度：1.5 米。

动作类型：挥摆、全旋、移位等。

（5）男、女跳马

器械规格：男子：高：1.35 米，女子：高：1.25 米，宽：0.8 米。

动作类型：蹬地上板类：腾越、手翻、手翻转体、空翻、空翻转体；踺子上板类：手翻、手翻转体、空翻、空翻转体等。

（6）男子、女子自由体操垫子

器械规格：自由体操在面积为 12 米 × 12 米的垫子上进行。比赛区外有 1 米的安全区域。

动作类型：滚翻、软翻、手翻、踺子、空翻、空翻转体、转体、跳步、平衡、倒立等。

（7）女子高低杠

器械规格：高杠高度：2.50 米，低杠高度：1.70 米，两杠间距调宽 1.3 ~ 1.9 米（运动员可以根据需要和习惯进行调整）。长度：2.55 米。

动作类型：屈伸、回环、弧形、倒立、腾越、转体、空翻、上法、下法等。

（8）女子平衡木

器械规格：高度：1.25 米，宽度：0.1 米，长度：5 米。

动作类型：跳步、转体、平衡、倒立、软翻、滚翻、手翻、踺子、空翻、空翻转体、上法、下法等。

2. 其他体操器械与动作类型

除了竞技体操器械外，还可以将上述器械的高度、宽度等进行调整，例如：可以将2.35米高的单杠降低为1.60米高，将长12米、宽12米正方形的自由体操垫子缩小或扩大成长方形的自由体操垫子等。此外，人们还可根据当地的实际条件增设：跳箱、山羊、爬绳、爬杆、肋木、体操凳以及联合器械等。

在器械上完成的各种不同类型动作可参考竞技体操动作类型。

第二节　体操的特点

所谓特点是指，一事物区别于另一事物的特别显著的征象、标志。体操与其他运动项目相比，其特点表现在以下方面。

一、体操动作的特点

（一）动作内容丰富多彩

内容是事物内在诸要素的总和。体操动作的内容是指依据人体解剖、生理学及人体运动生物力学原理所设计的动作。这种人为设计出来的动作，我们称之为体操的动作内容。

人体解剖学告诉我们，人体是由多关节组成。徒手体操动作设计是以单关节运动为中心配合屈、伸、外展、内收、绕、绕环、旋转等动作而成的，表现出动作内容多样性的特点。另外，在此基础上人还可以持轻器械做动作，人与器械的组合使得动作内容更为丰富。

器械体操动作，是在假设的人体运动三个互相垂直的基本轴的基础上设计的基本动作。如：沿着额状轴可完成向前、向后类动作，在矢状轴上可完成向侧类动作，所有的转体动作都是沿纵轴进行的。在此基础上派生出复合轴的动作，如空翻转体、旋空翻等动作。

徒手体操、持轻器械体操和器械体操的动作设计，决定了体操动作具有变化莫测和丰富多彩的特征。大量丰富的体操动作内容，不仅能够适应人们对健身和竞技的需要，同时也是便于体操推广的基础，更是体操魅力之所在。

（二）动作难度渐进性

从基本的走、跑、跳到徒手体操动作，从简单的滚翻动作到令人眼花缭乱的旋空翻动作，就其单个动作难度而言，每个动作都处于整个体操动作大系统中的某一位置上。每个动作的难度价值，一方面具有向上以至无穷发展的趋势，另一方面它们又都有向下的简单动作作为基础，体现出动作难度渐进性的特点。

体操动作的这一特点，使练习者能在不断地自我挑战中获得一种成就感。如，当我们完成并熟练掌握了一个简单动作时，我们就想尝试上一级的难度动作，在完成更高一级难度动作的同时，也获得了战胜自我、战胜困难的自信与坚强。因此，国际体操评分规则将体操动作分为不同等级，并将创新动作作为评分规则的一部分，以满足人们的心理需求。

（三）动作设计对称性

1. 徒手体操和持轻器械体操的动作节拍，都是以双数出现。例如，徒手体操的创编，通常是以 4 拍或 8 拍为一个循环。

2. 徒手体操和持轻器械体操动作的各关节运动的形式，多以左右对称出现。例如，踢腿运动，左踢腿 4 拍后，通常右腿也应进行 4 拍练习。这种左右对称练习，对身体的平衡发展具有积极作用。

3. 器械体操动作是依据人体运动轴和身体部位与器械关系来设计的。通常按照人体运动三个互相垂直的基本轴设计的动作，多以双手悬垂、双手同时或依次支撑或双脚同时或依次起跳完成的。

以上三个动作设计的特点决定了体操动作具有对称性的特点。

（四）动作技术要求规范性

能最合理、最有效地（符合解剖学和人体运动生物力学原理）发挥人体机能能力完成体操动作的方法，我们称之为体操动作技术。因而，每一动作都有其自身的技术规律，这种动作技术体现在技术的标准化中。例如，徒手体操中对“举”的要求就有严格的规定。此外，在竞技体操比赛中对每个动作都有严格的扣分标准，体现出了体操动作技术要求规范性的特点。

（五）动作表现艺术性

体操动作的艺术性，是在体操动作标准化和动作不断创新的基础上实现的。我们可通过练习者完成的动作，去感受体操动作的艺术美。例如，就一个简单的“站立”动作而言，要求练习者重心落在前脚掌上，肩部下沉，从而突出胸部和颈部的美好线条；要求腿部收紧，腰部直立，以使姿态挺拔、仪态端庄，从中感受人体动作所表现出的艺术美。又如，“高、难、新、美、稳”是体操规则对一套动作的具体要求，人们在实现这一目标时所表现出的创造力和想象力使体操动作达到了艺术化的境界。优秀运动员在出神入化的演练动作的过程中，能使观赏者在眼花缭乱中感受到赏心悦目，同时心灵也得到了美的陶冶。

（六）动作节奏多样性

节奏是动作在时间上的组织。动作中的节奏概念是很宽泛的，从最宏观的角度看，它可以说是动作的“进行”，动作节奏包括节拍和速度这两个概念。

1. 节拍，指动作规律性交替的运动，即拍点的组合，是按拍号要求相隔一定时间反复出现重音的模式。或者说它是固定的强弱音循环重复的序列，每一种节拍都由时值固定的单位构成，这种节拍单位叫做拍子。这种拍子常常出现在徒手体操和持轻器械体操中。通常在徒手体操和持轻器械体操中采用一拍一动、一拍两动和两拍一动的节奏进行练习。

2. 速度，指完成动作的速率。根据完成动作的内部需要，在完成一个动作中要求动静结合、快慢结合，这主要体现在肌肉运动信息的多源性中。例如，平衡木上后手翻转体

90 度成倒立，后手翻要求有力、快速，而倒立则是静止动作，将快速与静止有机地结合，是体操动作节奏的特点之一。

二、完成体操动作肌肉用力的特点

（一）肌肉运动感的可控制性

肌肉运动感，是练习者完成动作时，按照动作的技术要求，在人脑的控制下，人体各关节通过肌肉群收缩、放松，使人体的局部环节出现符合动作技术要求的姿势变化，并引起人体运动时的一种感觉。

这种感觉的特点是，它反映的对象是练习者处于运动状态时内部肌肉活动的特性，而不是练习者用眼所能看得见、耳能听得清的外界事物的特性，它是一种练习者只有通过完成动作，亲身去体验才能建立的感觉。

针对肌肉运动感的这一特性，通常采用人体单关节运动的屈、伸、转、外展、内收等动作，提醒练习者有意识地去体验肌肉用力后的张力感、阻力感、松弛感以及关节运动的速度感和方向感。

（二）肌肉运动信息的多源性

完成体操动作要求练习者神经活动、心理活动与肌肉活动密切配合。

由于器械体操动作大部分是日常生活中极为少见的人为性动作，因而要求运动员做动作时首先必须根据动作的技术要求，利用人体在器械上相互作用和人体姿势变化所产生的力的作用，克服重力对人体的相对于器械运动的影响。

此外，还必须按动作技术要求，通过各关节部位的肌肉群协调一致的收缩和放松，使各局部环节做出相应变化，并以一定的顺序、节奏参与运动。

这就表现出了肌肉收缩放松时的张力感、阻力感和松弛感，以及随肌肉工作时出现的人体运动方向、运动速度、运动幅度、运动顺序和运动节奏等肌肉运动信息的多源性的特征。这种多源性的特征，保证了运动员在体操器械上，能上能下、能前能后、能左能右、能快能慢地变换位置，从而展现出了体操各种各样的优美动作。①

三、体操教学的特点

（一）体操教学专业知识性强

由于体操中的每一个动作都是有针对性设计的动作，因此教师要对每一个动作对练习者生理和心理产生的影响应有一定的了解。

1. 从生物力学角度来审视每一个体操动作，我们就会得出这样的认识：人体的运动，都是一种在一定的“时、空”条件下的位移，这种位移包括人体相对于器械位置的变化

---

① 崔鸣周．体操训练部分问题探微［M］．北京：人民体育出版社，1992. 107.

和人体各环节间相对位置的变化。而引起这种位移的根本原因，是各种力相互作用的结果。因此，了解动作完成过程有关的运动学及动力学知识，是十分重要的，它是从事体操教学人员应具备的基础理论知识之一。①

2. 由于人体产生位移的原动力来自肌肉的收缩，那么在完成各种动作过程中，参与工作的肌群收缩的性质和特点等相关的运动解剖学知识，也就成为从事体操教学人员应具备的又一项基础理论知识。

3. 体操动作练习过程中，肌肉收缩的强度、持续时间，运动对肌肉的影响，动作技能的形成与改进，身体素质的测量与评价，练习方法的分析与评价等，都与运动生理学的知识息息相关。

4. 体操动作对练习者的“时、空”感觉有很高的要求，从而对练习者在练习过程中的抗干扰应变能力及勇敢果断、沉着自信等优良的心理品质，提出了较高的要求。在体操教学中，要选择有效手段，对学生良好的心理素质进行培养，这就要求从事体操教学人员，掌握并能正确运用运动心理学的有关知识。

5. 对体操动作的评价通常从姿态及造型是否优美、动作是否舒展流畅、幅度是否够大、动作是否稳定等方面来进行。由此可见，有关美学的知识也涉猎在体操教学之中。

6. 体操的一些动作练习，通常需要在音乐的伴奏下进行。做到音乐与动作有机、完美地融合，这就要求从事体操教学人员应具备一定的音乐知识。

总之，体操教学涉及多种学科知识，这种多学科知识的综合应用，便构建了体操教学科学化的基础，因此要求教师具有广泛的专业知识基础。

（二）体操教学对技术要求高

练习者完成每一个体操动作，便会产生一种感觉。这种感觉的特点是，它反映的对象是练习者处于运动状态时内部肌肉活动的特性，而不是练习者用眼所能看得见、耳能听得清的外界事物的特性，它是一种练习者只有通过完成动作，亲身去体验才能建立的感觉。正确的感觉是建立在掌握正确技术的基础上，这种正确的技术是需要专门的体操教师指导，体操教师必须理解所教授的体操动作技术，才能更好地完成体操教学任务，体现出体操教学对技术具有较高要求的特征。

（三）器械体操教学场地要求高

器械体操教学对场地、器械有特殊的要求。例如，技巧练习必须有垫子；单杠、平衡木、双杠等练习必须有稳固的器械。除此之外，对器械摆放的方向、位置及间距均有严格的要求。

（四）器械体操教学中离不开保护与帮助

在器械体操教学中，有相当一部分动作是非常态动作，学生在初学时难免会产生恐惧心理。在这种心理状态下，初学者很难把注意力集中在动作的要点上。如，何时发力、向什么方向发力、发力的大小等都无暇顾及。保护与帮助是一种安全措施，可帮助学生克服

---

① 周力行．体操——体育学院普修通用教材［M］．北京：人民体育出版社，2003. 110.

恐惧心理，把注意力集中在动作的要点上。另外，它还是一种重要的教学手段，正确运用和熟练掌握保护帮助，能使学生通过自身触觉、肌肉的本体感觉直接体会用力的时机和大小、辨别空间方位，从而加速动作的掌握。

(五) 分解法是体操教学中的常用手段

在体操的比赛和技术动作考试中，通常都是以成套动作为基本内容。但在教学过程中一般都将成套动作分解开来，先教单个动作，后教联合动作，最后进行成套动作的教学。

此外，在教学中我们常常会听到学生这样说："我知道怎么样做，就是做不出来。"这表明学生所具有的能力及技术储备，还达不到所要学习动作的要求。因而，在体操教学中，就常常要将一个完整动作分解成几个部分，逐一进行教学。或采用诱导性练习、辅助性练习，为进行完整动作的教学打下基础。

第三节 体操的功能、价值

一、体操的功能

美国社会学家、客观功能论者默顿（R · K · Merton），在 20 世纪 50 年代末提出："社会功能系指可见的客观结果，而不是主观意向（目标、动机、目的），若不能区分客观社会后果与主观意向，必然导致功能分析上的混乱。"既然是客观结果，功能就不一定都是正向促进作用，也同时存在负向的阻碍作用。所以，他提出了正向功能和负向功能的分类。

所谓正向功能（Eufunction），是那些有助于一个特定体系的适应或调整的可以观察到的结果。负向功能（Dysfunction），是不利于体系的适应或调整的可以观察到的结果。也就是说，正向功能是"贡献"性功能，负向功能是"损害"性功能。①

按照墨顿的思想来审视体操便可知，体操的功能就是一种客观结果。这种客观结果，主要回答体操的作用和影响，以及人们在体操实践中可得到什么。

体操的功能也可分为正向功能和负向功能。正向功能是指，有助于体操发展和对练习者身心健康所起到的积极作用和影响。负向功能是指，阻碍体操发展和对练习者身心健康所起到的消极作用和影响。

(一) 促进练习者身心全面发展的功能

体操动作是依据解剖、生理特点所设计的，练习者可以根据自身的需要，选择有针对性的动作进行锻炼，因而它具有对身体各个部位和各个器官进行锻炼的功能。促进身体各部位全面发展的同时，练习者通过克服困难完成动作的过程中，培养了勇敢、顽强、自信的意志力和良好心理素质。所以它确定了体操具有促进练习者身心全面发展功能。

---

① 12 所师大联合. 教育学基础［M］. 北京：教育科学出版社，2002. 31.

促进练习者身心全面发展的功能，是体操的本质功能，其余的功能则是在此基础上派生出来的。由于体操的本质功能对其他功能的运行产生深刻的影响，所以这一功能是体操所预期的正向功能，是体操的基础功能。促进练习者身心全面发展的功能体现在以下具体功能中。

1. 促进练习者身体正常发育的功能

对正处于发育期的青少年有促进正常发育的功能。众所周知，对青少年骨骼生长发育的促进工作，可分为内部环境干预（例如增强营养）和外部环境干预（例如合理的体育锻炼）两种方式。

人们进行体操练习，实质上是在进行人为设计的动作锻炼。因而体操练习形成的外部环境干预，可具较强的针对性。因此，有针对性地选择体操内容和形式进行锻炼，能加快全身血液循环，使身体各器官的血液供应旺盛，使肌纤维变粗，肌肉强壮，骨骼的营养吸收充分，从而促进骨骼生长发育。

体操练习肌肉用力的特点，决定了它有利于神经系统的生长发育。因为运动中，肌肉活动是在神经系统直接指挥下进行的，肌肉有节奏地收缩和放松，也对神经系统产生良好的作用。由于神经系统与身体各组织、器官的联系加强了，因而改善和提高了彼此之间的协调能力。

2. 培养良好心理品质的功能

器械体操练习是练习者完成日常生活中极为少见的、人为预先设计的单个或成套动作，在完成这种动作时，练习者要克服来自器械和动作难度带来的心理恐惧。如，跳跃动作是通过助跑、踏跳以及两臂的推撑，在腾越器械过程中完成的。由于跳跃练习，要求练习者必须在越过障碍（跳箱、跳马、山羊等）的过程中完成动作，因此具有培养练习者勇敢、顽强、自信的意志力和良好心理品质的功能。又如，练习者在只有 10 厘米宽的平衡木上练习时，在提高练习者完成动作的准确性以及平衡能力的同时，亦可培养练习者沉着、冷静、勇敢、果断的意志品质。可见器械体操练习具有培养练习者勇敢、顽强、自信的意志力和良好心理素质的功能。

3. 改善练习者身体各器官功能，提高练习者的协调能力

器械体操中的器械具有不同的性质特征，不同的器械练习可以有重点地发展练习者不同的身体素质和改善身体不同器官的功能。如，单杠、高低杠的练习方式主要是靠双臂、肩带、腰背和髋关节的协调配合完成各种动作，因此经常从事单杠、高低杠练习，能发展上肢、肩带、腹背肌的力量和柔韧性，提高身体的协调性以及前庭分析器官的机能。又如，练习者通过平衡木练习可以改善平衡器官的功能，提高平衡能力。再如，通过完成滚翻、手翻、空翻等技巧动作，可以改善练习者神经系统、肌肉骨骼、内脏器官、前庭分析器官的功能，提高练习者的协调能力。

4. 塑造练习者形体美的功能

人体之所以是最美的，是因为没有一种线条、轮廓比人体的线条、轮廓更生动、柔和、富于变化和富有韵律美了；也没有一种体积、形态比人体的体积和形态起伏更匀称、有力、更有弹性和更有节奏感了；更没有一种色彩比人体的皮肤色更鲜嫩、滋润、透明、更有光泽和更具生命的感觉了。

人体是美的，人体艺术是人体美的结晶。今天，由于人体美具有特殊的审美价值，除了雕塑、绘画外，人们已经在体操、游泳、滑冰等运动中，用各种美好的语言去表现、创造和赞美人体美。它不仅给人们带来艺术美的享受，而且也陶冶着人们的审美情操和艺术趣味。

任何一个专项训练手段，对使身体形态向专项需要方向发展都有显著作用。几乎所有运动项目的运动员身体形态训练，基本上都是通过专项训练方法手段实现的。①

体操的内容丰富多彩，可选择性强。练习者以正确合理的手段，对人体骨骼肌进行左右对称性练习，在指向性强的递进式练习中，有效地消耗多余脂肪，改善脊椎、肌肉的外形，改造人体及培养艺术型的气质。可见，体操具备使身体平衡发展，塑造练习者形体美的功能。

5. 提高练习者自我保护能力的功能

自我保护是指练习者在练习和比赛中，遇到危险时，利用自身力量，采取紧急措施，自救脱险的独立能力。

由于体操教学和体操练习肌肉用力的特点，使练习者的肌肉控制能力、协调能力增强，学会了利用身体的惯性，顺势做屈臂、下蹲缓冲或做顺势团身滚动，或改变动作的做法，或改变身体的姿势等动作进行自我保护，提高了练习者对身体控制的灵敏素质。当他们遇到危险时能够借助自身力量自救脱险，因此体操具有提高练习者自我保护的功能。

6. 满足练习者自我成就心理需求和高尚精神享受的功能

体操具有使练习者满足自我成就心理需求的功能，同时具有能使练习者得到高尚精神享受的功能。

马斯洛把“自我实现的需要”看作是区别于其他四种（生理需求、安全需求、社交需求、尊重需求）需要的高级需要，是人类充分发展和利用自身潜力的心理需要，是一种想要实现人的全部潜能的欲望。而人们对成功的追求的最基本的动机，正是来源于人类的自我实现的心理需要。

成功是一种境界，成功者强烈的自我实现的心理需要，是一种“超越性的动机”。即使在某种低层次的需要长期无法满足的情况下，它也能给人以战胜挫折、冲破逆境的巨大力量。因为，成功归根结底是一种境界。成功是人类自我实现和自我扩张欲望的最完美的展现。

体操就是通过练习者练习和比赛的过程，通过完美展现动作的过程，通过不断地完成难新动作的过程，使练习者真正领略到战胜各种困惑、磨难、心灵挫折和不利环境的喜悦，发现真实的自我，引导练习者充分发挥和发展个体的潜能。可见，体操提供了实现自我超越，完成品格修养的途径。

（二）具有各项运动的基础性功能

基础性功能是指，对其他运动项目能起到制约、派生或影响的功能。在其他运动项目发展的功能中居于基础位置。

从体操对整个体育体系的贡献看，体操在几千年的发展过程中，为体育功能的扩展发挥了巨大作用，同时也为体育体系的完善作出了特有的贡献。正因为体操特有的功能，才

---

① 编写组．运动训练学［M］．北京：人民体育出版社，2005. 189.

奠定了其在体育体系中不可取代的地位。

体操的基础性功能不仅体现在发展练习者力量、柔韧、灵巧等素质上，更主要的是，它对人体前庭分析器的积极作用，这是其他项目所不能替代的。我国军事、航空、航天等领域的特殊人才，均对前庭分析器有较高的要求。由此可以说体操亦是培养国家特殊人才的基础。

(三) 体操的负向功能

体操运动是一把“双刃剑”，在具有正向功能的同时，也包含着负向功能。在带给你健康的同时，也会给你带来伤害。在运动强身理念越来越普及的当下，运动损伤早已不再是运动员们所专有的了。

现代医学研究发现，对于那些不能长期坚持运动的人们来说，偶尔运动一次，将会加重生命器官的磨损、组织功能的丧失而致寿命缩短。经常进行适度的，而不是偶尔的健身锻炼可以延长寿命，且对心理健康也有积极的作用。

采用徒手体操动作练习，练习者可以根据本人的需要，以关节为轴，人为设计动作，对每一群肌肉进行有针对性的练习，当这种练习的运动负荷适合练习者时，对练习者是一种良性刺激。但当这种练习的运动超负荷时，会使局部肌肉负荷增大，局部负担过重，则会造成慢性“劳损”。

器械体操对技术要求比较高。由于技术不熟练，加上对所学新难度动作急于脱保或在技术不熟练时用于比赛，在这种状态下，稍有失误就会造成不必要的受伤。此外，缺乏正确的保护和自我保护技巧也是造成受伤的原因之一。如保护者站立的保护位置不正确，因而妨碍练习者的动作；保护者的手法与练习者动作用力不一致；保护者插手过早或过晚；保护者自己因怕受伤而产生自卫反射错过保护时机，以及练习者缺乏自我保护的技巧等，都是造成受伤的原因。

体操出现的这些负向功能，显然是人为所造成的，是正向功能在实践中所遇到的障碍。由于体操是一个复杂的系统，体操的负向功能在一定的范围内是不可避免的。但只要合理地安排教学、训练和比赛的组织工作，提高练习者科学健身和训练的能力，就可以尽量避免负向功能的出现。

二、体操的价值

“价值”是指事物的积极作用，是事物满足人们需要的标志。价值存在于客体对象和主体需要之间的关系中，离开了主客体之间的关系，也就无所谓价值。

体操的价值可体现在以下几方面。

(一) 设计符合人体解剖学的动作，科学指导大众健身

体操之所以能够科学地指导健身，原因如下。

1. 每一个体操动作都有专门的术语来表示。每一术语都在该学科中有严格的意义，体操术语有简明地反映动作结构及其本质的特点。

2. 体操动作是依据解剖学原理设计的符合人体运动规律的动作。其动作设计有理论

视角和依据，而不是直接建立在感性经验与判断的基础上，因而是一种理性的设计。这种理性的设计能够科学指导大众健身。

（二）设计符合人体生物力学特征的动作，挖掘人的潜力

随着体操运动的发展，现代科学技术——自然科学中的运动生物力学强有力地介入体操动作设计领域，对整个体操动作的设计创新产生了越来越大的影响。通过设计符合人体运动生物力学原理，最合理、最有效地发挥人体机能能力的动作，以挖掘人在非常态下的潜力。

（三）合理选择动作和运动量，强身健体

体操以练习者强身健体为本的价值取向，使练习者可以根据本人的需要，选择有针对性的动作，对每一肌肉群进行有针对性的练习。

练习者也可以根据本人的体质状况，选择简单易学的动作，通过对运动强度、运动时间、运动频度的控制来调节运动负荷。

此外，练习者还可选择在技术上有一定层次的难点动作，促使练习者不断追求技术完美，激发自我锻炼的积极性，达到健身效果的目的。

（四）克服人为设计的障碍，培养良好的心理品质

练习者在器械上完成动作的过程，就是克服人为设计障碍的过程，这一过程能培养练习者良好的心理品质。此外练习者还可根据器械的性质特征选择不同的器械进行练习，培养不同的心理素质。如，练习者在进行平衡木动作练习时，人体重心时刻在变化，支撑点也不断改变，因此对练习者控制身体平衡有较高的要求，通过平衡木的练习可以改善练习者平衡器官的功能，提高动作的准确性以及培养练习者沉着、冷静、勇敢、果断的意志品质，平衡木也是培养练习者具有正确思想方法和良好心理素质的有效项目之一。

（五）塑造人体姿态美，满足人们审美艺术的需求

1. 按照体操动作技术标准化要求完成动作，既体现了运动解剖、人体运动生物力学上的要求，又体现了体操动作的难中求美，力中求美，新中求美，稳中求美等人体美学对姿态的要求。

练习者通过体操动作的练习，从客观上对练习者进行了塑造，使人体的形态、姿态和气质都会发生一定的变化。例如：男运动员的肌肉饱满，刚健有力，体现了“方”之美。而女运动员的丰满圆润，线条柔和，则给人以“圆”之妙的美的感受。它把形体美的教育寓于丰富多彩，有多种艺术运动形式之中。

2. 观赏体操竞技场上的艺术编排，优美姿态，准确部位，明朗节奏，轻松动作和个人风格的表演。如单杠的惊险、跳马的果断、鞍马的潇洒、平衡木的稳定、高低杠的上下腾飞、吊环所表现出来的力量等，无处不体现出健与美的结合，智慧与创造的结晶，既可满足人们审美艺术的需求，同时亦在陶冶着人们的审美情趣，提高着人们的审美能力。

思考题：

1. 如何理解广义体操与狭义体操的概念？
2. 为什么说体操具有正向功能与负向功能？
3. 体操的价值是如何体现的？

第二章　体操发展简况

内容提要

本章论述了古希腊体操教学的创立，欧洲体操发展及演变的过程，在此基础上重点讨论了我国体操教学模式形成与发展的阶段性特征。按照教学目标的定位，将体操教学模式分为“兵操教学模式”、“动作技能”教学模式，并将1953—1984年我国的体操教学发展分为：引进与学习阶段、体操教学的蓬勃发展阶段、停滞阶段、整顿恢复阶段。

1985年之后体育教育专业教学计划培养目标有了新的定位，进而形成了多元化的教学模式，并对不同阶段的教学特征和教学模式进行了分析。

论述了世界竞技体操的创立与发展过程，对奥运会体操比赛、世界体操锦标赛、世界杯体操比赛三大赛事进行了比较分析。

在回顾中国竞技体操发展历程的基础上，将中国竞技体操的发展概括为：引进学习与初步发展阶段、崛起阶段、停滞阶段、恢复阶段、腾飞阶段。以便帮助练习者对体操在我国的发展有一个概略性的认识和总体性把握。

关键词：体操教学的产生　竞技体操的创立　教学模式

第一节　体操教学的创立与发展

一、古希腊体操教学的创立

古希腊哲学家柏拉图（前427—前347），在《对话篇》中，曾将体操广义地解释为：“是身体训练的理论和方法的一种体系。”他对体操狭义的解释是：“体育疗法、健身术。”在《国家篇》中，他强调体操的目标是，使身体健康、体形完美、体力充沛，培养人的意志，使人勇敢。在《法律篇》中，他还具体阐述了体操术是教育制度中不可缺少的一部分。

由此可见，体操教学早在柏拉图的《对话篇》及《国家篇》中已经创立。柏拉图对体操做了全面的解释，他不仅明确指出了体操在教育制度中的重要性，而且从生理、心理两方面提出了体操的目标。

即："在生理方面，使身体健康、体形完美、体力充沛；在心理方面，培养人的意志，使人勇敢。"这一早期形成的体操目标达成理念，可以说为今天的体操教学奠定了基础。

二、欧洲体操教学的历史发展与演变

16 世纪后半叶，意大利的医学博士和医学家 H·梅尔库阿利斯（H. Mercurialis，1530—1606），曾对希腊语中的体操术（Are Gymnastica）和身体练习（Exercitio）进行了详细的研究。他在《体操术》一书中，详细论述了各种形式的人体动作，并把体操划分为军事体操、医疗体操、竞技体操三种，可见这种划分是以目的为依据划分的。

18 世纪末 19 世纪初，被尊为"德意志体操之祖"的古茨穆茨（Guts Muphs），在他的《青年体操》（1793 年）一书中，记载了一些单杠、双杠的原始动作及平衡木上的平衡动作，从中可见这一时期的体操动作多以单个动作为主。此外他还将希腊语中的体操解释为体育，这一解释为日后体操作为体育下属中独立的运动项目奠定了基础。

19 世纪初，"德意志体操之父"F·L·杨（Friedrich Ludwig Jahn 1778—1852），创立了以器械练习和军事游戏为基础的民族体操体系，历史上称之为"德国体操学派"。在他出版的《德国体操》教科书中，记载了在完成动作时，要求头部正直，脚尖伸直，军事姿态，动作成直线等有关身体姿态的内容，为以后体操动作强调规范性奠定了基础。

19 世纪中期，瑞典体操体系在 P·H 林（Perhenrik Ling1776—1883）的倡导下开始形成，历史上称之为"瑞典体操学派"。这一学派的基本理念是，体操动作必须是符合人体各器官运动法则的身体运动，身体运动必须使身体得到协调均衡的发展，注重培养身体的正确姿势，这一理念为引导人们科学地完成体操动作奠定了基础。

此后，丹麦也创立了体操体系，它进一步改进了德式体操和瑞典体操，历史上称之为"丹麦体操学派"。其特点是，强调动作要活泼、自然、协调有弹性并富有韵律，将舞蹈的特性加入到体操项目内容中，注重增进健康，全面发展身体。为艺术体操的发展奠定了基础。

1862 年，捷克的"天鹰"体操学派诞生。其特点是，将器械体操、轻器械体操、徒手练习、集体练习等编排成各种动作的成套练习，强调体操动作要优美，活泼，讲究成套动作的难度和编排，讲究穿体操服装，力求难易交替，波澜起伏。这一特点使体操在专一化的道路上迈进了一大步，同年体操开始按照专门制定的规则进行比赛①。因此它的诞生可被视为体操作为一个独立项目的标志，而成为体育下属的一个运动项目。通常将这一时期的体操称为近代体操。

1896 年，第 1 届奥林匹克运动会上将体操列入正式竞赛项目，至此以竞技为目的的竞技体操在世界范围开始发展起来。

---

① 《竞技体操》（大专班体操专业试用教材）北京体育学院教务处，1984

三、我国体操教学模式形成与发展的阶段性特征

以“教学模式是反映某种教学思想和理论，而设计的一种教学程序，并具有相对稳定的教学过程结构”这一基本概念为前提，以体操在学校中开展为视角，追溯体操教学模式发展的历史，使我们清楚看到，我国体操教学模式的发展经历了不同的历史阶段。在不同历史时期中，具有典型代表意义的教学模式分别是：“兵操教学模式”、“动作技能教学模式”、“健身教学模式”。

（一）“兵操教学模式”的形成与发展

1. “兵操教学模式”形成的历史背景与思想基础

“兵操教学模式”是我国近代体操教学中，具有典型意义的教学模式。它是1885年从国外引进的，以德式“兵操”为主，最早在军事学校开展，用于培养军事人才、提高士兵素质的体操教学模式。这一模式的形成有其历史背景及思想基础。

（1）“洋务运动”将近代体操引入中国

1860年中国清政府中，出现了以李鸿章、张之洞等人为代表的“洋务派”。在他们的影响及倡导下，19世纪60～90年代，中国进行了一项以创办军事、民用工业为中心内容的“自强”、“求富”运动，历史上称之为“洋务运动”。

在洋务运动中，不仅兴学校、废科举，还注重派出留学生学习外国先进的科学技术，培养新式人才。洋务派认为，西方“枪炮之运用理法，步伍之整齐灵变，尤为独擅胜场。我非尽敌之长，不够制敌之命，故居今日而言武备，当以其人之道还治其人”。在这种动机下，他们先后创办了不少军事工业学堂与军事学堂①。

随着军事学堂的创办、编练新军的实施、派遣留学生的回国，近代体育陆续传入中国，首先传入我国的是德国式的兵操和器械体操。“洋务运动”将近代体操引入了中国。

（2）“维新运动”促使了近代体操在我国的传播

1894年甲午战争之后，民族危机日益加深，中国民族资产阶级知识分子掀起了一个变法图强的运动，历史上称为“维新运动”。维新派在教育实践中倡导、宣传体育，促进了体操在我国的传播。如，康有为在关于教育内容的《长兴学说系统表》中，亦列入了“体操”，并规定“每间日一课之”。对大学与成人教育，康有为认为“此时之学，于育德、强体之后，专以开智为主”。他还指出：“大学亦重体操，以行血气而强精骸。”他把成人体育的重点放在“兵操”上。从“尚武”角度来提倡兵操，开了中国近代体育史上从军事意义提倡体育的先河。②

此外，梁启超主张军国民主义强国的思想。他在《中国之武士道》一书中指出：“中国之民族之武，其最初之天性也……今者，爱国之士，莫不知奖励尚武精神，养之于豫，而得普及也。”梁启超这种有关军国民的思想影响是极为深远的。

20世纪初，新学兴起之后，军国民思潮在我国教育和体育中占很重要的地位，这是

① 陈镇华等．中国体操运动史［M］．武汉：武汉出版社，1990.4

② 陈镇华等．中国体操运动史［M］．武汉：武汉出版社，1990.4

兵式体操在我国能迅速推广的思想基础。

从洋务运动到维新运动，随着西方教育和教育思想的引进，体操运动在新式学堂的教育中得到了初步的开展。

2. “兵操”教学模式的特点

从教学目标方面看：中国近代体操运动的传入和发展，与这个时期各种军队的军事训练有着密切联系。要想“求强”，必须“师夷之长技以制夷”，即训练一支“新军”。所以这一教学模式的教学目标，主要体现在提高士兵的身体素质和部队战斗力，以及培养新式军事人才上。

从教学内容方面看：兵式体操主要反映的是“军国民主义”的体育思想。体操在当时人们心目中的要义是：“在使身体各部均齐发育、四肢动作敏捷、精神畅快、志气勇壮，兼养成乐群和众动遵纪律之习，宜以兵式体操能为之，达到提高学生身体素质，培养具有战斗力的军须人才的目的。”因而在教学项目的选择上以及教学内容的设计编排中，都较充分地体现了军国民的主题思想，并建立起了一整套的教学内容体系（表2－1）。

表2－1 兵式体操内容体系

类 别	主要项目及基本内容
徒手体操	基本站立：直立、叉腰立、托颈立、十字形直立、叉腰开脚立、跨步直立、举臂直立。 预备姿势、头与胸动作、上肢动作、全身动作、肩与背动作、腹与腰动作、下肢动作、呼吸运动。
器械体操	铁棒（单杠）：悬垂、引体向上、反悬垂、屈肘横跳、前摆跳下等。 跳越台（木马）：跪跳下、分腿骑上等。 跳下台：由高至低的楼梯、蹲跳下等。 跳绳：跳过一定高度的水平绳索等。 吊环：屈体悬垂、摆动、倒悬垂等。 爬杆：只用手向上爬等。 斜梯：体前屈、手足并用爬梯等。 天桥：骑撑、走、跑三种姿态通过天桥。 双杠：跳翻、跳起两膝挂两侧杠上、上至双杠上的侧撑等。 平行杠（高低杠）：跳上成悬垂；跳上成高杠悬垂，两足蹬低杠上至高杠正撑；高杠上正撑，上体前倾，右手撑低杠，俯腾越跳下。 除上述项目外还包括：跳桌、跳箱、肋木、绳梯、活动圆木（浪木）、固定圆木、体操凳等器械。
应用体操	越过各种障碍，叠罗汉，登高等。
兵士体操	徒手练习和持器械练习、单人操练和队列操练等。

从教学过程结构上看：形成了“准备”、“本位”、“终尾”三个阶段的课业组织法。即：一节体操课由“准备”、“本位”、“终尾”三个阶段构成。

“准备”阶段主要是兵士体操的内容，包括：走、跑、报数、各种步法、转法、队列变化等。

“本位”阶段的内容主要是各种徒手或轻器械体操。

“终尾”阶段的内容主要是游戏。①

这个三阶段的课业组织法，从实质上看实际就是目前我国体操教学中普遍采用的“准备部分”、“基本部分”、“结束部分”三段式教学模式的雏形。

从教学评价上看：已有了“规定动作”、“自选动作”评分的雏形。据文献记载，早在1932年，我国就有了关于器械体操测验方法的记录。器械体操的测验方法分为两种，一种是教师先行示范，然后学生做，主要考核学生的仿效功夫，称为“示范仿效”式；另一种是学生自由选做，主要考核学生的技能及动作的难易，称为“自由表演”式。

具体评分从甲至戊分成五个级别，各级别的标准分别如表2－2。

表2－2　“自由表演”式五级评分标准

等　级	标　准
甲　等	90～100
乙　等	80～90
丙　等	70～80
丁　等	60～70
戊　等	60以下

可见，这种评分方法是目前在体操教学中普遍采用的“规定动作”和“自选动作”评分的雏形。

（二）“动作技能”教学模式的形成与发展

1. “动作技能”教学模式形成的历史背景及社会动因

“动作技能教学模式”是1953年从苏联引进的体操教学模式。至20世纪80年代中期，这一模式是我国现代体操教学中，具有典型意义的教学模式。该模式是以提高体操动作技能为核心内容，教学的价值取向在于追求难度动作的掌握，并以培养体操动作教学专门人才为主要目标的教学模式。这一模式在我国的形成有其历史背景及社会动因。

（1）摆脱“东亚病夫”耻辱为现代体操迅速普及提供了社会大环境

1949年新中国成立，在世界上树立了崭新的形象，提高人民体质是从国家到每个公民，从政府到地方普遍关心和重视的一件大事。

1953年，我国从苏联将现代体操引入。体操一方面作为一种强身健体的手段被人们广泛接受，另一方面作为一种在世界上展示我国新形象的一项竞技项目，而受到国家政府的高度重视，因为体育竞技水平的高低已经成为一个国家经济水平、科技水平、国民精神、国民体质和社会面貌的综合反映。中国运动员在世界体坛上的杰出表现，不仅能在全世界树立一个自强不息、繁荣昌盛的国家形象，而且使中国人民扬眉吐气，让世界刮目相

① 陈镇华等．中国体操运动史［M］．武汉：武汉出版社，1990.4

看，大大提高了中国的国际地位，激发起了人们强烈的爱国主义意识，增强了人们的民族自豪感和民族的凝聚力。

1953 年 10 月新中国成立后的第一次全国体操比赛，成为我国近代体操运动和现代体操运动的分水岭。从此我国结束了简单的垫上运动、器械体操的时代。现代体操运动成为学校体育的一项重要内容，并在新中国这片沃土上开花结果。

（2）在向苏联学习中竞技体育受到高度重视

新中国成立之初，整个中国百废待兴。作为社会主义国家的中国应如何发展，这时社会主义阵营中的“老大哥”——苏联，无疑就成为了中国学习的榜样。一时间，从工业到农业、从科技到教育，无处不显现着苏联专家的身影。各行各业均处在向苏联老大哥学习的氛围之中，苏联的教学模式也成为了我们唯一的选择。

据我国《体操史》记载：“为了更全面、系统地学习苏联的体操理论，从 1954 年起，我国分三批派遣留学生赴苏联学习。为了全面学习、贯彻并执行苏联的体育制度，从 1955—1958 年，先后有柯裴托夫和布利诺克两位苏联专家到我国北京体育学院任教。”在向苏联学习中，竞技体操受到高度重视，为体操“动作技能”教学模式的形成奠定了基础。

对我国 1957 年以前成立的 6 所体育学院（北京、上海、武汉、成都、沈阳、西安）的教学思想、教学方式、课程设置等方面的研究表明，在我国体育学院的教学中，十分重视竞技体操运动技术的教学，体现出以掌握基本知识、基本技术和基本技能，即“三基”为目标；以教师为中心；以传授运动技能为核心；以竞技规则为统一要求的教学模式。

（3）“不拿世界冠军，死不瞑目”的誓言激励着体操同仁

1955 年，中国体操队在波兰首都华沙，第一次参加国际体操比赛。在比赛中，有的裁判员在中国运动员上场比赛时，边喝汽水，边看苏联体操运动员的比赛，中国体操运动员做完后，随便给个分完事，这给中国体操运动员的刺激很大。在国际比赛中，没有水平，人家就看不起。在发奖仪式上，几乎奏的全是苏联国歌，升的全是外国旗。中国体操运动员站在看台上个个含泪立下誓言：“不拿世界冠军，死不瞑目，这一代不行，下一代，再下一代也要拿！”①

这一誓言，一直在激励着不同层次的体操同仁们。体育院校作为国家体委的直属院校，作为培养体操教学专门人才的摇篮，在目标的定位、教学大纲内容的选择、教学课程的结构、学习成绩的评定等诸方面，均不同程度地显现出实现“誓言”的倾向。

如全国各体育院校均对体操专业本科毕业生，提出了技术等级须达到二级运动员标准的要求，其中北京和西安体育学院要求达到一级运动员水平。体育学院体操专业毕业的学生，不仅成为了体育专业院校的教学骨干，而且也是优秀运动队、体育学校、少年体校的教学、训练骨干力量。

此外，各省、市的师范大学，也把体操列为主要的学习内容，并要求学生达到体操三级运动员水平。

---

① 陈镇华等．中国体操运动史［M］．武汉：武汉出版社，1990.4

可见，实现“誓言”，这无疑是“动作技能”教学模式，在体育院校形成并长期成为典型教学模式的重要原因之一。

2. “动作技能”教学模式发展的阶段性特征

自1953年以来，我国体操教学发展表现出了以下不同阶段的特征。

（1）引进与学习阶段（1953—1955年）

这个阶段一个明显的特点就是：通过“请进来，派出去”的方式，引进并学习、贯彻、执行苏联的体育制度，全面系统地学习苏联的体操理论、方法和经验。确定了体操教学在体育院校师资教育中的重要地位，为我国体操事业的发展，在理论上以及教学训练方法上奠定了基础。如1955年请进苏联专家柯裴托夫、布雷诺克培养了我国首批体操专业研究生，他们成为我国体操事业中的一支得力的骨干力量，在全国体育院校、科研单位或运动队中，为我国体操事业的发展作出了自己的贡献。

从表2－3两份大纲的比较中可见，从教学任务的定位、理论教学内容的确定、实践课内容的选择，到课的结构、师生组合、技术等级要求，以及教学时数等方面均较完整地引进了苏联教学体系。

表2－3 我国建校初期体操教学大纲与最早传入我国的苏联体操教学大纲比较

主要内容	苏联1952年中等体育专科学校大纲	中国1954年中等体育专科学校大纲
体操在体育教学中的地位	体操是完成体育教育任务的主要手段之一	体操是中国体育教育中的主要内容
体操理论	苏联体操发展史／术语／体操教学工作组织计划与统计／体操比赛、表演的组织与进行／教学和训练方法／保护与帮助／体操场地和设备	中国体操发展史／体操的种类／术语／体操练习的技术基础／体操教育、教学和教练法／体操比赛、表演的组织和进行 ／体操场地和设备／保护与帮助。
体操练习内容	队列队形／一般身体练习／徒手练习／持轻器械体操／器械体操	队列队形／一般身体训练／徒手练习／体操游戏／持轻器械体操／器械体操
课程结构	序部分／准备部分／基本部分／结束部分	准备部分／掌握基本技能部分／结束部分
师生组合	分组教学和个人教学／注重教学的教育特性和教师的主导作用	分组教学和个人教学／注重教学的教育特性和教师的主导作用

（2）蓬勃发展阶段（1955—1965年）

这阶段表现出以下特征。

①形成了完整的体操教学体系

1955年北京体育学院开始招收四年制本科大学生，1957年成立了运动系。在体育师资、教练员、优秀运动员“三位一体”的培养目标指导下，体操教学首次制定并执行了“普修”和“专修”两种大纲，这两种要求不同的大纲出台，可以说标志着我国体操教学已经初步形成了完整的体系（表2－4）。

表 2－4 我国 1956 年（本科普修）体操教学体系构成

教学的主要任务	体操理论	实践课内容	课的结构	师生组合	技术等级裁判等级	教学时数
掌握体操的练习技术获得进行体育教育和组织所必要的知识技能和本领	体育教育制度、体操术语、体操创伤与预防、上体操课的方法、一般发展练习、女子体操作业方法特点、体操设备和器材、体操教学和教练法、学龄儿童体操教学法、器械体操练习的技术基础、体操表演组织和进行、体操发展史	队列队形、游戏、一般身体发展练习、自由体操、艺术体操、技巧练习、单杠、鞍马、吊环、摆荡吊环、支撑跳跃	由准备部分、基本部分、结束部分三部分构成	分组教学和个人教学，注重教学的教育特性和教师的主导作用	要求学生毕业时达到三级运动员标准和三级裁判员标准	320 学时

②表现出了蓬勃发展的新气象

1961 年 3 月，根据新建体育院校迫切需要大量专业教师的现实，我国明确了以培养师资为主和“一专多能”的培养要求。在处理教学、训练、比赛的关系上，确定以教学为主，并增加了文化课、基础理论课和普修技术课的教学内容，使我国的体操普修教学自执行普修教学大纲以来，表现出了蓬勃发展的新气象。

a. 教学时数增多，理论课内容拓宽（表 2－5）

表 2－5 与前一时期体操教学课程时数比较

大纲年代	理论	教法作业	技术分析	裁判实习	技术课	其他	总时数
1959	22	24			182	12	240
1961	24	26	24	4	171	16	265

从表 2－5 中可见，这一阶段体操教学时数与 1959 年的教学大纲中规定的教学时数相比有了明显的增加。而在理论课内容上，增加了上体操课的方法、女子体操特点、生产操、一般大学体育大纲体操部分的动作分析等内容。

b. 体操教研室教师人数明显增多

为了满足和适应体操教学蓬勃发展的需要，在这一阶段中各校体操教研室教师人数不断增加。例如，据《中国体操运动史》记载，在 20 世纪 60 年代初期，原北京体育学院体操教研室人数达到了 108 人，是 20 世纪 50 年代该体操教研室人数的三倍之多。

c. 首次开办了教师进修班

这阶段除要完成本科的体操教学任务外，还专门为高校体育教师进修班开设体操教学课，一年中课时数达到 456 学时（引自 1954 年～1955 年教师进修大纲），为高校体育教师完成教学大纲中的体操教学任务创造了条件。

d. 教学中对学生的要求更加全面

在这一阶段明确提出，在体操教学中不仅要求学生做到“三基本”，而且还应做到

“六会”。即：做到会讲解、会示范、会纠正错误动作、会保护帮助、会组织教学、会裁判。为以后的体操教学在能力的培养上指出了方向。

e. 编写了第一本体育院校本科《体操》教材

该教材于1961年由人民体育出版社出版。

f. 体操实习内容丰富，比赛种类多样

体操比赛、教学实习，作为体操教学中两项比较重要的内容，其形式是多样的，内容也是十分丰富的（表2－6）。

表2－6　体育系1965年体操教学比赛、实习内容安排表

学期	比赛内容与安排	实习内容与安排
2	徒手操比赛 单项比赛	教师领学生带徒手操
3	跳绳比赛 主项对抗赛	裁判实习 个别项目实习
4	年级、班比赛	准备活动实习 裁判实习 项目实习
5	全能比赛 等级测验赛	准备活动实习 裁判实习 基本部分实习

（引自1965年体育系体操教学大纲）

（3）停滞阶段（1966—1976年）

这一阶段，由于“文化大革命”，体育界无法按照正常的规律进行训练和比赛。体操正常的教学秩序无法保障，体操教学处于停滞阶段。

（4）整顿恢复阶段（1977—1984年）

1977年我国恢复了高考制度，1978年3月“文革”后的第一批本科大学生入学，我国各体育院校的教学便进入了整顿恢复时期。工作的重点逐步转移到教学、训练、科研上来，建立教学、训练、科研“三结合”的人才培养基地，是这一时期我国提出的办学指导思想。在这一指导思想的指导下，这一时期我国体操教学有以下几个明显的特点。

①恢复了体操理论和基本技能的教学

在体操教学大纲中，把“三基本”（基本理论、基本技术、基本能力）作为体操的教学任务又明确地提了出来。

②明确了体操教学目标

体操教学大纲中明确提出了体操教学的目标在于：培养能胜任中学体操教学工作和开展群众性体操活动的合格的中学体操教师。

③恢复了体育系体操专修的教学

1980年我国颁布了新的竞技体操运动员等级标准，依据新的等级标准，制订了体育系体操专修的训练大纲，并在大纲中明确提出了体育系体操专修学生要达到竞技体操二级运动员和二级裁判员标准的规定，并鼓励有能力的学生通过或达到一级运动员的标准。

④普修课考核注重综合评定

普修课成绩的考核，实行理论、技术、技能、平时成绩多方面综合评定，并在技术上要求学生达到或通过竞技体操三级运动员技术等级标准。

⑤体操学科在体育院校仍然受到高度的重视

体操教学，在各体育院校的教学工作中仍处重要位置。与术科其他项目相比，这一时期体操教学的时数仍然是最高的。从1981年制订的体育学院体育系体操教学大纲中的体操普修教学课的时数分配中（表2－7），就可明显感到体操教学在术科教学中的重要位置。

表2－7　1981年体育系体操教学大纲中体操教学时数分配情况表

学　年	第一学年		第二学年		总　计
学　期	1	2	3	4	4
周　数	18	17	20	18	73
周学时	4	4	4	3	
每年总时数	140		134		274

多年来的实践证明，在我国体操技能教学模式的形成和蓬勃发展的过程中，对提高竞技体操运动水平、培养体育师资方面是成功的，在促进体操的发展方面起到了积极作用。

（三）“健身教学模式”的形成与发展

从1985年起，我国的体操教学步入了改革发展时期。“健身教学模式”是我国体操教学进入变革阶段逐渐形成的，一种以追求体操动作的教学有利于促进学生身心健康发展为基本目标的教学模式。这一模式形成的历史背景及思想基础如下。

1. 体育教育专业教学计划培养目标有了新的定位

为了进一步完善高等体育教育结构，使我国普通高等学校体育术科专业的设置和体育专门人才的培养，能适应社会主义现代化建设和体育事业发展的需要，为提高办学效益和办学水平，在1980年我国高等学校第1套体育教育专业教学计划出台之后，又先后于1986年、1991年、1997年和2003年进行了4次教学计划的修订。

为有效落实2003年的《课程方案》，教育部于2004年又颁布了《普通高等学校体育教育本科专业各类主干课程教学指导纲要》。

这几次修订教学计划虽然都呈现了不同时期的阶段特点，但总体特征如下。

（1）开设的课程门类逐渐增加，学科比例逐渐上升，必修课学时数明显下降，选修课学时数逐步增加。

（2）培养目标的定位由“单一型”向“复合型”转变。

从以上 5 次修订的教学计划中培养目标的定位看，1980 年、1986 年和 1991 年都把培养对象定位为中等学校体育教师，1996 年定位为体育教育专门人才，2003 年则定位为复合型体育教育人才。体现出培养目标的定位由“单一型”向“复合型”转变的特点。

（3）体操课程目标更明确、更细化。

在 2004 年教育部颁布的《普通高等学校体育教育本科专业各类主干课程教学指导纲要》中，把体操类课程的总目标定位为：使学生掌握体操类课程的基本理论知识、基本技术和基本技能，具有从事学校体育教育所具备的体操教学和组织活动能力，并具有运用体操手段和方法在指导社会体育活动中发挥作用的能力。该《课程纲要》同时将体操课程目标作了具体的规定。①

体操课作为体育教育专业的一门主要课程，随着体育教育人才培养目标定位的变化，体操课程目标更加明确和细化。体操教学在这一阶段中，也围绕上述变化进行了项目内容的相应调整，表现如下。

①教学时数减少

表 2－8　1981—1995 年体操教学大纲中教学时数修改变化的比较

1981 年体操教学大纲中的时数		1985 年体操教学大纲中的时数		1992 年体操教学大纲中的时数		1995 年体操教学大纲中的时数	
学期	总学时	学期	总学时	学期	总学时	学期	总学时
4	274	3	216	3	208	1. 5	104

从 20 世纪 50～80 年代中期，在相当长的一个时期里，我国的体操教学内容安排不少于 4 个学期，也就是说学生上 4 年学，有 2 年要进行体操内容的学习，而进入 1985 年以后，体操教学时数在逐年减少，表现出了此阶段中的又一特点（表 2－8）。

②器械体操项目减少

从表 2－9 中可见，在 20 世纪 70 年代以前，体操教学中所涉及到的器械体操项目是很全的，不仅包括了目前竞技体操中的男子 6 项、女子 4 项，而且男、女生都要学习吊环项目中的两类不同性质的动作（即：摆荡环和静止环）。到了 20 世纪 70 年代后期，女子教学取消了吊环项目，男子取消了荡环动作。1985 年，男子体操教学又取消了鞍马和吊

① （一）掌握体操课程的基本理论知识、基本技能与基本技术及实际运用能力，能够从事学校体操教学和指导大众健身锻炼。
（二）基本掌握体操教材的重点内容，了解教材的延伸内容，并初步掌握开展学校体操活动与竞赛的方法。
（三）学会运用体操手段科学地锻炼身体，达到促进健康的目的。
（四）培养学生探究学习的习惯，促进学生自学能力、实践能力、创造能力的形成。
（五）塑造学生健美体态、促进学生个性发展，培养学生感受美、鉴赏美、表现美和创造美的意识与能力。

环两个项目，女子教学取消了高低杠项目。20 世纪 70 年代以来体操教学出现了器械项目减少的特点。

表 2－9 不同时期的器械体操教学项目比较

年 代	男 生							女 生							
	技巧	双杠	单杠	跳马	鞍马	吊环		自由体操	双杠	平衡木	跳马	高低杠	单杠	吊环	
						动	静							动	静
20 世纪 50～60 年代	+	+	+	+	+	+	+	+	+	+	+	+	+	+	+
20 世纪 70～80 年代	+	+	+	+	+	×	+	+	+	+	+	+	+	×	×
1985 年以后	+	+	+	+	×	×	×	+	+	+	+	×	+	×	×

注：“＋”……有“×”……无

③器械体操动作难度减小、数量减少

由于体操教学时数的大量减少，体操教学中的器械体操教学内容不仅在项目上有所减少，而且在动作数量上和难度上都做了相应的缩减。如男生技巧项目中的头手翻、前手翻动作，双杠项目中的挂臂后摆上动作，单杠长振屈伸上动作，在以往的大纲中，均是学生必须掌握的动作，而在这一阶段的大纲中，这些动作不再作为必须掌握的动作列入大纲中，而是作为自选加分动作供有能力的学生进行有选择的学习。此外通竞技体操三级等级标准不再是对学生的统一要求，而是作为一门选修课程由学生根据自己的情况来自愿报名学习。在这一阶段中表现出了学生参加选修体操三级的人数逐年减少，特别是进入 20 世纪 90 年代之后这一点表现得更加明显。由此可见，动作难度及数量的减少是此阶段的特点之一。

器械体操项目的减少以及器械体操动作难度和动作数量的减少，与体操教学时数的减少有密切的关联。

2. 健康教育被提上日程成为体育教育的重点内容之一

1995 年我国政府颁布了《全民健身计划纲要》，这是我国体育发展的一项宏伟工程，同时也是我国体育事业发展进入到一个新的历史时期的标志。

《全民健身计划纲要》的出台，使体育教育专业面向社会的特点更加显现出来。1997 年，国家教委颁布的《全国普通高等学校体育教育专业本科专业课程方案》的业务培养目标中，明确强调了“培养社会体育指导员的目标”。与此同时，学校体育在改革中形成的，以培养学生终身参与体育活动的能力和习惯为主导的思想，必然引起体育院系体育教育专业教学指导思想和课程设置的变更。健康教育被提上日程，成为体育教育的重点内容之一。

3. 学校体育教学要求在完成多元教学任务中实现教学的综合效益

如何把学生对体育的学习、体育锻炼、娱乐更有机地结合起来，已成为当今学校体育教学中不可回避的课题。在不断地实践与探索中人们认识到，解决这一问题的关键在于，体育教学应更有效地达到全面发展身心培养能力的目标，在体育教学中应当做到把知识的学习、技术的掌握、技能的形成、意志的培养、心理需求的满足、感情的体验以及身体机能的改善，与身体素质的提高有机结合起来，通过多元教学任务的完成提高教学的综合效益，从而达到体育教育的整体目标。

4. 终身体育将成为学校体育教育中不可忽视的重要环节

体育作为教育的重要组成部分，随着终身教育的发展，对体育必然要提出新的要求。这种要求可表现在：体育作为提高民族素质的手段，学校体育不是体育的终结。因而体育教学不仅要传授给学生体育的知识、技术、技能，更为重要的是要不断地增强学生的体质，提高他们的体育学习能力，使学生认识体育教育的重要性，能计划、实施、评价和改进自己的体育学习和锻炼手段，并保持学校体育效益的连续性、长期性。由于人生受教育的重要时期在于学生时代，显然终身体育的教育就必然成为当今学校体育发展中不可忽视的重要环节。

在这样一种背景之下，“健身教学模式”在体育院系受到关注，并开始实验、探索，以适应体育教育专业体育师资和大众健身培养方向的要求。

如，北京体育大学于 1999 年及 2003 年两次大纲的修订中，均明确地指出，体育教育专业本科的培养目标在于：“培养能够从事学校体育与健康教学及社会体育指导的一专多能的复合型高级体育人才。”

在体操教学大纲中，也首次明确地提出“培养学生应用体操手段进行健身以及指导大众健身的能力”的教学任务。

北京体育大学体操教研室于 1996 年首次提出“健身体操”的概念，它强调的是运用正确的技术完成并掌握动作，并在此基础上认识动作对身体各肌肉群的影响以及对学生心理素质的培养。

纵观我国体育院系体育教育专业体操教学的发展现状，在全国范围内实施真正意义上的“健身教学模式”，仍有许多问题需要进一步的探讨研究。

第二节　竞技体操的创立与发展

一、竞技体操的创立

1896 年国际体操联合会成立（FEG）。同年，在希腊雅典举行的第 1 届奥林匹克运动会上将体操列入正式竞赛项目，奥运会体操比赛成为推动竞技体操发展的源动力。

反映竞技体操发展水平的世界性大赛，除奥运会外，还有世界体操锦标赛和世界杯体操比赛。

国际体操联合会于 1903 年开始举办“世界体操锦标赛”，于 1975 年开始举办“世界杯体操比赛”。

二、世界竞技体操发展概况

(一) 奥运会体操比赛

奥林匹克运动会体操比赛，是奥运会的一项正式竞赛项目，也是历史最长的世界性体操比赛。从1896年起每4年一次，到2008年共举行了29届（在第一、第二次世界大战期间，第6届、第12届和第13届，既1916年、1940年、1944年的比赛未能进行）。

1952年以前的历届奥运会体操比赛内容不统一，除体操器械项目外，还有爬绳、跳远、推铅球、撑竿跳高等项目。

第1~8届奥运会只有男子参赛，直到1928年第9届奥运会，女子才首次参加比赛。

1936年第11届奥运会上，确定了男子体操比赛的6个项目（跳马、鞍马、吊环、自由体操、双杠、单杠）。1952年第15届奥运会上，确定了女子体操比赛的4个项目（跳马、高低杠、平衡木、自由体操）。

表2-10 历届奥运会体操比赛时间、地点

届次	时间（年）	地 点	届次	时间（年）	地 点
1	1896	希腊雅典	16	1956	澳大利亚墨尔本
2	1900	法国巴黎	17	1960	意大利罗马
3	1904	美国圣路易	18	1964	日本东京
4	1908	英国伦敦	19	1968	墨西哥首都墨西哥城
5	1912	瑞典斯德哥尔	20	1972	联邦德国慕尼黑
6	1916	德国柏林	21	1976	加拿大蒙特利尔
7	1920	比利时安特卫普	22	1980	苏联莫斯科
8	1924	法国巴黎	23	1984	美国洛杉矶
9	1928	荷兰阿姆斯特丹	24	1988	韩国汉城
10	1932	美国洛杉矶	25	1992	西班牙巴塞罗那
11	1936	德国柏林	26	1996	美国亚特兰大
12	1940	日本东京	27	2000	澳大利亚悉尼
13	1944	英国伦敦	28	2004	希腊雅典
14	1948	英国伦敦	29	2008	中国北京
15	1952	芬兰赫尔辛基	30	2012	英国伦敦

(二) 世界体操锦标赛

世界体操锦标赛，是由国际体操联合会举办的规模最大的世界性体操比赛。1903年

在比利时举行了首届体操比赛，第一次、第二次世界大战期间曾两度中断了比赛。1934年第10届世界体操锦标赛上，女子首次参加比赛。

前12届世界体操锦标赛的比赛项目也是不固定的，除了器械体操外还包括了部分田径、游泳和举重等项目。1954年第13届世界体操锦标赛上确定了男子6项、女子4项的比赛项目。

第1~6届比赛是每隔2年举行一次。从1922年的第7届起，改为4年举行一次，与奥运会相间进行。1978年第19届锦标赛后，重新改为每2年举行一次比赛。为错开奥运会，于1979年举行了第20届世界体操锦标赛。

首届世界单项体操锦标赛于1992年举办。1993年、1994年、1996年又举办了3届单项锦标赛。首届团体体操锦标赛于1994年举办。

表2-11 历届世界体操锦标赛比赛时间、地点

届次	时间（年）	地 点	届次	时间（年）	地 点
1	1903	比利时安特卫普	21	1981	苏联莫斯科
2	1905	法国波尔多	22	1983	匈牙利布达佩斯
3	1907	捷克斯洛伐克布拉格	23	1985	加拿大蒙特利尔
4	1909	卢森堡	24	1987	荷兰鹿特丹
5	1911	意大利都灵	25	1989	德国斯图加特
6	1913	法国巴黎	26	1991	美国印第安那波利
7	1922	南斯拉夫卢布尔雅娜	27（单项）	1992	法国巴黎
8	1926	法国里昂	28（单项）	1993	英国伯明翰
9	1930	卢森堡	29（单项）	1994	澳大利亚布里斯班
10	1934	匈牙利布达佩斯	30（团体）	1994	德国多特蒙德
11	1938	捷克斯洛伐克布拉格	31（奥运选拔赛）	1995	日本鲭江县
12	1950	瑞士巴塞尔	32（单项）	1996	波多黎各圣胡安市
13	1954	意大利罗马	33	1997	瑞士瑞士洛桑
14	1958	苏联莫斯科	34	1999	中国天津
15	1962	捷克斯洛伐克布拉格	35	2001	比利时根特
16	1966	德国多特蒙德	36	2002	匈牙利德布勒森
17	1970	南斯拉夫卢布尔雅娜	37	2003	美国加洲阿纳海姆
18	1974	保加利亚瓦尔纳	38	2005	澳大利亚墨尔本
19	1978	法国斯塔斯堡	39	2006	丹麦阿尔胡斯
20	1979	美国沃斯堡	40	2007	德国斯图加特斯

1995年举办了第31届锦标赛，1997年举办了第32届锦标赛。2001年（35届）、2002年（36届）、2003年（37届）连续3年举行了3届世界体操锦标赛。2004年间断1年，2005年、2006年、2007年每年举行1届世界锦标赛。到2007年共举行了40届世界

体操锦标赛。

世界体操锦标赛的名称和间隔时间平凡改变，可见国际体操联合会对竞技体操的发展在不断地进行探索。

(三) 世界杯体操比赛

世界杯体操比赛是由国际体操联合会主办的规模较小的世界最高水平的体操大赛。

1975 年在英国伦敦举行了首届世界杯体操比赛，此后 1977、1978、1979 年又举行了 3 届。1980（第 5 届)、1982（第 6 届）年为每 2 年一次，1986 年（第 7 届)、1990 年（第 8 届）为每 4 年一次。

参加世界杯体操比赛的选手，只有在上届世界体操锦标赛上获得全能前 18 名和单项前 6 名的运动员才有资格参赛。世界杯体操比赛只进行自选动作的全能赛和单项赛。

1990 年后国际体联执委会对世界杯体操比赛进行了改革。将世界杯体操比赛分为世界杯资格赛和世界杯总决赛。运动员要想获得参加世界杯总决赛的资格，必须在两年规定时间内至少参加三站在不同大洲举行的系列赛，同时必须保证最终积分排在前 8 名。

资格赛是由各国际体联会员协会向国际体联秘书长提出申请，经国际体联批准，在提出申请国举办的，并可获得参加世界杯赛资格的国际体操比赛。

每次比赛的参赛运动员数量是有限制的。国际体联世界杯排名表上各单项的前 8 名和奥运会、世锦赛的奖牌获得者有优先参赛权。

运动员可以自由选择其参加的次数。但是，如果想获得国际体联世界杯总决赛的参赛资格，他们必须参加过至少 2 个大洲的世界杯资格赛。计 4 个最好成绩作为世界杯总决赛的参赛资格。

竞技体操（男子、女子）世界杯系列赛只包括个人单项比赛。如果一个协会想在它举办的系列赛中组织全能比赛，这也是可以的。但在这种情况下，不可以强迫运动员参加全能比赛。

表 2－12　历届世界杯体操比赛时间、地点

届次	时间（年）	地　点	届次	时间（年）	地　点
1	1975	英国伦敦	8	1990	比利时布鲁塞尔
2	1977	西班牙奥维多	9	1998（总）	日本的鲭江县
3	1978	巴西圣保罗	10	2000（总）	格拉斯哥
4	1979	日本东京	11	2002（总）	德国斯图加特
5	1980	加拿大多伦多	12	2004（总）	英国的伯明翰
6	1982	南斯拉夫萨格勒布	13	2006（总）	巴西圣保罗
7	1986	中国北京			

三、中国竞技体操发展简况

我国自1953年引进竞技体操以来，经过广大体操同仁的不懈努力与奋斗，使竞技体操成为了我国竞技运动的拳头项目。至2008年，在国际大赛中我国男子体操队在6个单项、全能以及团体上都获得过金牌，女子在4个单项上以及团体上也都获得过金牌。可以说，体操健儿成绩显赫，为国争光屡建奇功。

回顾我国竞技体操发展的历史，它的发展可有以下几个阶段。

（一）引进学习与初步发展阶段（1953—1958年）

1953年，代表当时世界竞技体操最高水平的苏联体操队来华访问，较系统地介绍了竞技体操项目及技术和理论情况，成为我国正式引进现代竞技体操的重要标志。

在向苏联体操队学习的基础上，我国竞技体操步入了初步发展阶段。在此阶段中，创造出我国体操史上多个“第一次”。

1953年我国举办了第一次全国性体操比赛，这一年底成立了国家体操集训队。

1954年原国家体委第一次公布了我国第一本正式体操规则。

1954年我国首次聘请了苏联专家到我国原中央体育学院授课。

1955年我国首次派队到苏联斯大林体育学院学习和训练。

1956年通过第一批运动健将（男女各8名）。

1956年举办了第1届全国青少年体操比赛。

1956年中国首次成为国际体操联合会成员。

1958年第一次参加世界级体操大赛（第14届世界体操锦标赛）。

（二）崛起阶段（1959—1966年）

1958年第14届世界体操锦标赛之后，我国国内少年和成年体操比赛已逐步制度化、系统化。1959年国家体委在广州召开了全国体操教练员座谈会，提出了我国体操应向“难度大、质量高、形象美”发展，对进一步提高我国体操技术水平起了定向作用。我国竞技体操在初步发展的基础上步入了崛起阶段。

1. 在技术方面更加注重动作的质量与细节

提出了克服“勾、屈、分、动、擦、碰、停、掉”8个字的口号，开始对苏联的训练模式有所突破，并逐渐形成自己的训练风格。

2. 在训练目标上更加明确和具体

提出“超苏赶日”，“人人360，个个下法难”的训练要求。形成了突击自由体操后空翻转体360度，单杠、吊环等后空翻转体360度下、两周下等高难动作的热潮。

3. 全运会体操比赛规模空前

1959年在北京举行的第1届全运会体操比赛，参赛单位共28个，参赛运动员422名（男子218名，女子204名），是历次全国健将级体操比赛中参加单位、人数最多的一次。

4. 第一次在国际体坛上升起五星红旗

在1962年的第15届世界体操锦标赛中，于烈锋获鞍马第3名，使五星红旗第一次在国际体坛上升起。在这次比赛中男子获得了团体第 4 名，女子获得了团体第 6 名的好成绩。男子体操一举跻身于世界体操四强之列（前三强为：苏、日、德）。

5. 虽退出国际体联，但国内练兵积蓄力量的势头不减

1964 年由于政治原因，我国退出了国际体联。但我国体操技术水平在高一级的层次上发展的速度并未减缓，我国体操协会组织了体操专家、教练、教师，编制了中国自己的体操运动健将级规定动作，该套规定动作的难度大于同期国际比赛所用的规定动作的难度。

1965 年第 2 届全运会的体操比赛，是 20 世纪 60 年代全国体操比赛水平最高的一次比赛，不仅出现了一大批国际最新、最难的动作，而且与同期的国际最高水平相比，已大大缩小了差距，从而向世界体操最高水平迈出了一大步。

6. 第 1 届亚新会体操比赛显示了我国体操运动员的实力

1966 年 11 月，在柬埔寨首都金边举行了第 1 届亚洲新兴力量运动会。共有亚洲 17 个国家和地区的 2000 多名运动员参加了这次运动会。在新兴力量运动会的体操比赛中，我国女子运动员囊括了所有金牌（团体、全能、4 个单项），男子获得团体、全能、5 个单项的金牌，显示了我国体操运动员的实力。

（三）停滞阶段（1967—1970 年）

由于“文化大革命”的干扰，此期间全国体操比赛、训练全部停止。刚刚崛起的体操事业，陷入了停滞、瘫痪状态。

（四）恢复阶段（1971—1978 年）

1. 全国性体育比赛开始恢复

1971 年，我国一些体育项目开始恢复全国性体育比赛，体操是最早恢复比赛的项目之一。于 1971 年在杭州举办了全国性比赛，但不计名次。1972 年，在上海开始恢复正式全国性体操比赛。从 1971 年全国比赛到 1978 年底为止，我国共举行了 14 次全国体操比赛（其中包括一次全运会）和 5 次全国少年体操比赛。

2. 训练开始步入正轨，后备力量的培养受到重视

由于比赛制度的恢复，使得各省体操队再度组建起来，不少地区、市、县也都纷纷成立了业余体校体操队，体操训练开始步入正轨。

这时期开始，体操界把培养少年体操运动员转向年龄更小的儿童，于是体操后备力量的年龄也越来越小。参加全国少年、儿童体操比赛的年龄限制由 15 岁降为：男子 14 岁以下，女子 12 岁以下。

由于对后备力量的培养受到重视，在这时期的全国少年、儿童体操比赛中出现了一批新秀。他们是我国体操队伍的新鲜血液，亦是我国体操腾飞的生力军。

3. 恢复参加大型国际比赛

1971 年，我国在联合国的合法席位得到了恢复，我国与国际体操界的往来也随之起了变化，揭开了与日本、美国、西欧等国互相访问、比赛的新一页。在这一时期，我国参加了 9 次大型国际比赛，这些比赛我国几乎都是第一次参加。这对丰富运动员、教练员的国际大型比赛经验，为体操的腾飞做了充分准备。

4. 恢复在国际体联中的合法席位

1978 年 10 月 20 日，国际体联第 56 届代表大会在法国斯特拉斯堡举行。大会一致同意恢复中国在国际体联的合法席位。从此，中国又重归世界体坛，为中国运动员参加世界性比赛扫清了障碍。

（五）腾飞阶段（1979 年后）

我国在国际体联中合法席位的恢复，为中国体操的腾飞搭建了平台。从此我国体操步入了腾飞阶段。

1. 成就令国人振奋

在世锦赛、世界杯赛和奥运会三大比赛中，我国体操取得令国人振奋的好成绩。如，从 1979 年～2008 年，男子共获个人金牌 66 枚，女子共获个人金牌 21 枚。

我国男队在 1983 年的世界体操锦标赛上以 0.1 分的优势超过了前苏联队，首次获得团体世界冠军，此后分别于 1994 年、1995 年、1997 年、1999 年的世锦赛，2000 年的奥运会，2003 年、2006 年、2007 年的世锦赛中及 2008 年奥运会中均获得过团体世界冠军，至 2008 年共计获得团体世界冠军 10 次。

我国女队于 2006 年第 39 届世锦赛中也首次获得了团体冠军。在 2008 年 29 届奥运会中首次获得奥运会团体比赛冠军。

至此，我国男子体操队在 6 个单项上以及团体上都获得过金牌，女子在 4 个单项上以及团体上也都获得过金牌。终于实现了赶超世界强国的愿望。

2006 年世界锦标赛和世界杯总决赛上，中国体操队分别取得了 8 枚和 4 枚金牌，中国男队在团体、全能和单项上全面出击，硕果累累，在 2008 年第 29 届奥运会体操比赛中男子不仅获得团体冠军、全能冠军，而且取得 5 个单项冠军。女子也首次获得了奥运会体操比赛的团体冠军。在本次比赛中男女共获得 9 枚金牌、1 枚银牌和 4 枚铜牌。创造中国体操史上多个历史性突破。可以说 2008 年中国体操队达到了鼎盛时期。

在这一阶段中，我国不少优秀体操运动员由于对我国体操事业的卓越贡献被载入史册。

马燕红：1979 年为我国夺得第一枚世界体操金牌（高低杠）；

黄玉斌：1980 年在第 5 届世界杯赛上获得了吊环世界冠军；是我国第一个获得男子体操世界冠军称号的运动员。

李宁：共获得 14 枚金牌。曾在 1982 年世界杯赛中一人就夺得：全能、自由体操、鞍马、吊环、跳马、单杠 6 枚金牌。是我国在一次比赛中获金牌最多的运动员。

李小双：是我国在世锦赛（1995 年）、奥运会（1996 年）体操比赛中获全能冠军的第一人。也是唯一在世界体坛上，成功完成自由体操团三周的运动员。

李小鹏：1997 年 16 岁的李小鹏初次参加世界大赛，为我国团体冠军的获得作出了贡献，成为 16 岁夺取世界金牌的最年轻选手。2008 年他创造了 16 个世界冠军头衔的纪录，是我国获金牌最多的运动员。

程菲：2005 年体操世锦赛跳马冠军，是中国女子体操跳马的第一个世界冠军。2006 年体操世锦赛上再度蝉联跳马冠军，同时获得自由体操冠军。是 2006 年我国首次获体操世锦赛女团冠军的主力队员，亦是 2008 年北京奥运会中国女子体操队的领军人物。

2. 难新动作令世人惊叹

我国体操队在训练中，以“难、新、稳、准、美、力”为基本要求，并十分注重动作技术的创新，追求“人无我有，人有我强”，在世界大赛中不断亮出难新动作，令世界体坛叹为观止。至2007年，国际体操联合会以中国运动员名字命名的技术动作达32个，其中男子17个，女子15个（表2－13、表2－14）。

表2－13 国际体操联合会以中国男运动员名字命名的技术动作

项目	姓名	动 作	动作命名
自由体操	童非	旋子转体360度	童非转体
	李月久	分腿侧空翻一周半同时转体90度前滚翻	月久空翻
	楼云	分腿侧空翻二周转体270度	楼云空翻
鞍马	童非	马端正撑全旋隔两环挺身转体180度成另一马端正撑	童非移位
	王崇升	托马斯全旋起倒立转体180度落下接托马斯转体90度起倒立落下成骑撑	王崇升转体
	吴国年	俄式转体720度同时移三位	吴国年转体
	李宁	正交叉转体90度经单环起倒立落下成骑撑	李宁交
吊环	李宁（1）	后悬垂前摆上成支撑	李宁摆上
	李宁（2）	支撑后翻经后悬垂前摆上成支撑	李宁正吊
	李小双	从支撑开始慢落下成悬垂直臂压上成十字2秒	李小双十字
跳马	楼云	前手翻直体前空翻转体540度或直体奎尔沃转体360度	楼云跳
	卢裕富	冢原屈体后空翻二周	卢裕富跳
	李小鹏	踺子后手翻转体180度直体前空翻转体900度	李小鹏跳
单杠	邹利敏	向前大回环转体360度成单臂扭臂握前翻转体360度成反握	邹利敏空翻
	肖瑞智	前摆分腿前空翻成反握前翻	肖空翻
双杠	李小鹏	挂臂前摆屈体后空翻两周成挂臂	李小鹏挂
	李宁	双杠大回环转体180度成支撑	李宁大回环

表2－14 国际体操联合会以中国女运动员名字命名的技术动作

项目	姓名	动　作	动作命名
跳马	王惠莹	前手翻直体前空翻转体180度	王惠莹转体
	程　菲	踺子后手翻转体180度接前直空翻540度	程菲跳
高低杠	马燕红	腾身回环倒立转体360度	马燕红回环倒立
	莫慧兰	团身前空翻越杠再抓杠	莫慧兰空翻
	刘璇	单臂大回环	刘璇单臂大回环
	刘璇	单臂大回环接京格尔	刘璇单臂大回环接京格尔
	李莉	正吊分腿后切越杠再抓杠	李莉腾越
	罗莉	中穿前上成扭臂握倒立	罗莉倒立
	马燕红	腹回环绷杠团身后空翻转体360度下	马燕红下
	毕文静	扭臂大回环转体360度成单臂	毕文静转体
	李娅	前空翻转体180度抓杠直接接前空翻	“李娅空翻”“李娅转体”
平衡木	杨波	分腿结环跳	杨波跳
	李莉	背转450度	李莉背转
	陆莉	横木上一腿屈一腿直跳转90度成交叉站木	陆莉跳
	陈翠婷	团身后空翻分腿坐	陈翠婷倒叉

3. 在国际体联中有了话语权

1984年7月，在国际体操联合会第63届代表大会上，我国代表（冯冀柏、张全德）首次当选国际体联男子技术委员会第一副主席和国际体联副主席。

中国代表被选入国际体联领导机构，表明中国在国际体操联合会中有了话语权。中国委员参加国际体联的行政和技术领导工作，对加强与国际组织的联系，及时了解技术动态，促进我国体操运动的发展发挥了重要的作用。

思考题：

1. 我国体操教学模式形成与发展经历了哪几个阶段？各阶段的特征是什么？
2. 我国竞技体操步入腾飞阶段的标志是什么？
3. 竞技体操三大赛事的特点是什么？

第三章 体操术语

内容提要

体操术语是构成体操理论体系的基础，体操术语的文字含有特定的信息，是体操理论和技术训练等方面统一的专门用语，因而是传播、交流体操信息不可缺少的工具。它对于提高教学和训练效果、开展竞赛、促进体操的普及和提高、促进体操的科学研究和理论发展都具有重要的意义。

体操术语是与体操运动同步发展起来的。运动场上每创新一个动作，就伴随着新的体操动作名称术语的产生。随着技术的发展，并将有新的动作技术要领出现。体操术语来源于运动实践，并服务于体操的运动实践中。因此，在创立体操术语时必须遵循简练性、准确性、易懂性、组合性、适用性原则。

本章重点讨论体操器械、体操队列、体操动作和体操动作技术要领的专门用语。同时论述了体操动作名称的表述方法、构成要素及体操动作的记写。并通过图示、案例对各条术语的概念及运用等进行了解释和说明。

关键词： 器械术语　队列术语　动作术语　动作技术要领术语　动作的记写

第一节 体操术语概述

一、体操术语的种类

术语是指各门学科中的专门用语。体操术语是体操理论和技术训练等方面的专门用语。

依据体操分类可将术语分为：队列队形术语、徒手体操术语、轻器械名称体操术语、器械名称体操术语。

依据体操术语内容的不同性质可将术语分为：体操器械名称（轻器械体操和器械体操）的专门用语、体操动作（徒手体操、轻器械体操和器械体操）的专门用语、体操动作技术要领专门用语和体操队列专门用语等。

（一）体操器械术语

体操器械术语是指，体操项目中各种用于比赛或训练等方面的器械术语，目前除了有国际体操联合会专门规定的竞技体操正式比赛项目器械：男子有单杠、双杠、吊环、鞍马、跳马、自由体操；女子有跳马、自由体操、平衡木、高低杠。此外，还包括用于较低等级比赛的器械：如山羊、跳箱等；还有大量用于日常训练中的器械：如垫子、倒立架、肋木、爬绳、爬杆等训练辅助器械；轻器械体操中的器械包括：体操棍、实心球、绳、木哑铃、火棒、彩带等。

（二）体操队列术语

体操队列术语：体操练习中与队伍排列有关的用语。如“列、路、横队”等术语。

（三）体操动作术语

体操动作内容数量很多，但根据组成动作的要素，其术语内容主要有动作方向：如“前、后、左、右”等；动作做法：如“滚翻、手翻”等；参与动作的身体部位：如“左腿、右臂”等；及运动形态：如“团身、分腿”等运动特征的用语。该部分的术语内容丰富，是体操术语的核心。

（四）体操动作技术要领术语

体操动作技术要领术语：在完成动作过程中控制身体各肢体部位运动的专门用语。如“绷脚尖、顶肩”等术语。

二、体操术语的意义与创立原则

体操术语的文字含有特定的信息，是统一的专门用语，因而是传播、交流体操信息不可缺少的工具。它对于提高教学和训练效果、开展竞赛、促进体操的普及和提高、促进体操的科学研究和理论发展都具有很大的意义。

体操术语是与体操运动自身的发展同步发展起来的。运动场上每创新一个动作，就伴随着新的体操动作名称术语的产生。随着技术的发展并将有新的动作技术要领、新的训练器械出现，新的术语也随着产生。体操术语来源于体操运动实践，并服务于体操的运动实践，因此在创立体操术语时必须遵循以下原则。

（一）准确性

准确性：用词力求准确表述名称内容，能准确反映出内容的本质特征。如动作术语中要求能准确地反映动作过程。如动作部位、方向等。

（二）简练性

简练性：所形成的动作、器械等名称的词语在准确的基础上应力求简短。

（三）易懂性

易懂性：术语要通俗易懂，便于理解，便于记录，易为人们所接受。

（四）组合性

组合性：基本术语要能按规定的形式和顺序进行组合。特别是在完整体操动作名称的构成上，必须按照它特有的规律和要求进行组合。

（五）适用性

适用性：所用的概念和动作名称既符合我国当前的习惯，又须与国际用语相适应，以利于新术语的推广应用及交流。

第二节 体操器械名称术语

体操器械的内容比较多，根据使用器械的方式可分为轻器械体操器械、器械体操器械两种。

一、轻器械体操的器械名称术语

轻器械包括的范围非常广泛，常用器械包括：体操棍、实心球、长绳、短绳、木哑铃、火棒、彩带、圈等，还可以因地制宜制造轻器械。以下是常见的轻器械内容名称及器械基本规格。

（一）体操棍

体操中用来进行身体练习的棍子。通常体操棍为木质棍棒，长 1～1.2 米，直径约为 2～2.5 厘米，圆形，红白相间。无专用棍时可用小竹竿或树枝代替。为增加运动负荷，可改用铁棍等（图 3－1）。

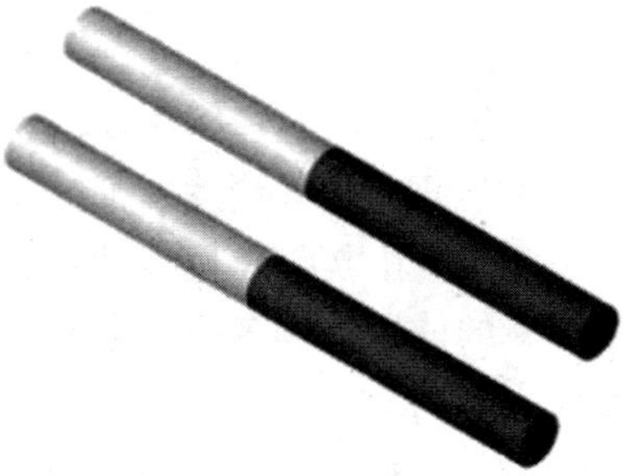

图 3－1

（二）实心球

实心球是用棉花、布头或沙子装在帆布或皮球中的实心圆球。球的重量有 0.5 千克、1 千克、2 千克等，直径为 20～30 厘米。

（三）跳 绳

跳绳是由麻、尼龙、塑料等材料制成的，直径通常为 0.5～2 厘米，绳的长度依据不同练习需要而不同。

1. 长绳：长约 5～7 米，也可根据需要加长。

2. 短绳：单人跳绳的长度为2米左右，双人或三人跳绳长度则要适度加长。

（四）哑　铃

哑铃是由把柄连接两个铃头而成，用木材、金属或其他复合材料制成，两个铃头直径为7～10厘米，中间直径为2.8～3.5厘米、长为11～12厘米，铃面可漆色（图3－2）。

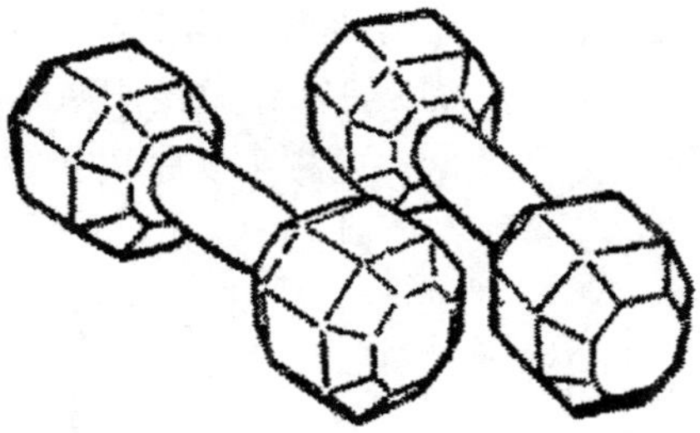

图3－2

（五）火　棒

火棒是由棒头、棒颈、棒身三个部分构成，用木材、复合材料等制成（图3－3）。

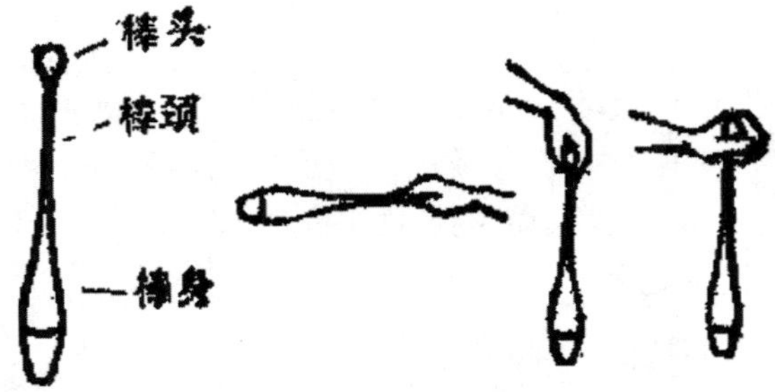

图3－3

二、器械体操的器械名称术语

根据器械不同使用目的，器械体操器械大致可分为比赛项目器械、训练辅助器械（专门体操器械）、保护器械三种。另外随着时代的发展以及为满足全面健身的需求，又派生出了适合大众健身的体操器械，在第十二章体操健身法中有详细介绍。

（一）比赛项目器械名称

比赛项目器械：奥运会中正式比赛的项目，目前在国际、国内较高等级比赛中，男子有自由体操、鞍马、吊环、跳马、双杠、单杠6个项目器械，女子有跳马、高低杠、平衡木、自由体操4个项目器械。国内其他较低等级比赛根据不同级别在项目数量、内容上与较高等级比赛有一些区别，如男子项目可能没有鞍马，而用山羊代替等，女子中可能没有高低杠，而有单杠项目等。另外在器械的规格和形状上也有所不同，如跳马使用传统的长马而不是跳跃平台等。以下是体操比赛中通常使用的主要器械名称。

1. 单 杠

单杠通常由金属材料制成，是由横杠、立柱和4条拉链三部分组成。横杠长244厘米，直径2.8厘米，杠高1.5米~2.7米（图3-4）。

2. 双 杠

双杠是由两根横杠、立柱和底座3部分组成。横杠长350厘米，横杠内部装有弹性钢条，直径0.1厘米~1.2厘米；横杠长径5厘米，短径4厘米；横杠与地面高度为1.5米~2.05米，立柱间距离48厘米~52厘米；两杠内侧距离最窄42厘米（图3-5）。

图3-4

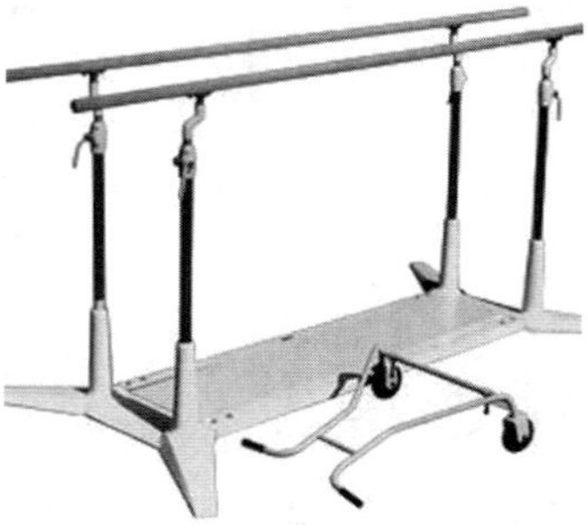

图3-5

3. 鞍 马

鞍马是由马腿、马身和马上环三部分组成。马腿是由金属制成，马身用优质皮革包制，里面放置弹性海绵，使马身柔软有弹性，马上环是由复合材料制成的。鞍马器械长160厘米，宽35厘米，马背中央环上沿离地面120厘米，离马背12厘米，两环相距40~45厘米（图3-6）、（图3-7）。

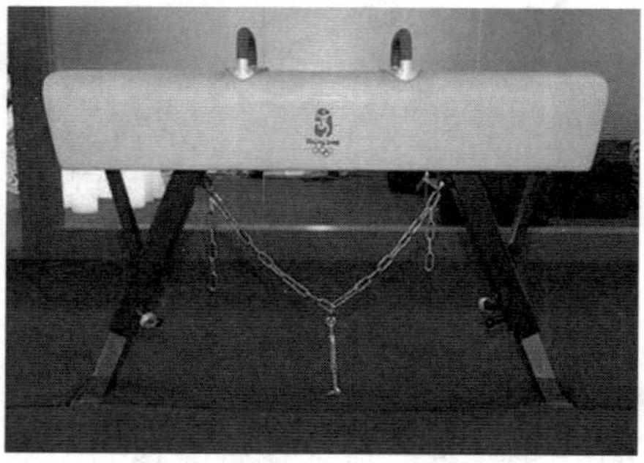

图3-6

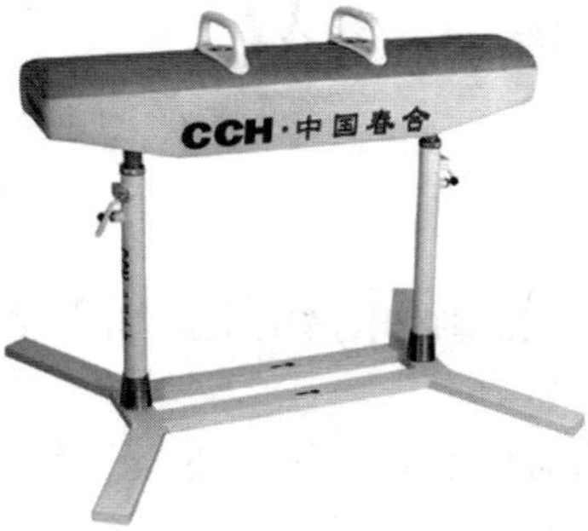

图3-7

4. 跳 马

跳马是由马身和马腿组成。马身用优质皮革包制，里面放置弹性海绵，使马身柔软有弹性，有助于运动员撑推手完成各种难度动作。

目前常用的跳马器械有两种。

（1）跳跃平台：马面整体较宽呈方状，是一段水平面和一段斜面相连接构成，总长为1.56米，马的宽度为0.97米，平台下面有弓型钢板，内放优质海绵作支撑以增强弹性，男女跳马从外形上完全一样，高度可升降，从1.1米~1.35米（图3-8），这种跳马多用于国际及国内正式比赛。

（2）跳马（传统）：马身长160厘米；马身宽35厘米~36厘米；高1米~1.35米（图3-9），这种跳马目前多用于学校中。

图3-8

图3-9

5. 吊 环

吊环是由两环、钢架和4条拉链组成。环内径20厘米，横切面直径2.8厘米，用钢丝绳悬挂在钢架上，靠环处有70厘米的皮带或帆布带，起保护手臂作用。两环间距离0.5米，钢架高度5.5米，钢架间距离3米（图3-10）。

6. 自由体操场地垫子

自由体操垫子是由长12米、宽12米的地毯，在地毯下面是一层有弹性的海绵，海绵下面是一层带弹簧的木板组成（图3-11）。

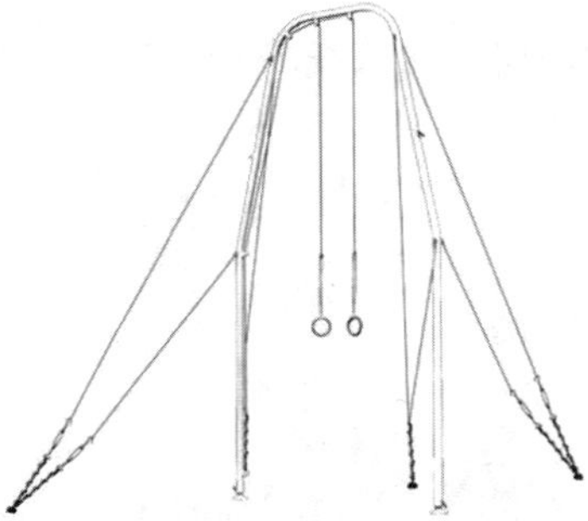

图3-10

图3-11

7. 高低杠

高低杠是由固定在不同高度支柱上的两根横杠组成。横杠长255厘米，高杠高2.5米左右，低杠高1.7米左右，可升降，两杠立柱间安装有调整器，可以调整两杠间的宽度，器械由杠两侧的四根尼龙钢丝绳拉链来固定的，横杠是由弹性木质或玻璃钢制成（图3-12）。

图 3－12

8. 平衡木

平衡木是由两根金属立柱和一根由优质皮革包裹，内装优质海绵的木头制成。可调整高度：从 0. 7 ~1. 25 米；长 5 米；宽 0. 1 米（图 3－13）。

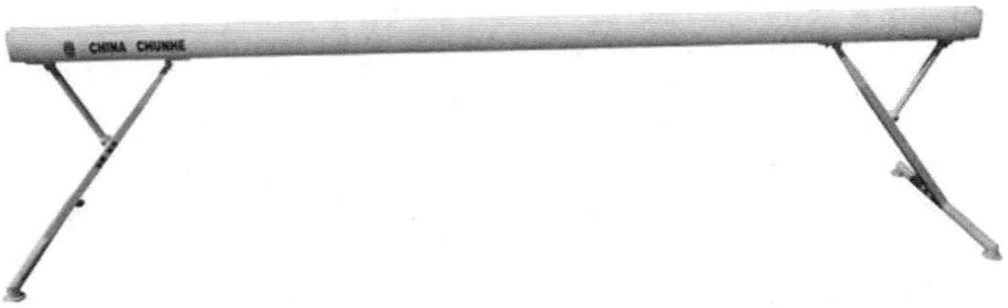

图 3－13

9. 助跳板

助跳板是帮助运动员跳上器械的有弹性弓形板子，通常是放在跳马等器械前面，它是跳马项目一个不可缺少的器材，标准跳板规格：宽 0. 6 米，长 1. 2 米，高 0. 22 米，是用胶合板制成的，中间加有 4 ~6 个弹簧（图 3－14），有一定的弹性。

图 3－14

10. 山　羊

山羊器械是体操低等级比赛中常用的项目。主要有跳山羊和山羊全旋等动作比赛。山羊标准器械的规格：高 100 ~150 厘米（可上下调整），羊身长 57 厘米，宽 36 厘米，厚度为 33 厘米。木制羊身敷海绵、毛毡等物，表层罩优质皮革制成（图 3－15），图示中较大的山羊是用于做跳跃动作。

11. 跳　箱

跳箱通常是用木头材料制成可活动的5层，最上一层的上方表面用皮革包制，里面放置弹性海绵，使马身柔软有弹性，练习者可以根据需要升降跳箱（图3－16）。它是体操较低等级比赛中跳马项目替用的器械。也是体操跳马项目基础训练常用的器械。

图3－15

图3－16

（二）专门体操器械名称

专门体操器械又称为体操训练辅助器械，它主要是指除比赛中使用的器械外，在平时训练中大量用于训练的器械，主要是用来辅助运动员更快更好掌握动作技术。以下是常见的体操训练辅助器械内容及名称。

1. 全旋练习辅助器械

（1）圆形全旋练习器械

圆形全旋练习器械，木制胎成上下大，中间细的圆墩形，墩上敷海绵、毛毡等物，表层罩优质皮革制成（图3－17）。

（2）墩上单环全旋练习器械

墩上单环全旋练习器械是在圆形全旋练习器械上加一木制鞍环（图3－18）。

图3－17

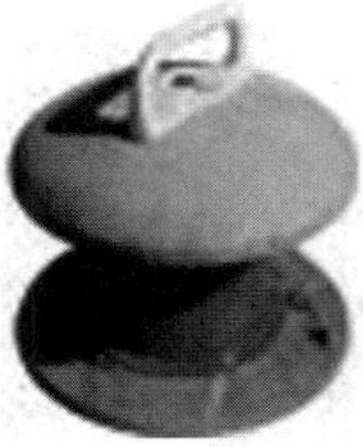

图3－18

（3）长方形鞍马全旋练习器械

长方形鞍马全旋练习器械是木制羊身胎，在胎体上敷海绵、毛毡等物，表层罩优质皮革制成，然后在上面安装一个（图3－19）或两个鞍马环（图3－20）、（图3－21），器械的高度在50厘米左右。

图 3-19

图 3-20

图 3-21

2. 体操垫子

体操垫子是由优质海绵作里，优质皮革作面而成的长方形物品，它通常是摆放在器械下面（图 3-22、3-23）或作为技巧动作练习的器械，垫子厚度及长宽度根据需要不等。

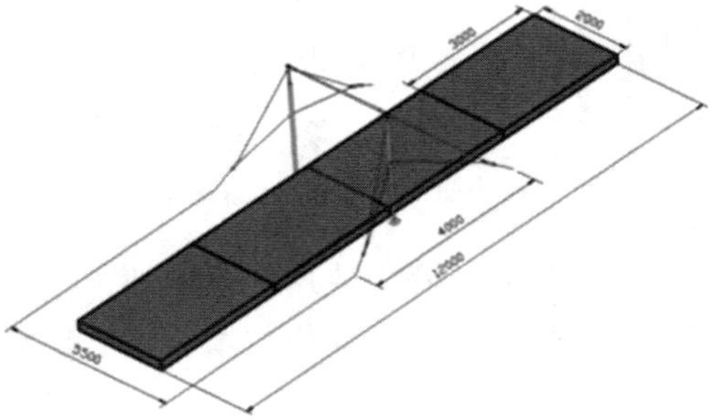

图 3-22

图 3-23

3. 爬绳（杆）

爬绳（杆）杆是由高 4.5 米左右，直径为 3~3.2 厘米的麻、尼龙、铁质、木质、竹质等材质制成，牢固地安装在地上或安装在房梁上的器械（图 3-24）。

4. 荡 绳

荡绳是由高 4.5 米左右，直径为 3~3.2 厘米的麻质绳、尼龙绳、复合物质等制成的绳，牢固安装在房梁上的器械（图 3-25）。

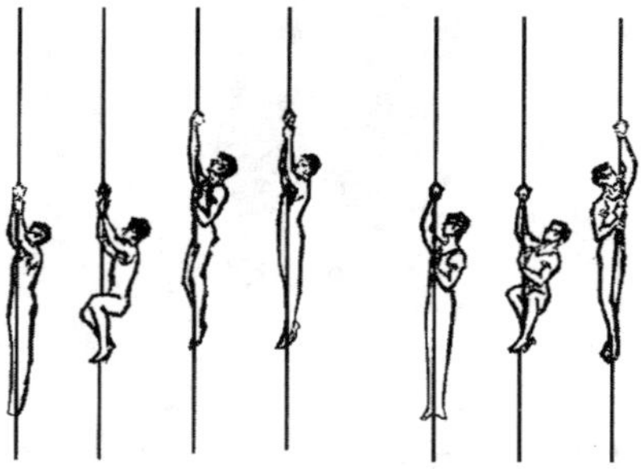

图 3-24

图 3-25

5. 肋 木

肋木把许多根圆形横木平行排列起来，两头固定在框架上的一种简易器械（图 3-26）。可安装在室内或室外（离墙 10~20 厘米）。肋木分一列木、双列木和多列木 3 种。

肋木用韧性材料做成，其规格通常为：支柱高 300 ~ 320 厘米，每列宽 95 ~ 100 厘米，横木间距离 10 厘米，横木数为 19 ~ 21 根，每根直径约为 3 厘米。肋木的练习适用于各种训练水平的人，可以从不同高度的横木开始，做各种攀登、移动、压腿、压肩、体后屈和悬垂举腿等动作，达到增强力量和柔韧等素质目的。

6. 倒立架

倒立架是作为双杠、高低杠、单杠进行动作练习的辅助性器械出现。练习者在倒立架上练习倒立，或利用倒立架进行其他双杠动作的辅助练习。

（1）活动倒立架（图 3 – 27）：两杠不固定在一起。

（2）固定倒立架（图 3 – 28）：与双杠基本一样，但高度较低。

图 3 – 26

图 3 – 27

图 3 – 28

（三）保护器械名称

保护器械是为保护练习者学习掌握体操动作技术时所用的器械。其主要目的是对练习者在练习动作过程中起到保护帮助作用。

1. 保护凳

（1）固定保护凳

固定在器械上，由梯子、弹簧和台面三部分组成保护凳。梯子、弹簧多用金属构成，而台面多用木料或复合材料构成（图 3 – 29）、（图 3 – 30），保护者站在上面对练习者进行保护帮助。

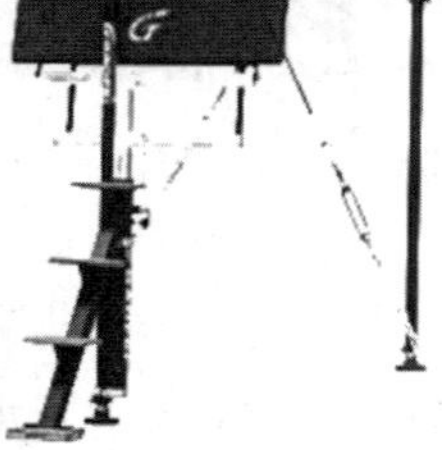

图 3 – 29

图 3 – 30

（2）活动保护凳

活动保护凳是由四个立柱和一个台面两部分组成，长、宽、高不限，但需要稳定，立柱通常是由金属制作的，而台面多用木材或复合材料制成。

2. 保护滑车

保护滑车（图 3－31），通常安装在双杠、吊环、高低杠、单杠和平衡木等器械上面的房梁上，滑车是由滑轮（图 3－32）和保护带组成。

3. 海绵坑

海绵坑位于体操练习馆中，坑深约 1.50 米，坑中由海绵小块填充，坑外边沿四周可安装摆放单杠、吊环、高低杠、跳马、技巧板等器械。海绵坑可为运动员在练习各种难度动作时提供有效的保护（图 3－33）。

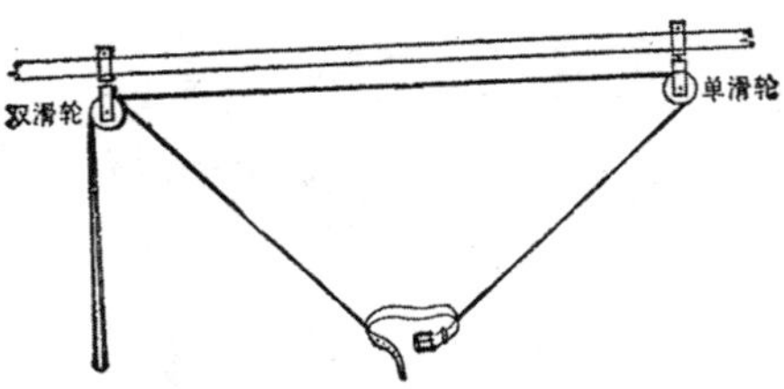

图 3－31

图 3－32

图 3－33

4. 护　掌

护掌：在单杠、吊环、高低杠练习中用于保护手掌、提高“握力”的用具。通常用牛皮制成，护掌的主要部分呈长条形状，上端有两个洞，中指、无名指能穿过，中端皮面护在手掌表面，下端固定在手腕上（图 3－34）。护掌的宽度及长度依据练习者手掌的大小而不同，通常宽度为 4 厘米左右，根据不同的戴护掌方法可分为长护掌和短护掌两种。

图 3－34

第三节　体操队列队形术语

体操队列术语：体操练习中队形排列有关的用语。

【横队】学生左右并列组成的队形叫横队，其队形的宽度大于队形的纵深。

【纵队】学生前后排列组成的队形叫纵队。在纵队中队形的纵深大于队形的宽度或相等。

【方队】由多列横队或多路纵队组合一起所形成的队形，它可能是正方形或长方形。

【列】它是横队的量词，如二列横队。

【路】它是纵队的量词，如二路纵队。

【翼】队形的左右端叫翼。右端为右翼，左端为左翼。

【排头】位于纵队之首或横队右翼的人叫排头。

【排尾】位于纵队之尾或横队左翼的人叫排尾。

【基准人】指定作为动作目标的人。

【间隔】左右相邻两人或纵队之间的间隙叫间隔。

【距离】前后两人或横队之间的间隙叫距离。

【伍】二列横队中前后重叠的两个学生叫一伍，如果第一列最后的学生后面无人时，叫缺伍。

【步幅】走一步的长度。

【步速】单位时间（通常以每分钟为单位）内行进的步数。

【体操队形】通常是指班集体进行徒手体操或轻器械体操练习的队形，练习者之间的前后距离为两步，左右间隔为两臂。做轻器械体操时，要在此基础上酌情加大间隔和距离。

第四节　体操动作术语

体操动作术语包括动作方向、动作做法、动作形态等几类术语，它们是构成每个完整体操动作的基本要素。

一、动作方向术语

动作方向是指人体或人体上某一部位肢体运动的指向。它是以空间位置及相对于人体部位的朝向来确定的。

（一）人体动作方位及方向术语

1. 动作方位

动作方位是指身体某一肢体部位在完成动作姿势时所处的方向位置。这个方向位置最初的确定是以人体直立时的姿势作为参照物而成立的。人体四肢“举”的动作就是根据动作方位这个原理来确定的。它不会由于人体姿势这个参照体发生姿势上的改变而产生方位上的变化。例如，站立时两臂直臂举起至肩上方，与肩同宽，我们根据两臂所处位置，把它称为上举；当两臂继续保持这个姿势做上体前屈（或仰卧）动作，这时两臂的动作姿势仍称为上举（图 3－35）。

（1）基本方位

它是动作姿势与人体基本平面在平行或垂直上的具体方向位置（图 3－36）。共有上、下、前、后、左侧、右侧 6 个方位。人体直立时，头顶对着的这一平面是上方位，如手臂上举，相反对着的一面是下方位；胸对的一面为前方位，如手臂前举，反之为后方位；人体左侧所对的一面为左方位，反之为右方位，如两臂左右侧举。

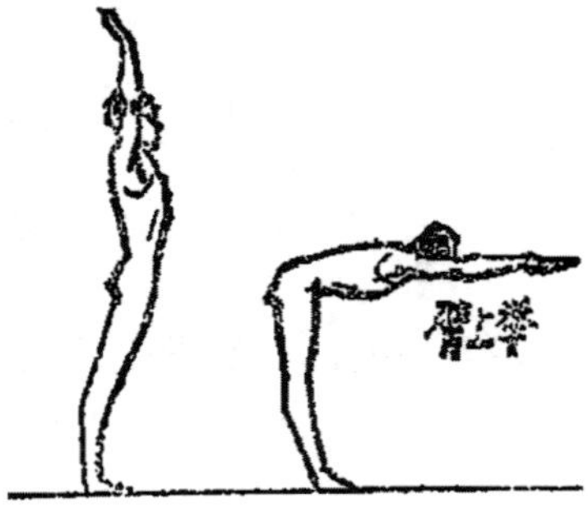

图 3－35

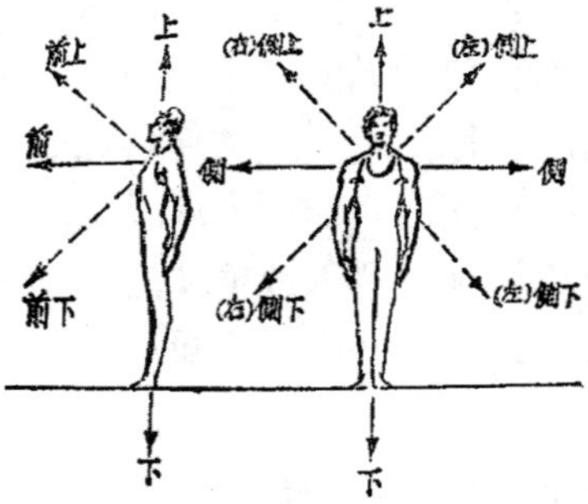

图 3－36

（2）中间方位

中间方位是指两个互成 90 度的基本方位之间（与基本方向成 45 度角）的方向位置。如前上、前下、侧上、侧下、后下等方位（图 3－36），体操动作中如手臂前上举、侧下举等。

（3）斜方位

斜方位是指三个互成 90 度的基本方位之间的方向位置。如前斜上、前斜下等方位，体操动作中如手臂前斜上举、前斜下举。

2. 动作方向术语

动作方向是指人体或人体某一部分肢体运动的指向。

（1）基本方向

基本方向：人体运动时动作与人体基本平面平行或垂直的指向。

【向上】指朝向天空方向（图 3－37、3－38）。如向上跳等。

【向下】指朝向地面方向（图 3－37、3－38）。如向下蹲等。

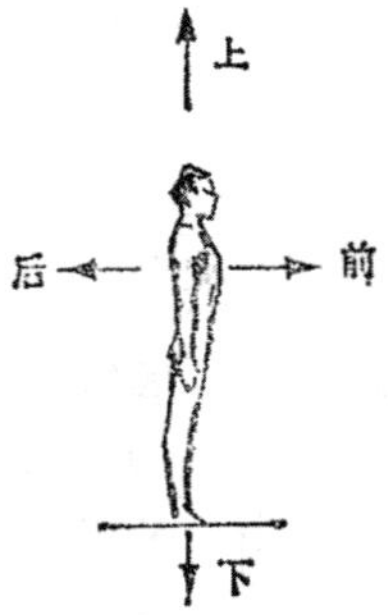

图 3－37

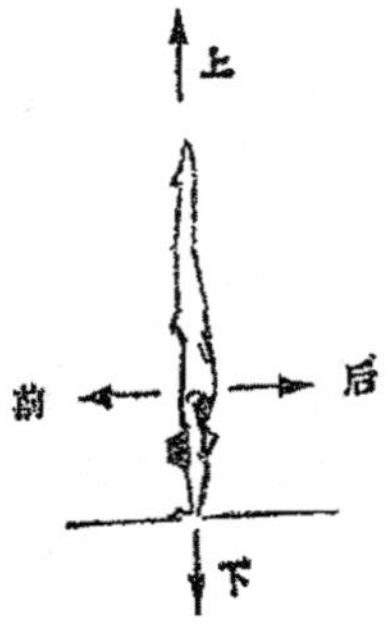

图 3－38

【向前】站立时身体胸部所对的方向（图 3－37），倒立时背对的方向（图 3－38），俯卧时头部所对的方向，仰卧时脚所对的方向。如向前一步成开立；如倒立前滚翻。

【向后】与向前方向相反（图 3－37、3－38），如站立右腿向后踢、倒立向后落下成俯撑。

【向左】身体左侧所对的方向。如左腿向左侧控腿。

【向右】身体右侧所对的方向。如右腿向右踢腿。

(2) 中间方向

中间方向：两个互成 90 度的基本方向之间的方向，它与基本方向成 45 度角。如前上，左下等。

(3) 其他方向

【向内】两臂或两腿同时向人体正中线移动的方向。如：两臂上举向内绕环等。

【向外】臂或两腿同时向背离正中线方向移动的方向。如：两臂上举向外绕环等。

【俯】身体正面朝向地面方向。如俯卧、俯撑等。

【仰】身体正面朝向天空方向。如仰卧、仰撑等。

【同侧】动作开始的方向与做动作的上肢或下肢方向相同。如：鞍马单腿同侧全旋。

【异侧】动作开始的方向与做动作的上肢或下肢方向相反。如：鞍马单腿异侧全旋。

(二) 人体与器械方向位置关系术语

在器械体操项目中，人体是在器械上不同方向位置去完成体操动作的，人体与器械方向位置关系的确定主要是以器械位于人体的何处方位及人体运动轴与器械轴之间的关系来确定的。

1. 器械轴与人体运动轴

器械轴：器械最长的工作部分两端的中心连线，如单杠、高低杠的器械轴是指杠两端之间相连接的连线；平衡木、跳马是指器械两端沿木面和马身之间的连线；吊环是通过两环握点之间的假设连线。

人体运动轴：假设运动时三个互相垂直并通过身体总重心的轴。它们分别为纵轴、横轴、前后轴。

2. 人体与器械方向位置关系常用术语

【向内】在器械上做转体动作时胸部开始转向器械的方向。如：双杠支撑前摆向内转体 90 度下。

【向外】在器械上做转体动作时背部开始转向器械的方向。如：双杠支撑前摆向外转体 90 度下。

【前】指器械位于人体前面。如：面对器械站立称为前正立。

【后】指器械位于人体后面。如：背对器械站立称为后正立。

【左、右】指器械位于人体左、右边。如：人站在器械的左右侧，称为左、右侧立。

【近、远】指器械与人体距离的远近。如：人与双杠成正立时，靠近身体的杠称为近杠；远离的杠称为远杠。

【正】指器械轴与身体横轴平行的状态。如：单杠的正撑。

【侧】指器械轴与身体横轴垂直的状态。如：鞍马的侧撑。

【内、外】指人与双杠、高低杠之间的关系。如：人处在两杠中间叫做杠内；处在两杠外面称为杠外。

【纵、横、斜】器械轴与助跑方向一致时称为纵。如：纵跳箱等。器械轴与助跑方向垂直时称为横。如横跳箱等。器械轴与助跑方向处于斜角度时称为斜。如：跳箱练习中的斜进直角腾越等。

二、动作做法术语

动作做法是指运动员完成体操动作时的主要方法，它主要反映人体在做动作时身体的运动状态特征。

（一）体操基本动作做法术语

体操基本动作做法术语：体操各项目中最常见的身体动作及姿势用语，它不但广泛运用于徒手体操、持轻器械体操当中，还运用于器械体操项目中。

【立】身体某个部位支撑地面，支撑点以上身体各部位保持伸直向上的姿势。如直立、开立、起踵立、跪立等。

【卧】身体或上体躺在地上的姿势。如俯卧、仰卧、侧卧等。

【蹲】屈膝站立的姿势。如稍蹲、半蹲、全蹲等。

【弓步】两腿分开一大步，一腿屈膝，另一腿伸直的姿势，如左（右）前弓步、左（右）侧弓步。

【跪】以膝和小腿前侧着地的姿势。有跪立、跪坐、跪撑等。

【坐】屈髋，以臀部和腿部着地的姿势。如直角坐，锐角坐、分腿坐。

【撑】手或手和身体其他部分支撑在地上的姿势。如俯撑、仰撑、侧撑、蹲撑、跪撑、坐撑、分腿立撑、屈体立撑等。

【举】四肢保持在身体某一方位上的姿势。如两臂上举，右腿侧举等。

【倾】上体伸直，偏离垂直面 45 度左右的动作。如上体前倾等。

【屈】弯曲或缩小身体关节角度的动作。如体前屈、体侧屈、臂肩侧屈等。

【伸】身体关节伸直或扩展的动作。臂侧屈向侧伸直至平举。

【振】臂或上体等部位急速地做富有弹性的往返动作。如臂上举后振、两臂平屈后振等。

【踢】一腿站立，另一腿由低向高做加速有力的摆动动作。如向前踢腿等。

【绕】身体某一部分以相邻关节为轴做大于 180 度、小于 360 度的弧形动作。如臂向内绕至侧上举等。

【绕环】身体某一部分以相邻关节为轴做≥360 度的圆形动作。如臂向上绕环、臂向外绕环、臂向前绕环至前举等。

【跳】用脚或身体其他部位快速用力，使身体腾起的动作。如分腿击足跳等。

【波浪】身体或身体某一部分邻近的关节按顺序做柔和屈伸动作。如臂侧举波浪等。

【转】身体做纵轴转动的动作。如向左转头。

【压】为拉长关节的肌肉韧带，对身体某一部位施加一定压力的动作。如弓步压腿。

（二）器械体操常用动作做法术语

器械体操常用动作做法术语：人体在完成器械体操动作时常见动作做法的术语。

1. 握器械方法的术语（简称握法）

【正握】两手大拇指相对握器械（图 3－39）。

【反握】两臂旋外，两手大拇指向外握器械（图3－40）。

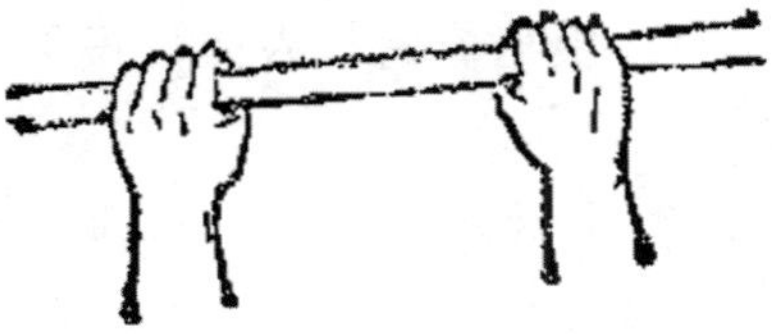

图3－39

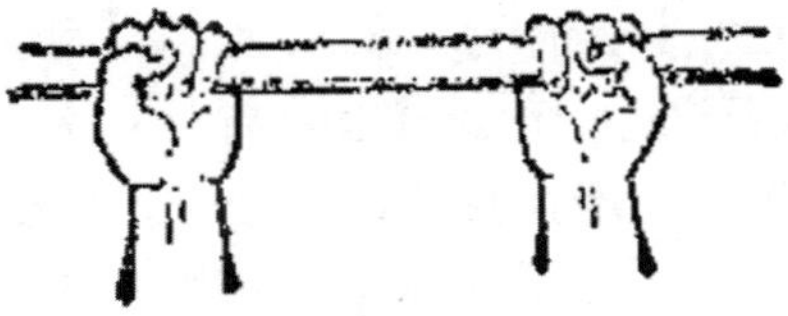

图3－40

【翻握】（扭臂握）两臂旋内，两手大拇指向外握器械（图3－41）。

【正反握】一手正握，另一手反握器械。如左手正握，右手反握（图3－42）。

图3－41

图3－42

【交叉握】两臂交叉握器械。交叉时应该指明哪一臂在上。如右臂在上交叉握（图3－43）。

【深握】握器械时屈腕，使手掌及靠近手掌根部腕关节处扣握住杠或环。通常在吊环或双杠上使用（图3－44）。

图3－43

图3－44

【从内握】两手从两杠的内侧握杠，手背相对。通常在双杠上使用（图3－45）。

【从外握】两手从两杠的外侧握杠，手掌相对。通常在双杠上使用（图3－46）。

图3－45

图3－46

【全握】两手五指并在一起握杠。通常在高低杠及双杠上使用。

2. 人与器械站位术语

【正立】身体直立的姿势，人体横轴与器械轴平行。根据器械与人体位置不同可分为：左正立①、前正立②、后正立③、内正立④（图 3－47）。

【侧立】身体直立的姿势，人体横轴与器械轴垂直。根据器械与人体位置不同可分为：后侧立①、内侧立②、右侧立③、前侧立④（图 3－48）。

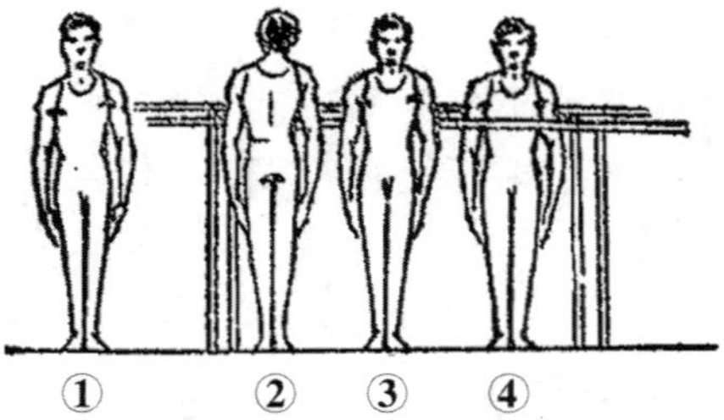

图 3－47

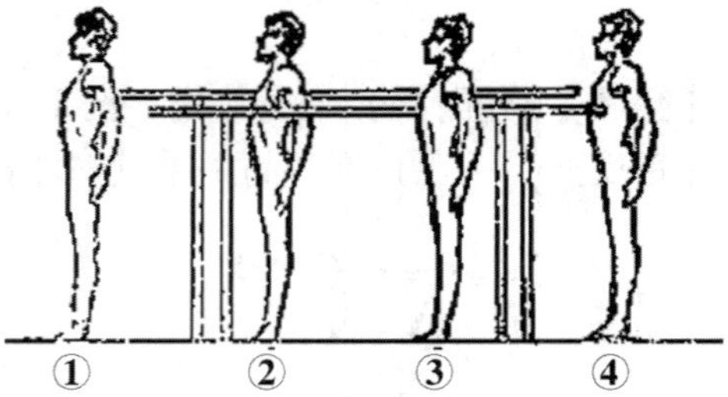

图 3－48

3. 器械体操常见动作术语

【悬垂】用手肘、膝等部位握住或勾住器械，使身体悬挂在器械上，此时人体的肩部低于器械轴的一种姿势。

（1）（正）悬垂：头部在上，脚在下的悬垂姿势。如直体悬垂、直角悬垂等。

（2）倒悬垂：头部在下，躯干以下部位在上的悬垂姿势。如吊环直体倒悬垂、屈体倒悬垂等。

（3）水平悬垂：头部与躯干以下部位成水平状悬垂姿势。如吊环后水平悬垂等。

【支撑】手、臂或身体其他部位撑在器械或地面上，同时肩部位置高于或平于器械轴的一种姿势。

（1）正撑：手臂支撑时器械轴与身体横轴平行。

（2）侧撑：支撑时器械轴与身体横轴相垂直。

（3）前撑：支撑时手在身体前支撑的姿势，通常可称为支撑。

（4）后撑：支撑时手支撑在身体后面称为后撑。

（5）骑撑：两腿前后分开撑杠的姿势。

（6）挂臂撑：双杠中双手握杠的同时，用上臂内侧部位支撑杠面。

【倒立】在支撑中，头向下、脚向上的一种姿势。如手倒立、肩肘倒立等。

【摆动】在悬垂或支撑中以握点或肩关节为轴，身体做向前、后或左右的钟摆形运动。如单杠吊环的悬垂摆动、双杠的支撑摆动等。

【翻上（下）】身体绕器械轴或握点联线由低向高（高向低）做向前、向后、向侧并经过头部的翻转动作，通常这种翻转动作不足一周。如单杠蹬地翻上、吊环支撑前翻下成屈体悬垂等。

【回环】身体绕器械轴或握点联线做转动一周的动作。如单杠骑撑前回环、支撑后回环等动作。

【转体】人体绕身体纵轴转动的动作。转体的多少通常以度数表示，如单杠骑撑单腿向摆越同时转体 180 度成支撑。

【转肩】身体部位围绕肩关节做向前或向后的旋转动作。如吊环的摆动前转肩。

【弧形上（下）】在摆动动作中，主要依靠髋关节的屈伸使身体重心从较低（高）位置沿着抛物线轨迹运动升（降）至较高（低）位置的动作。如双杠的支撑弧形上、单杠支撑弧形下等。

【屈伸上】髋关节由屈迅速作伸，并从较低位置运动到较高位置的一种摆动动作形式。如双杠的挂臂屈伸上等。

【摆越】单腿或双腿越过器械的动作。如单杠单腿向前摆越成骑撑等。

【腾越】整个身体腾起后从器械上越过的动作。如跳马分腿腾越等。

【上】人体在器械较低位置升至较高位置或从地面升至器械上的动作。如单杠的翻上、屈伸上等。

【下】在器械上由较高位置降至低部位或至地面的动作，如双杠支撑后摆下、平衡木挺身跳下等。

【上法】整套动作中的第一个动作。

【下法】整套动作中的最后一个动作。

【倒下】肩部自上而下的弧形动作。使练习者由支撑转为悬垂或由较高的支撑转为较低的支撑。如双杠支撑后倒成挂臂撑、站立前倒成俯撑等。

【落下】肩部自上而下的垂直动作。使练习者由支撑转为悬垂，也可由较高的支撑转为较低的支撑或由较高的悬垂转为较低的悬垂。如双杠手倒立慢落下成肩倒立。

【摆下（上）】人体在摆动过程中完成由较高（低）位置降（升）至较低（高）部位或至地面的动作。如双杠支撑前摆下、挂臂前摆上等。

【交叉】两腿在器械上同时做方向相反的摆越动作。如鞍马正交叉等。

【全旋】单腿或双腿做一周或一周以上的绕旋式动作。如鞍马单腿同（异）侧全旋、分腿全旋等。

【平衡】单脚或与身体某一部位支撑地面或器械保持一定时间的静止姿势。如侧平衡、跪撑平衡等。

【劈腿】两腿分开成直线着地或器械的姿势。

【桥】手脚支撑地面，身体向后弯屈成弓形的姿势。

【滚翻】身体的某些部位依次支撑地面或器械并经过头部的滚动翻转动作。如技巧团身前滚翻、双杠挺身后滚翻等。

【手翻】用手或头手推撑地面或器械并经头部翻转的动作。如技巧头手翻、跳马前手翻等。

【空翻】在腾空中,经过头部翻转的动作。如技巧团身后空翻、单杠直体后空翻下等。

【空翻转体】在完成空翻的同时做转体动作。通常包括一周同时转体、两周同时转体或三周同时转体等。如团身后空翻两周同时转体 360 度等。

三、动作形态术语

动作形态：运动员在完成动作时身体所保持的一种外形姿势状态。以下是常用的动作形态术语。

【直体】完成静止动作时从肩至踝关节应当为一条直线，完成动力动作时整个身体可向前或向后轻微屈曲。如技巧直体后空翻等。

【屈体】两个膝关节伸直，髋部弯曲角度90度或更小。如屈体后空翻等。

【团身】髋部和膝关节极度弯曲的体态。如团身前滚翻等。

【屈腿】膝关节弯曲角度超过45度的腿部形态。如跳马屈腿腾越等。

【挺身】展胸、伸直髋的身体形态。如挺身跳下等。

【分腿】两腿分开大于肩宽的身体姿势。如鞍马分腿全旋等。

【直角】直腿，髋关节弯曲呈90度。如双杠直角支撑等。

四、动作相互关系术语

动作相互关系术语：表达动作之间在时间或空间相互联系的术语。以下是常用相互关系术语。

【同时】当需要强调身体不同部位的动作要在同一时间内完成或强调一种动作技术必须结合在另一种动作技术过程中完成的时候，用“同时”来表示。如：左腿向左跨一步同时两臂侧平举；单杠骑撑后腿向前摆越同时转体180度成支撑；团身后空翻同时转体360度等。

【依次】身体对称肢体部位相继做相同性质动作时用“依次”来表示。例如鞍马单腿依次摆越成后撑。

【经】动作过程中须强调经过某一特定部位。如：两臂经前至侧举；后滚翻经倒立成蹲撑等。

【至】指明动作须到达的某一特定部位。如：两臂经侧至上举。

【成】指明动作应完成的结束姿势。如：左腿向左迈一步成开立；单杠翻上成支撑等。

【接】两个单独动作之间要求连续完成时用“接”字把它们连接起来。例如团身前滚翻接团身前空翻。

五、体操动作名称术语的表述和记写

体操动作名称术语是以上所介绍的各类动作术语的集合体。它有多种不同的表述方法和记写形式。

（一）体操动作名称的表述方法

体操动作名称的表述方法有多种多样，如果按照表述的简繁，体操动作名称表述方法可归纳为两大类，一种是表述内容比较完整，格式比较规范但表述比较冗长的“学名”表述法。另一类是表述相对比较简练的方法，如“简称”表述法等，它们各有特点。以下是几种常用的动作名称表述方法，在运用时可根据需要合理选择其中一种或多种混合。

1. 学　名

是一种能够完整反映动作名称内容的表述方法。它能够准确完整反映动作名称中所包含的各类术语要素。是一种规范化的、全国统一的体操动作名称术语表述方法。其特点是动作名称表述完整、准确。多运用于公开发行的图书、正式文件的文字描述中。如体操教科书、规定动作大纲等。

2. 简　称

就是把一个表述内容较繁、长的学名进行简化，提取学名中最重要术语要素，使之表述短小精悍。如动作“团身后空翻两周”可简化成“后团两周”等。还有成套动作中的第一个和最后一个动作，可简称为“上法”、“下法”。这种动作名称表述方法的特点是简练扼要，节约时间。多用于平时体操训练比赛的语言交流中。

3. 命　名

是以运动员或国家对动作进行命名。通常是在由国际体操联合会所指定的世界重大国际体操比赛中，以第一次完成难新动作的运动员名字或国名命名的动作名称。如吊环的“李宁摆上”（后悬垂前摆上成支撑）、跳马的“程菲跳”（踺子后手翻转体 180 度接前直空翻 540 度）、单杠的“特卡切夫”（向后分腿腾越）、鞍马的“托马斯”全旋（分腿全旋）、技巧的“阿拉伯空翻”（侧空翻）等。由于该表述方法既包含有动作名称内容，又包含有首位完成该动作的人名或国家的信息，因此在表述方面具有特殊的意义。同时这种方法的表述也比较简练、名称发音简单，很方便不同语言国家人们进行相互交流。目前不论在国内或国际上其使用越来越广泛。

4. 俗　称

较早时期流传下来，并已定型的、简短的通俗动作名称。它包括我国戏剧毯子功的动作名称和现代体操动作的名称。如毯子功动作名称中的“顶”（手倒立）、“踺子”（侧手翻内转 90 度）等。现代体操动作的“正掏”（分腿支撑后回环）、“旋”（空翻两周加转体）等。其表述特点是简练、形象。目前该表述法多用于日常的体操训练中以及杂技团、武术的毯子功及技巧动作训练中。

常用动作俗称举例：顶——手倒立；头顶——头手倒立；窜猫——鱼跃前滚翻；踺子——侧手翻内转 90 度；小翻——后手翻；拉拉提——前后分腿挺身后空翻；旋——空翻两周加转体；倒插虎——后手翻胸滚动；旋子——跳起水平转体；正掏——单杠分腿支撑后回环。

（二）体操动作名称学名表述法的构成要素

体操动作名称学名表述法是最为规范的表述方法，在体操的学习交流及推广传播中起非常重要的作用。要运用好这种表述方法，首先要了解学名表述法的构成，通常每一个完整动作名称（学名）主要由下列各类要素所构成。

1. 开始姿势位置

开始姿势：做动作时最初的姿势位置（预备姿势）。如站立、悬垂、蹲撑等。

2. 动作部位

动作部位：参与运动的身体主要部位。如头部、躯干、上下肢等具体部位。

3. 身体形态

身体形态：做动作时的身体形态。如团身、屈体、分腿等。

4. 动作方向

动作方向：说明动作的方向和变化。如向上、向下、向左、向右等。

5. 动作做法

动作做法：完成动作的方法。如摆动、回环、滚翻、手翻、空翻等。

6. 动作数量

动作数量：在完成动作时身体翻转的周数或转体的度数或动作的次数。如空翻两周、转体 360 度等。

7. 动作相互关系

动作相互关系：它是表达动作间联系的同词，在一个完整动作名称中，“成”字是最常用的动作相互关系术语。它一般放在动作做法与动作结束姿势之间（表 3－1）。

8. 结束姿势位置

结束姿势：完成动作后的最后位置或部位。

（三）体操动作名称学名构成中各因素表述的方法

1. 动作名称中各要素表述组合及排列

通常每一个完整体操动作名称主要是由以上八类要素中的五至六个要素所组合，在表述时这八类要素的先后顺序基本按照以上 8 个阿拉伯数字先后顺序排列。（表 3－1）。

表 3－1 体操动作名称学名表达法的构成要素组合例子

构成要素	开始姿势位置	部位	形态	方向	做法	数量	关系	结束姿势位置
动作一（徒手）	并腿站立	右腿		向前	跨		成	右弓步
动作二（徒手）	分腿站立			向上	跳起		成	并腿站立
动作三（技巧）	蹲撑		团身	前	滚翻		成	站立
动作四（单杠）	骑撑	单腿		向前	摆越		成	骑撑
动作五（单杠）	正握前正立		屈体	向后	翻上		成	支撑
动作六（单杠）	骑撑	单腿		向前	摆越转体	180 度	成	骑撑
动作七（双杠）	支撑前摆		团身	后	空翻	两周	成	挂臂撑

2. 动作名称中各要素表述的内容

（1）开始姿势位置

通常在描述联合动作或成套时，要指明第一个动作的开始姿势位置。对接下来动作的开始姿势，则不必指明，因为前一个动作的结束姿势位置就是后一个动作的开始姿势位置。

（2）动作部位

①在描述动作部位时，一定要选择参与运动的身体主要部位，其他次要部位则不必描述。如上表中动作四只说明腿的摆越动作，而没有说明手臂的动作。

②如果全身都参与运动的动作，则动作部位要素的描述可以省略。如单杠骑撑前回环等。

(3) 身体形态

①在器械体操动作中，通常不同的身体完成形态，其动作难度等级也不相同，因此要明确描述动作的完成形态。常用的形态有团身、屈体、直体等。

②如果属体操身体基本姿势形态要求的可省略。如直腿、并腿等。如：单杠单腿向前摆越成骑撑。

(4) 动作方向

①绝大部分体操动作都有它的运动方向，通常情况下方向的描述不可省略。但在不强调动作方向或可以向任意一个方向完成动作时，则动作方向的描述可省略，如一些项目的转体动作。

②仅一个方向做的动作，可省略动作方向的描述。如跳马中的分腿腾越。

(5) 动作做法

动作做法：组成动作学名名称的主要因素，一般不可省略。

(6) 动作数量

动作数量：翻转超过一周或有转体动作或动作数量超过一时，则要清楚描述动作的周数或转体度数或动作次数。如团身前空翻一周半、两周；转体 180 度、360 度；两臂上举后振两次等。一般情况下，在身体翻转一周以内或身体不转体或动作数量为一的情况下，动作数量不做描述。

(7) 动作相互关系

动作相互关系术语：表达动作间联系的同词，其中“成、至”一般用于结束动作姿势术语之前；“接、同时”一般用于两个动作之间；“依次”一般用在身体部位之后。“经”大多用于描述动作方向或位置术语之前。

(8) 结束姿势位置

在描述完整动作名称时，结束姿势通常不省略。但在两个动作要紧密进行连接时，第一个动作的结束姿势不做描述。

(四) 体操动作的记写

1. 记录形式

体操动作的记写通常有文字、图解、录像及符号等形式。

(1) 文字：是记录形式中最为普遍的一种。它应用方便，记写方法有简有繁，有表述内容比较完整的“学名”法，也有表述相对简练的“简称”、“命名”、“俗称”表述法。但总体看，由于文字表述不够形象直观，阅读起来比较费时费力，有时可能会由于文字表述不够精确或不够规范而容易造成阅读理解困难或错误。

(2) 图解：是用画图或照片来表现动作内容。表述形式直观形象，便于交流，但一般情况下由于受图解篇幅的限制，有些动作内容细节不能完全表示出来，所以通常会结合文字说明进行表达。

(3) 录像：是通过摄影设备记录动作内容。这是一种比较先进的记录形式，能详尽记录所要记写的全部动作内容，不受语言文字限制，交流方便。当然，由于受拍摄技术及设备主客观条件的限制，往往在摄录和读取动作内容时显得不够方便。

(4) 符号：它是一种代替文字的类似动作象形符号。如图 3－49，通常运用于体操比赛现场，多用于裁判员记录运动员比赛中所完成的动作内容及完成情况，方便裁判员在裁判工作中相互交流，其记写优点是记录内容快速，当然，由于符号所要表达的内容有限，不可能全面完整记录动作内容，另外为了熟练运用符号的记写，使用者必须花较大精力去学习并经常使用才可记住。

【燕式平衡】	【搬腿平衡】	【侧手翻】
T	Y	X

图 3－49

2. 体操成套动作书写格式

（1）一节徒手体操书写内容格式

①动作节序

动作节序：一节操所处的位置。例如“第一节”、“第二节”等。

②动作名称

动作名称：每一节操的名称。例如“伸展运动”、“体侧运动”等。

③动作分量

动作分量：每一节操所要完成的节拍数，节拍数通常是以一个 8 拍为循环。例如节拍数为“一个 8 拍”、“两个 8 拍”等通常用“1 ×8”或“2 ×8”表示。

④图解

图解：将所编排的动作用画图或照片的形式表现出来。

⑤动作方法

动作方法又可称为动作说明，通常按照一节中每拍动作顺序用术语进行描述。

⑥动作要求及注意事项

动作要求是指把每节操中所要重点注意的动作要领提出来。可以对动作的某一点提出要求，也可以对整节操提出要求等。提出要求的内容可以是动作的难点或要点等。

案例：3.1 徒手体操书写内容格式

第八套广播体操

第二节 扩胸运动（4 ×8 拍）

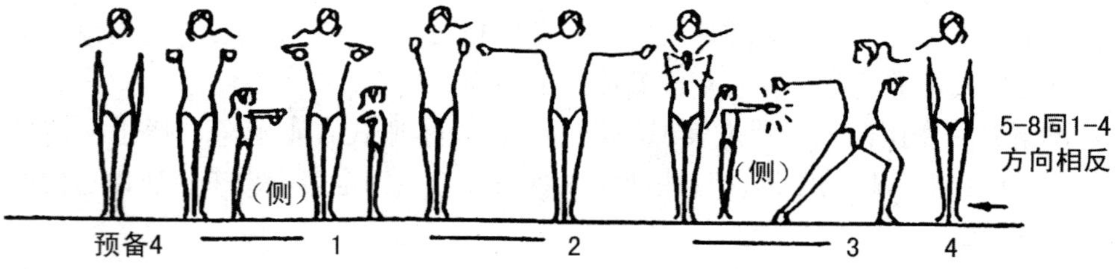

预备姿势： 直立。

1 拍：两手握拳（拳心向下），两臂经前至胸前平屈后振。

2 拍：两臂经前伸直（拳心相对）至侧举后振。

3 拍：两臂经前击掌，接着左脚左跨成左弓步，同时两手握拳成左臂胸前平屈（拳心向后）、右臂侧举（拳心向前）后振，头右转，眼看右方。

4 拍：还原成直立。

5 ~ 8 拍：同 1 ~ 4 拍，但方向相反。

要求及注意事项：

1. 动作刚健有力并富有弹性。
2. 第 3、7 拍侧弓步时，上体保持正直，屈膝腿的脚尖向侧前方，膝盖对准脚尖。

（2）器械体操成套动作的书写格式

体操成套动作是由一个个单个动作拼接而成，它有几种常用拼接书写格式。

①连续式

就是按照成套中每个相对独立的部分或动作的先后顺序排列进行书写，中间每个动作间用分号“；”隔开，并可在每个动作后面用括号“（ ）”标出该动作的分值。

例如：单杠“前正立，正握杠，翻上成支撑（2.5）；单腿向前摆越成骑撑（2.5）；骑撑前回环（2.5）；单腿向前摆越转体 90 度下（2.5）”。

②连接式

动作顺序的记写与连续式相同，只是用破折号“——”代替分号“；”。

③顺序式（数字分行式）

就是按成套动作先后顺序进行记写，并在每个动作之前用数字标出该动作的顺序号。例如：

单　杠

动作说明	动作分值
1. 正握翻上成支撑	2.5
2. 单腿向前摆越成骑撑	2.5
3. 骑撑前回环	2.5
4. 单腿向前摆越转体 90 度下	2.5

第五节　体操常用动作要领术语

体操动作要领术语：在描述完成动作过程中控制身体各部位活动的专门用语。其术语的构成通常是由动词加人身体部位名称所组成。它广泛运用于平时体操训练指导、教科书动作要领的表述中。随着体操动作技术的发展，体操动作内容的不断丰富，还将不断涌现出新的动作要领术语。以下是常见的体操动作要领术语。

【绷脚面】是指足的屈动作。它是体操练习的基本形态要求。

【梗头】是指在动作过程中颈部紧张固定，下颌内收，使头部保持正直位置的一种头部动作。该要领运用广泛，在空翻起跳，上体上立的动作过程中更为重要。

【低头】是指头部以环枕关节为轴做前屈的动作。

【抬头】是指头部以环枕关节为轴做后伸的动作。

【顶肩】是指在手支撑及推离时，做肩胛骨外展或向上回旋的动作。用以提高支撑位置及加大支撑力或推力。

【跟肩】是指屈躯干肌群远固定，做向心收缩，使肩部向体前加速的动作过程。

【提肩】是指两臂上摆时的同时做肩胛骨的上提。用于起跳腾起的动作。

【沉肩】是指悬垂或支撑下摆至近垂直部位时，放松肩带肌肉，使人体充分拉长，重心迅速下降的动作过程。

【倒肩】是指以支撑点为轴，肩部积极向后、前、侧移动的动作。

【冲肩】是指在支撑时，肩关节前移超过支撑垂直面的动作。

【拎臂】是指在做空翻起跳时手臂的提、摆动作。

【含胸】是指肩胛骨前伸，胸廓内收后背拱起的动作。

【振胸】是指肩胛骨迅速后缩，背部及三角肌等做爆发性收缩，使胸部加速振起的动作，它主要运用于摆动动作中，是上体急振的一种形式。

【收腹】是指屈髋并使大腿与腹部相靠近的动作。

【立腰】是指通过腰腹部肌肉紧张收缩，使腰椎充分伸直，上立做固定的动作。

【伸髋】是指加速增大髋角的动作过程。

【屈髋】是指加速缩小髋角的动作过程。

【提臀】也称“提髋”，是指髋和腰骶关节预先前屈，而后腰骶关节逐渐由前经后向上提腰的过程做后伸动作，使臀部由较低位置至较高位置。常见于直臂屈体慢起手倒立动作。

【翻臀】是指腹肌和髂腰肌近端固定收缩，形成骨盆后倾，使臀部随髋的弯曲做向前上翻的动作。

【兜腿】是指在悬垂或支撑后摆过垂直面后，两腿带髋、翻臀向前上加速的动作过程。

【撩腿】是指在悬垂或支撑后摆过垂直面后，相对固定髋位（留髋），两腿向后上做加速摆的动作过程。用于加大后摆速度。

【制动腿】是指腿加速运动后做突然的减速或改变腿的运动方向。

【扣腕】是指在完成悬垂动作中做的手腕前屈动作，用以调节握器械的深度。

【翻腕】是指正握悬垂前摆或反握悬垂后摆动作，在上至支撑时做手腕的后伸。

【立腕】是指在支撑时，前臂肌群共同紧张收缩，使腕部垂直固定于支点正上方的手的支撑形态。

【推手】是指手支撑中，上肢肌群以爆发性收缩配合顶肩，做推离支点的动作过程。

思考题：

1. 全面了解体操器械术语内容。理解领会体操动作术语中有关动作方向、做法、相互关系等术语概念以及体操动作要领、体操队列等术语的概念。
2. 体操动作名称的表述方法有哪几种？
3. 体操动作名称学名的构成要素有哪些？试分析一动作名称中各要素的构成。
4. 用学名表达法记写一套普修课单杠成套动作。
5. 单节徒手体操的记写内容有哪些？

第四章 体操课程的教学设计

内容提要

体操课程的教学设计，是体操教学工作正式开始前准备工作的一项重要内容。它是对整个体操教学活动的规划，是在分析学生的特点、教学目标、教学内容、教学条件、教学方式、方法、以及教学结构特点的基础上统筹全局，而提出的教学方案。

体操课程教学设计方案的表现形式有：教学大纲；学期（学年）教学工作计划；课时计划（通常称为教案）。

教学大纲是以国家规定的教育计划为总依据，结合体操教学的目的、任务、要求以及各学校的实际情况而编制的。它是相对稳定的指导性文件，是制订学期教学工作计划的依据。

学期（学年）教学工作计划，是将教学大纲中的目标设计进一步具体化和操作化的过程。是根据教学大纲规定的教学任务、要求、教材内容，制订出切实可行的具体方案与进度，是使学生一步步逼近并最终完成期末总目标的过程设计。

教案是以学期教学工作计划为依据，将学期进度内容落实到每一次课中去的具体教学方案。

本章分别对教学大纲、学期（学年）教学工作计划、课时计划（教案）的制订进行了详细的论述，并提供了具体案例，对完成体操教学的设计工作及学生的体操课教学实习工作均有指导意义。

关键词：课程　教学设计　教学大纲　教学工作计划　教案

体操课程是体育教学中的一项基本内容，是实现学校体育目标的途径之一。体操课程的教学设计是对整个体操教学活动的规划，是教学准备工作的组成部分，是在分析学生的特点、教学目标、教学内容、教学条件、教学方式、方法以及教学结构特点的基础上统筹全局，而提出的教学方案。

体操课程教学设计方案的表现形式有：教学大纲；学期（学年）教学工作计划；课时计划（通常称为教案）。

教学大纲是相对稳定的指导性文件，是制订学期教学工作计划的依据。学期教学工作计划，是将大纲中的整体计划，按学期进度划分成若干个独立而又彼此联系的教学任务，使学生逐一地去完成任务，最终达到期末的总目标。教案是以学期教学工作计划为依据，将学期进度内容落实到每一次课中去的具体教学方案。

第一节 体操教学大纲的制订

一、制订教学大纲的依据

教学大纲是以国家规定的教育计划为总的依据，结合体操教学的目的、任务、要求以及各学校的实际情况而编制的。在体育院校中，体操教学大纲的制订，一般是与学校所有学科的大纲制订一同进行的，是由学校主管教学的领导牵头、系部级领导负责具体分工、教研室有多年执教经验的教师执笔完成的。教学大纲的制订是一项细致而严肃的工作，应在广泛征求意见、集思广益的基础上进行。

二、教学大纲的内容构成

教学大纲一般包括以下几项内容。

（一）课程名称

（二）课程性质

标明所开设的课程是必修课还是选修课。

（三）课程目标

提出学生通过本课程学习所要达到的教学目标。如：要求学生在基本理论；基本技术；基本技能等方面要达到的目标。

（四）教学内容

列出理论部分的章节名称；教学内容；基本要求；实践部分的教学内容；主要教材；次要教材。

（五）学时分配

把计划规定的教学总学时数，合理地安排到不同学期的理论教学、实践教学及考核中。

（六）考 核

指出考核的依据；内容及比例；方法与要求；评分等级标准。

（七）必要说明

主要指出制订大纲的依据，以及完成大纲任务的措施与注意事项。

（八）参考书目

列出供教师、学生参考的主要书目。

三、制订教学大纲的基本程序及要求

（一）教学目标设计

教学目标设计是对教学活动预期所要达到的结果的规划。教学目标规定着教学活动的方向、进程和预期结果，是评价教学效果的基本依据。

确定教学目标的基本要求如下。

1. 对国家教育计划中体操教学的总目标应有清晰的认识，并以此为基本的依据。
2. 要分析和了解学生已具备的体操理论知识、技术、技能的实际状况。
3. 要钻研课程标准，分析课程内容。
4. 确定学生应掌握的理论知识、应具备的基本技能以及应达到的技术水平的标准。

（二）教学内容设计

教学内容设计是为实现培养目标，在认真分析教材的基础上，合理选择和组织教学内容以及合理安排教学内容的呈现过程。它是教学大纲制订的关键环节，直接影响着目标的达成。

确定教学内容的基本要求如下。

1. 以培养适应社会需求与发展的人才为基点，精选教材内容，力求在有限的时间内达到培养目标的要求，同时亦符合社会发展的需求。

2. 应根据教材的内在联系，分清主次，突出重点，并对每项内容的基本要求有明确规定。

3. 不仅要吸收国内外体操教学的先进内容和手段，而且应注重容纳现代教学理论的新理念和新方法，以使教材内容得到更新和发展。

（三）教学时间设计

教学时间设计是将教育计划中所规定教学总时数，按不同的学期、不同的教学内容、不同层次、不同比例，合理有效地分配到大纲中每项教材上的过程。

分配教学时间的基本要求如下。

1. 应依据课程的性质和实际需要对整体教学时间作出合理规划。体操教学实质上是以身体活动为主的实践课程，在理论讲述、实践操作、考核三个不同的部分中，应突出实践部分的时数分配比例，一般不小于70%。

2. 找出理论部分及实践部分中的重点、难点，在此基础上确定每一项具体教学单元的教学时数。

（四）教学评价设计

教学评价设计是根据教学目标，运用评价的方法和手段对教学活动及预期效果进行价值判断的过程。教学评价，一方面直接影响着学生的学习积极性和学习态度。另一方面也示意着教学的发展方向以及人才培养的规格。

教学评价设计的基本要求如下。

1. 应明确指出评价的依据及范围。在注重动作技能和动作教学技能考核的同时，还应把学生对体操健身手段开发、创新、应用的能力；健身指导与评价的能力；健身活动的组织能力等，均应纳入体操教学的评价体系之中。

2. 规定学期考核的内容、成绩比例及评分等级标准。

3. 应重视对教学过程的评价，并做到方法的多样性。如，主观评价和客观评价相结合，绝对评价和相对评价相结合，老师评价和学生评价相结合等。

第二节　学期（学年）教学工作计划的制订

各学期（学年）教学工作计划，是将教学大纲中的目标设计进一步具体化和操作化的过程，是根据教学大纲规定的教学任务、要求、教材内容，制订出切实可行的具体计划与进度，使学生一步步逼近并最终完成期末总目标的过程设计。

一、学期教学工作计划的内容构成

学期教学工作计划一般包括以下内容。

（一）教学任务

（二）教学时数分配

（三）理论课教学内容及安排

（四）学期主要工作周历安排

（五）队列队形、徒手体操和持轻器械体操教学进度安排

（六）男生、女生器械体操动作内容与进度安排

（七）考试内容、标准、方法及成绩比例

（八）教学要求

二、制订各学期（学年）教学工作计划的基本程序及要求

（一）明确提出各学期任务

要求以教学大纲中的培养目标为依据，并在认真钻研教学大纲中规定的各学期教材内容的基础上，具体提出各学期在理论教学、技术教学、技能培养等方面的任务。

案例：4.1 北京体育大学体育教育专业体操第一学期教学工作计划（仅供参考）

第一学期教学任务

1. 理论方面：通过体操绪论的讲述，使学生对体操的概念、内容、分类、项目的特点和发展概况能有一个清楚的认识；通过保护与帮助的讲述，引导学生理论联系实际，学会用理论知识来检验和指导自己实践操作，从而提高保护帮助的能力；通过体操术语的讲述，使学生对体操动作名称的基本术语及构成有一个清楚的认识，并基本掌握体操动作的记写方法。

2. 技术方面：通过器械体操的教学，使学生初步掌握技巧、双杠、单杠、跳跃、平衡木（女）各项目的基础动作，并能独立完成所规定的成套动作，同时掌握利用体操器械进行身体素质练习的方法；通过徒手体操及持轻器械体操的教学，使学生基本掌握跳绳、实心球、体操棍及徒手体操的基本练习方法。

3. 技能方面：以徒手体操、持轻器械体操及队列队形的教学为手段，培养学生的讲解、示范、领操、纠正错误、口令指挥能力；以器械体操的教学为手段，培养学生的保护与帮助能力，并使学生能较熟练掌握主要考试动作的保护与帮助的操作方法。

（二）合理分配各项教材在各学期的教学时数

要求首先应根据学生的体操基础，场地设备条件等情况，判断、分析是否应对大纲中规定的本学期教材内容作必要的调整，以保证教材的难易程度符合学生的接受水平。在此基础上，将大纲中所规定的各学期教学时数，合理地分配到各项教材的教学中。

在体育院校的体操普修课教学中，教学时数分配的特点是：实践部分的时数大于理论部分的时数。在实践部分中，器械体操教学时数又要大于徒手体操、队列队形等其他内容的教学时数。在实践部分中各项教材的教学时数，一般以该教材在课的结构中所占时间为计算单位。如果一堂 90 分钟（2 学时）的体操教学课的构成是：徒手体操或持轻器械体操 15 分钟；队列队形 15 分钟；器械体操 45 分钟；体操活动性游戏 5 分钟；身体素质 10 分钟。假如本学期总时数为 64 学时，并已知理论、考试、比赛、机动所用学时为 16 学时，那么可知：

实践部分教学实际时数为：$64-16=48$ 学时（24 次）

徒手体操与持轻器械体操时数为：$15\times24\div45=8$ 学时

队列队形时数为：$15\times24\div45=8$ 学时

体操活动性游戏时数为：$5\times24\div45=2.7$ 学时

器械体操时数为：$45\times24\div45=24$ 学时

身体素质练习时数为：$10\times24\div45=5.3$ 学时

案例：4.2 教学时数分配

教学时数分配（表4－1）。

表4－1 教学时数分配

类别	教学内容	学期	教学时数	教学形式	百分比（%）
理论部分	体操绪论	1	2	课堂讲授、演示、观看录像等。	9.4
	保护与帮助	1	2		
	体操术语	1	2		
实践部分	队列队形基本动作	1	5.3	教学实践课	78.1
	徒手体操与持轻器械体操	1	10.7		
	体操游戏的方法	1	2.7		
	身体素质练习方法	1	5.3		
	器械体操练习	1	24.0		
	教学比赛	1	2		
考试部分	理论考试	1	2	笔试、口试、现场操作	9.4
	技术考试	1	2		
	技能考试	1	2		
机动		1	2		3.1
合计			64		100

（三）进行理论课的教学安排

要求对大纲中已确定的理论教学内容进行分析，明确各教材之间的联系，以及与技术教学之间的联系。并在此基础上，排出先后顺序，安排在各学期中，同时标明每讲的时数、授课形式、上课时间、考试命题比例以及授课教师等。

案例：4.3 理论课教学内容及安排

理论课教学内容及安排。（表4－2）

表4－2 理论课教学内容及安排

学期	内容	学时	授课形式	命题比例	授课时间	授课人
一	大纲简介及体操绪论	2	讲授	30	第1周	***
	体操术语	2	讲授与演示	40	第11周	***
	保护与帮助	2	讲授与演示	30	第11周	***

（四）进行学期主要工作周历安排

学期主要工作周历安排是对教研室或教学组有关教学活动，按时间先后顺序，预先作出周历安排。使每一项工作在人员及时间上都得到落实，使课内课外的工作能有机地结合起来，以保障教学工作能有条不紊地进行。

案例：4.4　第一学期的主要工作周历安排

第一学期的主要工作周历安排。（表 4－3）

表 4－3　第一学期的主要工作周历安排

学期	主要教学工作内容	时间
第一学期1至16周	1. 本学期任课教师工作安排	开学前
	2. 落实理论课上课时间、地点及有关人员	开学前
	3. 讲授理论课；分组进行素质测验	第 1 周
	4. 贯彻身体基本部位动作和徒手操的教学	第 2～3 周
	5. 贯彻第八套广播体操	第 4～6 周
	6. 组织广播操比赛与测验	第 7 周
	7. 讲授理论课	第 11 周
	8. 贯彻轻器械体操	第 9～12 周
	9. 安排期末理论考试	第 14 周
	10. 安排技术、技能考试	第 15～16 周
	11. 计算、上报学生成绩，学期工作总结、安排下学期工作	第 17 周

（五）进行实践部分教学进度安排

教学进度安排是将各学期的教材内容，按次数系统地安排到每次课中去的一项细致而重要的工作。完成此项工作，应遵循系统性与循序渐进性原则以及运动技能形成规律，并根据体操课的类型与结构来安排。

在进行具体操作时要求如下。

1. 从纵向角度思考每一项目中教材内容的顺序安排

在每一项目中教材内容排列时，应以教材的系统性、连贯性为切入点，按照由易到难、由简到繁的顺序来安排。如在开始的几节课中，内容应比较简单，运动量也应比较小，随着教学的进展，再逐步安排相对复杂的和有一定运动量要求的教材。又如应先分散掌握单个动作，然后进行联合动作学习，最后安排成套动作的练习等。但在遵循由易到难、由简到繁原则的基础上，还应注意先安排主要教材，也就是说应先安排考核的内容。这一点在实际教学中是十分重要的，特别是技术性要求相对较高的考试内容，如果安排太靠后，会使得学生处于一种“时间紧迫”的压力之中，不利于学生动作技能的形成。

2. 从横向角度思考各项目之间教材内容的顺序安排

在安排教材内容时，还应以各项目之间动作的相互关系为切入点，遵循运动技能形成的规律，合理安排学习内容顺序。根据运动技能形成的规律，练习者在掌握某个运动技能后，会影响另一种技能的学习。这种技能学习相互影响的现象称为运动技能转移。当这种影响表现出的结果是积极的，称正转移，如果这种影响表现出的结果是负面的，则称为负转移。如：学生掌握了单杠的屈伸上后，再学习双杠的屈伸上就有利于动作的掌握。

3. 做到“三个搭配”

（1）上肢与下肢项目搭配

在体操教学中以下肢运动为主的项目是跳跃、技巧、平衡木；以上肢运动为主的项目是单杠、双杠。在每次课的项目搭配上应注意上、下肢项目的搭配。如单杠与跳跃搭配、双杠与技巧搭配、平衡木与单杠搭配等。

（2）简单动作与难度动作搭配

要求在每次课教材内容搭配上，应注重难易动作结合，既体现教材的主次，又要注重使学生在学习动作过程中不断获得成功的体验，增添对体操学习的兴趣与信心。

（3）新授教材与复习教材搭配

通常在学期开始的几次课，可多安排复习教材，随着学生技能和身体素质的提高，再逐渐安排新教材。到期末前可多安排复习教材，这样有利于运动技能的巩固与提高，同时又可使学生为期末的考核作好充分的准备。

4. 做到身体素质练习课课不落

从开始的第一次课到考试前的最后一次课中，始终都有身体素质练习的安排，做到身体素质练习课课不落。因为将身体素质练习列为体操课的教学内容，是由课的任务决定的。通过教师对体操身体练习手段的介绍与演示，使学生在课中和课后的练习中，体验体操的健身价值及功能，使体操成为他们进行终生体育锻炼的可选项目。

案例：4.5　第一学期男生器械体操动作内容与进度安排

第一学期男生器械体操动作内容与进度安排。（表4－4）

表4－4　第一学期男生器械体操动作内容与进度安排

课次顺序		项目与内容	课次顺序		项目与内容
一组	二组		一组	二组	
1	2	技：挺身跳，团身前滚翻 双：跳上分腿坐——前进一次成外侧坐——挺身下	12	11	跳：复习纵箱前滚翻 单：骑撑单腿前摆转体90度下
2	1	跳：踏跳板：分腿、并腿、挺身跳 单：跳上支撑，单腿前摆成骑撑	13	14	技：复习鱼跃前滚翻 双：杠上前滚翻成分腿坐
3	4	技：团身后滚翻，跪跳起 双：越两杠直角下	14	13	跳：横箱屈腿腾越 单：骑撑前回环

课次顺序		项目与内容	课次顺序		项目与内容
一组	二组		一组	二组	
4	3	跳：跳上成蹲撑，分腿、并腿、挺身跳下 单：单腿蹬地翻上成支撑	15	16	技：侧手翻 双：复习杠上前滚翻
5	6	技：前滚翻交叉腿转体 180 度接后滚翻 双：支撑摆动，支撑前摆直角下	16	15	跳：复习屈腿腾越 单：复习骑撑前回环
6	5	跳：斜进直角腾越 单：支撑依次摆腿成后撑	17	18	技：复习侧手翻 双：挂臂屈伸上成分腿坐
7	8	技：肩肘倒立，燕式平衡 双：支撑后摆下	18	17	跳：学习山羊分腿腾越 单：后撑前摆跳下
8	7	跳：复习斜进直角腾越 单：骑撑后倒挂膝上	19	20	技：学习成套动作 双：学习成套动作
9	10	技：复习已学动作，进行联合动作练习 双：复习已学动作，进行联合动作练习	20	19	跳：复习山羊分腿腾越 单：学习成套动作
10	9	跳：纵箱前滚翻 单：复习已学动作，进行联合动作练习	21 ~ 24	21 ~ 24	总复习考试动作
11	12	技：鱼跃前滚翻 双：支撑后摆转体 180 度成分腿坐			

注：教师在教学中应以进度为依据，但又不能被进度所束缚，可依据学生的实际情况对进度进行适当的调整。

（六）考核安排及成绩比例

考核安排是将各学期的考试内容、每项的比例及考试形式和成绩评定比例都进行细致的安排，使教师和学生在教学和学习中做到心中有数，抓住重点，有的放矢地进行教学和学习。

案例：4.6　第一学期考核安排

（一）内　容

1. 操考核内容（10%）

第八套广播体操

2. 理论考核内容（20%）

体操绪论，体操术语，保护与帮助

3. 器械体操技术考核内容（40%）

男子：单杠、双杠、技巧、跳山羊

女子：单杠、平衡木、技巧、跳山羊
4. 技能考核内容（20%）
5. 平时成绩考核内容（10%）
出勤，课堂提问的回答，课后作业完成情况，随堂测验结果，身体素质练习情况

（二）考核形式

1. 技术动作考核形式
（1）每班分成四个组，教师在考试前一周将分组名单填好。
（2）各组按下列顺序进行项目轮换。

表 4－5　项目轮换表

组别	技巧	双杠	跳马	单杠
一	1	2	3	4
二	4	1	2	3
三	3	4	1	2
四	2	3	4	1

（3）考试过程中由主考教师统一指挥调动，保证考试有序进行。
2. 技能考核形式（同技术考试）
3. 广播操考核形式
由本班任课老师组织，以小组为单位上场，每组 6～8 人，由 2～4 名教师进行集体评分，对基本姿势达不到要求的学生，不予通过，在进行课后练习自我提高后，在期末进行补考。
4. 理论考核形式
采用闭卷，笔试形式。要求任课教师提前两周，按命题比例，完成试题的命题工作。组长将各部分试题内容汇总后，交教务处打印。教学组长应提前一周落实好各班考试所用教室。

（三）成绩评定比例

表 4－6　成绩评定比例表（%）

内容 学时 学期	技术	理论	技能	实习	操	成套队列队形指挥	平时	总计	备注
一	40	20	20		10		10	100	

（七）列出考试内容、标准

此项工作应尽可能地细致，以保证教师的教学工作更为明确和统一。要求器械体操各

项目的成套考试动作，应标明每个动作的分值，每个项目的评分都应有具体而明确的评分标准。

案例：4.7　器械体操各项目成套技术考试动作内容及评分标准

单杠 10%（男生）

表 4－7　单杠考试内容及评分标准

编号	动作名称	分值	不扣分标准	未完成	典型错误	扣分
1	单腿蹬地翻上成支撑	1.5	两腿离地伸直并拢、动作连贯，扛后45度制动腿，挺身充分	未获得支撑	1. 翻上屈腿在90度内 2. 翻上屈腿超过90度 3. 翻上制动腿低于45度 4. 动作不连贯，失去节奏 5. 挺身不充分	至0.3 至0.5 至0.3 至0.3 至0.3
2	单腿向前摆越成骑撑	1.0	两腿伸直，分腿大，节奏好，挺撑充分	动作分解	1. 摆越过程屈腿，勾脚 2. 骑撑时屈腿 3. 骑撑时双腿开度不够 4. 失去节奏，不连贯	至0.3 至0.3 至0.3 至0.5
3	骑撑前回环一周	3.0	“三直一大”，连贯稳定	未获得支撑	1. 回环时屈腿 2. 回环时屈臂 3. 回环分腿小，不伸展 4. 动作不稳定，失去节奏 5. 骑撑姿势不好	至0.3 至0.3 至0.3 至0.3 至0.4
4	后倒挂膝上	1.5	动作连贯舒展	未获得支撑	1. 摆动腿弯曲 2. 后倒时摆动腿制动不明显 3. 动作不连贯，失去节奏	至0.3 至0.3 至0.3
5	后撑向前直角挺身下	2.0	腾空明显，展体动作充分，落地稳	前摆腿低于杠水平	1. 前摆，腿高度不够 2. 屈腿 3. 推手腾空不明显 4. 挺身展体不充分 5. 落地不稳	至0.3 至0.3 至0.3 至0.3 至0.5

（八）提出教学要求

为保证教学任务的完成，促使教研室或教学组有关教学活动能有效进行，应使每位任课教师，对各项教学工作的要求有一个明确的认识。这些要求一般包括：教学常规要求、理论教学要求、考核要求、实习要求、教学比赛工作要求等。

案例：4.8 教学要求

（一）常规要求

1. 根据教学工作的情况，及时召开教学小组会，讨论研究工作问题，进行集体备课，统一思想和要求。

2. 教师提前10分钟到达上课地点，做好场地器材准备。上课要携带教案和讲稿。

3. 上课时，教师对学生要认真考勤。对于无故缺课者要进行批评教育，对缺课超过学校规定时数者，任课教师应按学校的有关规定执行。

（二）理论课要求

1. 讲授理论课的教师要提前一周准备和熟悉讲稿。同时提前一周借好教室或场馆，并负责通知系办公室和教学组的教师。授课教师因教学需要改变原课表上课时间时，必须履行手续填写调课表，教研室主任、系主任批准后送教务处备案。

2. 进行理论课教法演示的人选，一般由授课教师选择安排，并将演示提纲内容写好，提前一周交给演示者做准备。

3. 结合学生情况，适量增加补充新教材。

（三）考试要求

1. 理论课的考试。教师根据学期计划确定的考试各章节的百分比和内容要求，写出A、B两套考试题交到教学组，最后由组长负责汇编综合性试卷和印刷考卷。

2. 理论考卷的评分。采用流水作业法，最后一位教师负责合计总成绩。

3. 担任理论课监考的教师，提前15分钟领取考卷。考试中注意核对学生人数；严格考场纪律，考完后将试卷统一交小组负责人。

4. 期末技术考试。原则上由教研室安排不同年级的教师进行考评，并按规定的统一标准进行评分。

5. 在技术、技能考试前，各班任课教师通过互相协商，编好学生分组和填好出场序（成绩单）。考试后原始成绩单交原任课教师进行登记成绩。

6. 技术、技能考试，均采用学生以班为单位、教师定项考试的方法。并按课表上课时间进行统一考试。考试中，由专人负责指挥，统一进行项目轮换。

7. 技术、技能考试，在考试周的第一次课，一、三、五、七、九班先考技术，二、四、六、八、十班先考技能。第二次课交换。

8. 负责技能考试的教师，要根据学期的教学内容，选写出10个分别具有不同内容的考签（包括动作的保护帮助方法、动作要领、动作教法等三项内容），考试中，由学生现场抽签决定内容。男、女生班分别进行。

9. 由4~5名教师组成评分小组，对不同班级学生进行广播操的考核。担任队列队形考试的教师需列出10个考签，由学生抽签后进行考核。

10. 期末考试后，一周内各班任课教师填报本组学生的各项考试成绩，并打印一式两份。一份上交教研室，另一份统一交教务处。

第三节　课时计划（教案）的制订

一、教案的内容

教案是最基本的教学文件，是教师上课的具体执行计划，亦是提高教师教学技巧，业务水平，保证教学任务顺利完成的一项有效的措施。因而教案的编写是教师课前准备工作中的一项重要工作。其内容主要包括以下几个方面：

（一）授课对象、日期及课次

（二）课的主要任务及要求

1. 准备部分的任务

体操教学课准备部分的主要任务是，为完成课的基本部分任务，使学生做好思想上、生理上及心理上的准备，同时通过准备部分教学内容的实施，培养学生的教学组织能力。

2. 基本部分的任务

（1）教育任务

通过各项目中单个动作及成套动作的练习，培养学生勇敢、果断、不怕困难、敢于拼搏的优良品质。

通过保护与帮助的操作与练习，使学生建立起一种互帮互学、团结互助、关心他人、共同进步的良好意识。

（2）教养任务

学习大纲中规定的各项目的单个动作和成套动作；复习改进、巩固、提高已掌握的单个动作和成套动作技术，以达到熟练化程度。

发展相应的身体素质，以促进学生运动技能的提高。

（3）能力培养任务

培养学生的保护帮助能力及自我保护的能力。

利用体操器械发展身体素质的能力。

对于体育院校的学生而言，还要注重技术动作教学能力的培养，如：示范、讲解、教法运用、纠正错误、组织练习等能力。

3. 结束部分的任务

有组织地结束课程，使学生的机体逐渐恢复到安静状态。

（三）课的各部分时间分配

1. 准备部分的时间分配

准备部分时间的长短，一般是根据一节课的总时间来安排。如：45 分钟的课，准备部分的时间一般为 8 ~ 10 分钟；90 分钟的课，准备部分的时间一般为 25 ~ 30 分钟。

在体育院校的体操教学中，准备部分不仅仅是简单意义上的热身，亦是学生进行体操基本知识学习、基本技能储备的过程，因此，在准备部分的时间安排上也相对要长些，通常为：30 ~ 40 分钟。

2. 基本部分的时间分配

在体育院校一节 90 分钟的体操教学课中，基本部分的时间通常为 50 ~ 60 分钟。一节课中一般安排两个项目，每个项目 25 ~ 30 分钟。在普通中小学校一节 45 分钟的体育教学课中，基本部分的时间通常为 25 ~ 30 分钟。

3. 结束部分的时间分配

结束部分的时间通常为 10 分钟左右。

（四）教学内容

1. 准备部分的内容

体操教学课的准备部分的内容是丰富多样的，常用的内容有以下几种。

（1）各种走、跑、跳练习

体操要求具有艺术性，因而在体操课的准备部分中的走、跑、跳练习与其他项目的走、跑、跳练习相比有一定的区别。它除了作为提高身体机能的手段外，在体操准备部分的教学中常作为培养协调性、灵巧性、节奏感不可缺少的内容。

（2）队列队形练习

体操准备部分中队列队形练习，是根据中国人民解放军队列条例的动作要求，有选择进行的一项基本训练，其目的在于形成学生正确的身体姿态，培养严格的组织纪律性，是提高组织、指挥能力的重要内容。

（3）定位和行进间的徒手体操练习

定位和行进间的徒手体操练习，是指在原地和走、跑、跳中完成的一系列徒手动作所组成的身体练习。这些练习是根据人体各部位的特点，依据一定的程序由举、振、屈伸、体转、绕环、踢腿、跳跃等内容组成，是准备部分教学最基本的练习内容。徒手体操练习的主要目的在于培养、改进学生的基本姿态，提高其灵巧性、节奏感及体操意识。

（4）持轻器械体操练习

持轻器械体操练习是指手持木哑铃、体操棍、实心球、跳绳等轻器械进行的练习。进行此项练习的目的在于增强各关节的灵活性、柔软性，培养学生的肌肉控制能力、正确的身体姿态及练习的兴趣。

（5）体操活动性游戏

在体操课准备部分的教学中，常采用一些具有竞争性、趣味性的游戏来提高学生的学习兴趣，感受运动的快乐。通过此内容的组织进行，培养学生的组织纪律性、团结互助及集体主义精神。

2. 基本部分的内容

在体育院校体操普修课中及中、小学体育课中的主要内容如下。

男子：技巧、双杠、跳箱（山羊）、单杠等项目中的基本动作；体操三级规定动作；以及围绕主要教材安排的相关内容，如身体素质练习及辅助练习等。

女子：技巧、双杠（平衡木）、跳箱（山羊）、单杠等项目中的基本动作；体操三级规定动作；以及围绕主要教材安排的相关内容，如身体素质练习、舞蹈基本功练习等。

在体育院校体操专修课中的主要内容如下。

男子：技巧、双杠、跳箱（山羊）、单杠、鞍马、吊环等项目中的基本动作；体操二级规定动作；以及围绕主要教材安排的相关内容，如身体素质练习等。

女子：技巧、平衡木、跳箱（山羊）、单杠等项目中的基本动作；体操二级规定动作；以及围绕主要教材安排的内容，如身体素质练习、舞蹈基本功练习等。

3. 结束部分的内容

结束部分的内容一般有：放松走、慢跑、放松舞步、放松徒手操、放松按摩等。

（五）各项动作要领和要求

在教案中用简明扼要的语言，概括动作关键技术要领，及动作规格要求（具体动作要领和规格请见相关章节）。

（六）各项教材的易犯错误及纠正方法

在教案中指出，学生所学动作过程中容易犯的错误，及采用的纠正方法（具体易犯错误及纠正方法请见相关章节）。

（七）课的组织方法

在教案中应体现每一个项目的教学组织手段及所选用的具体方法（具体方法请见第五章体操课的教学组织与方法）。

（八）各项教材练习的时间和次数

在教案中除了标明每一部分、每一个项目的练习时间外，还应标出每一个动作练习的具体时间和次数。

二、教案的格式

教案的格式通常有表格式和文字式两种。但在教学中又以表格式教案的运用为常见。表格式教案的种类有很多种，在此介绍三例教学中常用的教案格式。

案例：4.9 教案格式一

课次：______年级______班级________人数________日期：　　年　　月　　日

课的任务：1. ______________________________

　　　　　2. ______________________________

　　　　　3. ______________________________

<table>
<tr><th>课的结构</th><th>课的内容</th><th>时间</th><th>分量</th><th>组织教法</th></tr>
<tr><td></td><td></td><td></td><td></td><td></td></tr>
<tr><td>场地器材</td><td></td><td colspan="2">课后小结</td><td></td></tr>
</table>

案例：4.10 教案格式二

课次：______年级______班级________人数________日期：　　年　　月　　日

<table>
<tr><td colspan="2">课的任务</td><td colspan="2"></td><td colspan="2">器　材</td><td colspan="2"></td></tr>
<tr><td>部分</td><td>时间</td><td>课的内容</td><td>组织工作</td><td>教法步骤</td><td>分量</td><td>易犯错误与纠正方法</td><td>教育措施</td></tr>
<tr><td></td><td></td><td></td><td></td><td></td><td></td><td></td><td></td></tr>
<tr><td colspan="4">练习密度预计：</td><td rowspan="3">场地布置</td><td rowspan="3" colspan="2"></td><td rowspan="3">课后小结</td></tr>
<tr><td colspan="4">练习效果预计：</td></tr>
<tr><td colspan="2">心率曲线预计</td><td colspan="2"></td></tr>
</table>

案例：4.11　教案格式三

课次：______年级______班级________人数________日期：　　年　　月　　日

教材内容					
课的任务					
课的结构	课的内容	时间	次数	组织教法与要求	个性培养思想教育
场地器材					
运动强度		运动密度			
课后小结					

以上三种教案格式，是目前在体操教学和体育课教学中常使用的格式，它们都有各自的特点。

教案格式案例一，具有概括性高；过程简洁；给编写者较大的自由发挥空间的特点。不足之处在于：格式过于笼统；重点不易突出；教育任务的具体措施及动作易犯错误的纠正方法较容易被忽视。

教案格式案例二的特点在于：把防止与纠正错误动作和教育措施两项内容列为专栏，可以引起教师在备课时重视和思考如何实现教育任务；能促使教师更好地结合学生的实际，认真钻研教材教法，从而达到提高教学质量目的。

另外，在这种格式中既包括了练习效果预计的定性内容，又包括了密度、强度和心率曲线的定量内容，这就对教师的备课提出了更高的要求。要求教师不仅对每次课总量安排上要做到心中有数，而且对每次课中的每一教材的分量都要心中有数。

教案格式案例三，除具有教案格式案例二的特点外，还特别强调教学中对学生的个性培养。这就要求教师在备课中应了解教材的潜在功能，并注重教材的人文素质资源开发。

以上两种格式的教案，不足之处在于：编写过程相对复杂，也比较费时。

三、编写教案的要求

（一）了解学生情况

教案的编写应建立在了解学生情况、钻研教材教法的基础上，并根据学期教学工作计划中的教学进度和学生的实际来编写。

（二）确定每次课的任务应做到：全面、具体、明确、切合实际

1. 全　面

应包括思想教育；掌握技术技能；培养能力三方面的任务。也就是我们通常所说的，既要有教育任务、教养任务，又要有能力培养任务。

2. 具　体

任务中应指明完成任务的手段和措施。

3. 明　确

任务不能含混笼统，应反映出课的类型（如：是学习课还是复习课），同时应指出对学生在掌握教材程度上的要求，如："初步掌握"；"较好掌握"；"熟练掌握" 等。

4. 切合实际

所提出的任务符合进度要求，能反映出课上学生所应掌握教材的程度。

（三）文字要简练、清楚、工整，并注意正确运用体操术语

教案中所涉及的动作名称和做法，要用体操术语表述，并做到简练、易懂。

（四）注意教案左右栏的合理布局

如果采用案例一的格式，在左右栏的布局上就更要引起重视。一般来说，在"课的内容"一栏内，应写项目名称、动作名称、动作要领及技术规格。在"组织教法"一栏中，应写教学步骤和组织措施。同一内容的书写，在左右栏中要对应整齐，不要错位。

（五）教案内容要完整、细致

在教案中除任务、教材内容、教学步骤、运动量、时间、教育措施等内容外，还应体现对见习生活动内容的安排，以及场地器材的运用与布置。

（六）要善于运用绘图来表示动作的做法和组织方法，做到图文并茂

一般来说，徒手体操和持轻器械体操动作，可用单线条或双线条的简易人体动作图解。各项练习的队伍要求及队形变化可用"×××××"来表示。教师的站位可用"△"来表示。各项器械可用以下图示来表示。

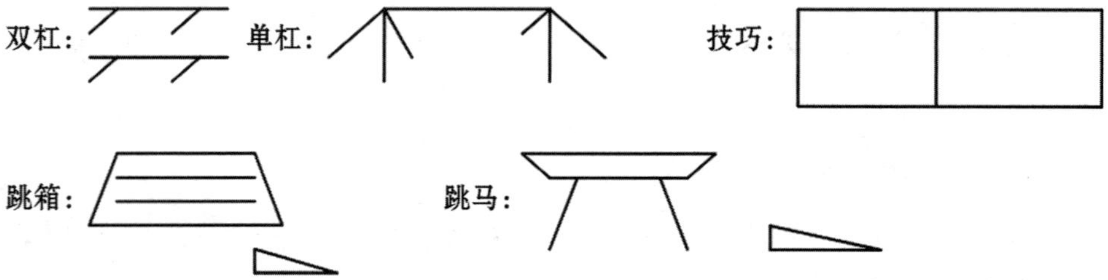

案例：4.12　体操课准备部分教案（仅供参考）

课次：<u>　×　</u>年级<u>　××　</u>班级<u>　××　</u>人数<u>　35　</u>日期：　×年　×月　×日

课的任务：1. 通过队列队形练习培养学生严格的组织纪律性。

2. 使学生初步掌握原地一（二）列横队变二（一）列横队的练习方法及定位徒手操1～7节成套动作练习方法。

3. 通过“接力赛”游戏的练习，培养学生快速反应能力。

课的结构	课的内容	时间	分量	组织与教法
准备部分 20～25分钟	一、开始部分 1. 值日生集合整队，报告人数。 2. 师生问好。 3. 教师进行着装检查。 4. 宣布课的任务与要求。 任务：同上（略） 要求：服从命令，听从指挥。认真练习，能完成任务。 5. 安排见习生。 要求：认真做好笔记，并能克服困难，协助同学练习。	1～2分钟		1. 队形 × × × × × × × × × × × × × × × × △ 2. 师生问好，声音宏亮，精神饱满。 3. 着装整齐、衣物放整齐。 4. 宣布任务简明扼要，进行简明思想动员，明确要求，提高积极性。 5. 见习生应在指定位置见习。 安排见习生进行力所能及的活动。
	二、队列队形练习 1. 学习原地一列变二列 口令：成二列横队——走！ 要领：全体先1～2报数，听到口令后，1数不动，2数向右后退一步到1数学生后面，然后自动对正看齐。 队形： ↖ ↖ ↖ ↖ ↖ × × × × × × × × × △ 2. 学习原地二列变一列 口令：成一列横队——走！ 要领：先取一臂相隔，听到口令后，前排学生不动，后排的学生向左前上一步到前排学生的左侧，然后自动看齐。 队形： × × × × × × × ↘ ↘ ↘ ↘ ↘ ↘ ↘ × × × × × × × △	共5～6分钟	各2～3遍	1. 教法 （1）示范、讲解、明确要领。 （2）下达口令练习。 （3）分组进行指挥。 （4）讲评、纠正错误，重复练习。 （5）小结存在问题及注意事项。 2. 教法 （1）由二列横队开始练习。 （2）示范、讲解、明确要领。 （3）两个队列结合进行练习。 （4）纠正错误，重复练习。 （5）小结完成情况。

课的结构	课的内容	时间	分量	组织与教法
	三、学习徒手操 调队： 方法：一路纵队绕场行进，成三路纵队向左转走，踏步成体操队形散开，立定，向左转。	8 ~ 10 分钟		三、队形：三列横队 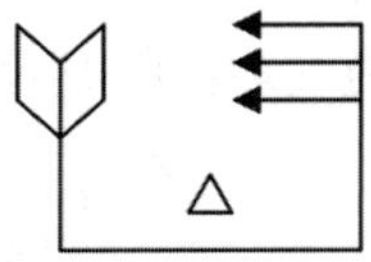
	第一节　伸展运动 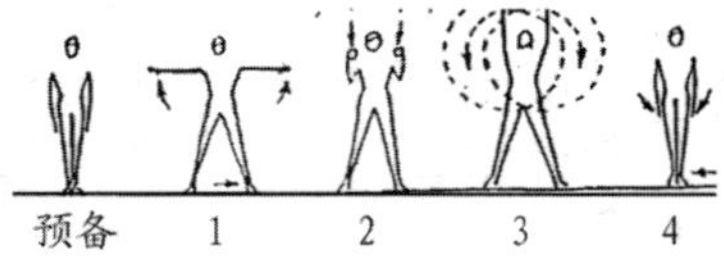 预备：正立 1 – 左脚向左侧一步同时两臂侧平举 2 – 两臂经上举成肩侧屈 3 – 两臂经上举向外绕环成上举 4 – 两臂经侧还原成预备姿势 5 ~ 8 同 1 ~ 4 但方向相反 要求：动作伸展。		4 × 8 拍	第一节 (1) 镜面示范 1 × 8 拍 (2) 边讲解，边带领同学慢动作练习 1 × 8 拍 (3) 提出完成动作的要求 (4) 正常节奏练习 2 × 8 拍 (5) 酌情纠正错误 (6) 完整动作练习 2 × 8 拍
	第二节　四肢运动 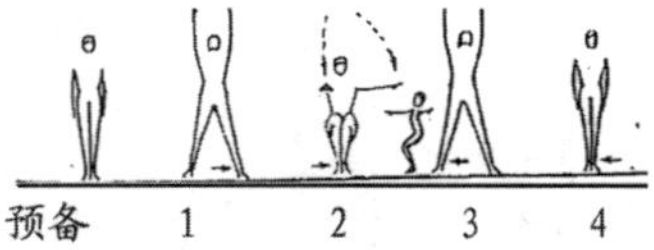 预备：正立 1 – 左脚向左侧一步同时两臂上举 2 – 右脚并左脚半蹲同时右臂前举，左臂侧举，掌心向下 3 – 右脚向右侧一步同时两臂上举 4 – 两臂经侧还原成预备姿势 5 ~ 8 同 1 – 4 但方向相反 要求：上举时两臂伸直紧贴两耳。		4 × 8 拍	第二节 (1) 镜面示范 1 × 8 拍 (2) 边讲解，边带领同学慢动作练习 1 × 8 拍 (3) 提出完成动作的要求 (4) 正常节奏练习 2 × 8 拍 (5) 酌情纠正错误 (6) 完整练习 2 × 8 拍
	第三节　踢腿运动 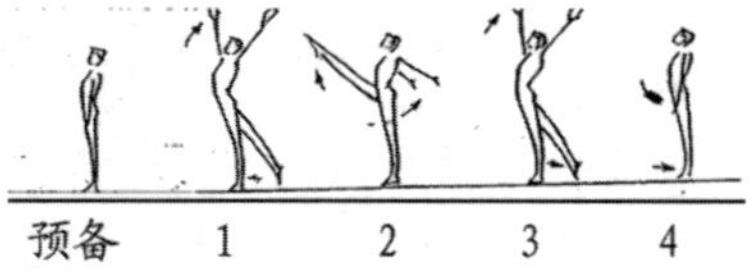 预备：正立 1 – 左脚向前一步同时两臂经前至侧上举 2 – 踢右腿同时两臂经前后摆 3 – 同 1		4 × 8 拍	第三节 (1) 侧面示范 1 × 8 拍 (2) 边讲解，边带领同学慢动作练习 1 × 8 拍 (3) 提出完成动作的要求

课的结构	课的内容	时间	分量	组织与教法
	4－还原成预备姿势 5～8 同 1－4 但方向相反 要求：踢腿时脚尖绷直，腿伸直。		4×8 拍	（4）正常节奏练习 2×8 拍 （5）酌情纠正错误 （6）完整练习 2×8 拍
	第四节　体侧运动 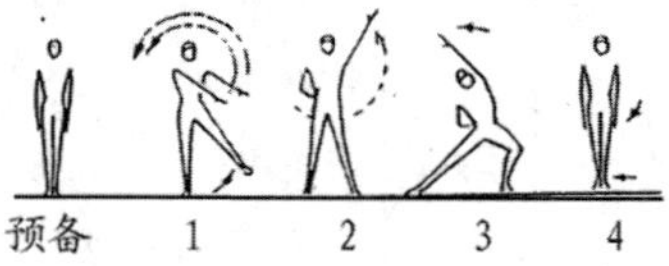 预备：正立 1－左脚向侧摆同时两臂向左绕 2－左脚下落同时右臂绕至叉腰，左臂绕环至侧上举 3－左侧弓步同时身体向右侧振一次 4－还原成预备姿势 5～8 同 1－4 但方向相反 要求：身体向侧振时充分而有力。		4×8 拍	第四节 （1）镜面示范 1×8 拍 （2）边讲解，边带领同学慢动作练习 1×8 拍 （3）提出完成动作的要求 （4）正常节奏练习 2×8 拍 （5）酌情纠正错误 （6）完整练习 2×8 拍
	第五节　体转运动 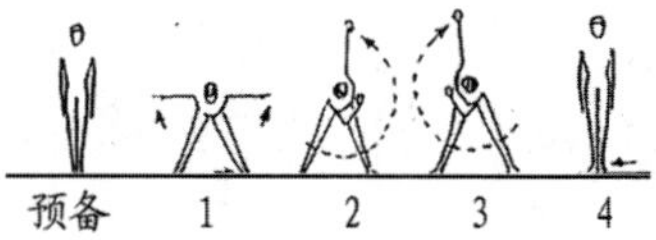 预备：正立 1－左脚向侧一步同时上体前屈成水平，两臂侧平举 2－上体向左转左臂外举，右臂屈肘，握拳 3－同 2－但方向相反 4－还原成预备姿势 5～8 同 1－4 但方向相反 要求：转体充分。		4×8 拍	第五节 （1）镜面示范 1×8 拍 （2）边讲解，边带领同学慢动作练习 1×8 拍 （3）提出完成动作的要求 （4）正常节奏练习 2×8 拍 （5）酌情纠正错误 （6）完整练习 2×8 拍
	第六节　腹背运动 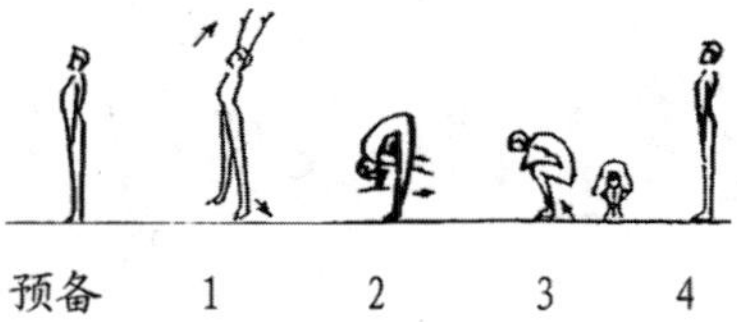 预备：正立 1－左脚向左侧一步同时两臂上举，掌心向前		4×8 拍	第六节 （1）侧面示范 1×8 拍

课的结构	课的内容	时间	分量	组织与教法
	2－上体前屈同时两臂从跨下后伸 3－左脚收回全蹲同时两手扶膝关节 4－还原成预备姿势 5～8 同 1－4 但方向相反 要求：体前屈时不得屈膝。		4×8 拍	（2）边讲解，边带领同学慢动作练习 1×8 拍 （3）提出完成动作的要求 （4）正常节奏练习 2×8 拍 （5）酌情纠正错误 （6）完整练习 2×8 拍
	第七节　跳跃运动 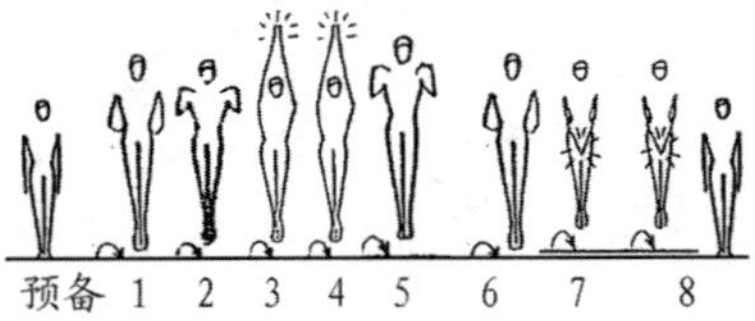 预备：正立 1－原地跳一次同时双手叉腰 2－原地跳一次同时双臂肩侧屈手触肩 3－原地跳一次同时双臂上举击掌一次 4－同 3；5－同 2；6－同 1 7－原地跳一次同时双手体前击掌 8－原地跳一次同时双手体前击掌还原成预备姿势。 要求：动作轻盈，上举击掌臂伸直。		4×8 拍	第七节 （1）镜面示范 1×8 拍 （2）边讲解，边带领同学慢动作练习 1×8 拍 （3）提出完成动作的要求 （4）正常节奏练习 2×8 拍 （5）酌情纠正错误 （6）完整练习 2×8 拍
	四、游戏 名称：传球接力赛 方法：分成二组，各组最后一名学生持球。听到口令后，最后一名学生持球跑到队前，从胯下抛球到队尾，队尾的学生接球后迅速跑到队前，再将球从胯下传到队尾，依此进行，全队先传完快者为胜者。 规则：三局两胜，必须从胯下抛球，违规者判为输方。 输方罚俯卧撑 5 次。 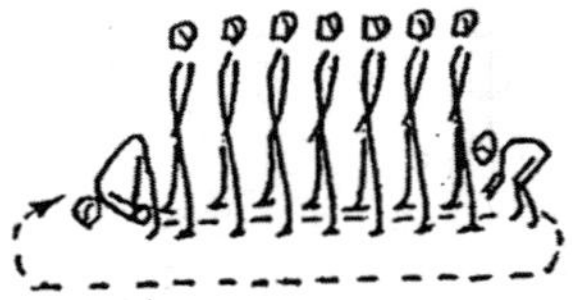	5～6 分钟	3～4 遍	四、游戏组织 1. 成二路纵队，分成二组，排头同学持球准备进行比赛。 2. 见习生担任裁判。 教法： （1）讲解演示游戏的方法。 （2）集体预演一遍。 （3）正式比赛开始，共 3 局。 （4）游戏，小结。 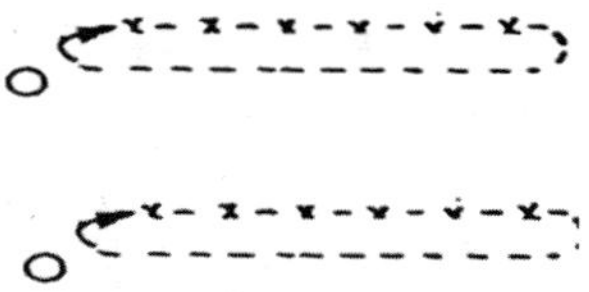

课的结构	课的内容	时间	分量	组织与教法
	五、小结：对任务完成情况与学生课堂表现进行小结。	1 分钟		五、队形：×××××××× ×××××××× △ 要求： 1. 简明扼要，鼓励为主。 2. 实事求是，严肃认真，虚心听讲。
场地器材	提前 10~15 分钟到场清理场地，准备器材：2 个实心球。	课后小结		

思考题：

1. 制订学期（学年）教学工作计划的基本程序及要求是什么？
2. 编写教案有哪些基本的要求？

第五章 体操教学课的组织与方法

内容提要

体操教学是在体操教学课程设计完成之后，所进行的一项系统而细致的工作，是将体操教学课程设计的蓝图付诸实施的过程。

体操教学课的组织过程是指，教师遵循体育教学基本原则及运动技能形成规律，发挥学生的主动性，调整和理顺学生、教学目的、教学内容、教学方法、教学环境、信息传递等各要素之间的关系的过程。

体操教学能否获得最佳教学效果，很大程度上取决于教师的组织与教学方法的运用。而教师组织手段、方法的运用与体操课的类型、结构紧密关联。

理解和掌握体操课的类型与结构，了解体操教学过程对体操教学实践具有重要的指导意义。

本章概括了体操教学的常用方法，介绍了体操教学课的一般程序，并对教学课的组织与教法进行了实用性阐述。

关键词： 组织　方法　课的类型　课的结构　一般程序

体操教学是在体操教师和学生共同参与下，通过运用适当的方法，以徒手、手持轻器械和在器械上的各种身体练习为主要手段，以健身、健美、发展运动技能为主要内容，塑造学生健美体态、培养良好心理品质、增进身心健康为目的的一种体育教育活动。

体操教学是在体操教学课程设计完成之后，所进行的一项系统而细致的工作，是将体操教学课程设计的蓝图付诸实施的过程。

体操教学中，教师遵循体育教学基本原则及运动技能形成规律，发挥学生的主动性，调整和理顺学生、教学目的、教学内容、教学方法、教学环境、信息传递等各要素之间的关系的过程，我们称之为体操教学的组织过程。

体操教学能否获得最佳教学效果，很大程度上取决于教师的组织与教学方法的运用。而教师组织手段、方法的运用与体操课的类型、结构紧密关联。

第一节 体操课的类型与结构

一、体操课的类型

体操实践课，根据不同阶段的具体任务，这一类型的课程可分为：教学课、技术训练课、身体训练课、检查课、模拟课、恢复课等。每一类型的课程，都有其与名称相关的性质。也就是说，每一个名称代表了每一种课程的性质。

（一）教学课

教学课主要是指，教师教授初学者，使其建立动作概念、体会动作感觉、最终能够独立完成动作的一种以教学作业形式为主的课型。如体育院校的体操普修课，以及中学、小学中的体操课，就是以教学课作业形式为主的一类课。这类课对教师示范动作的质量，和对动作描述的准确性要求较高，是体现教师教学基本功的一类课。

（二）技术训练课

技术训练课是指，以独立掌握了大纲动作的学生为授课对象，以提高学生完成动作的准确性和熟练性，进而能自如地运用到联合动作和成套动作中，在体操比赛、通级赛及考试中获得优异成绩为目的的一类体操课。如体育院校的体操专修课；中学、小学、业余体校体操队的业余训练课；体操专业队的训练等，就是以训练课作业形式为主的一类课。是体操训练过程中最常见的课的类型。

在此应强调指出的是，纯训练课形式应在到达竞赛期的中前期或中期得到完善。在此之前有一段时期为教学课与训练课的过渡时期。

（三）身体训练课

身体训练课是指，以提高学生身体素质为目的的课的类型。通常不作为一堂课单独出现，一般安排在一堂课的最后部分。

（四）模拟课

模拟课又称为实战演习课，是学生考试前或比赛前，根据考试或比赛的场景、比赛的顺序、要求、内容进行练习的一类课。

以考试为目的的模拟课，应依据考试的内容和要求来进行安排。通常安排在考试的前一周进行。

以比赛为目的的模拟课，应依据竞赛规程、比赛时间和出场顺序来进行安排。通常安排在赛前进行。

（五）恢复课

恢复课是指，在运动员进行大运动量训练、大赛后或学生开学初期所进行的训练课。这一类型的课，通常采用减少技术训练比率、降低运动强度及转移训练场地等多种手段，以达到使中枢神经系统和各运动器官有效恢复的目的。

二、体操课的结构

课的结构是指，一堂课的组成部分以及各组成部分中内容安排的顺序、各练习之间的有机联系和时间的分配。课的结构是由课的类型决定的，不同类型的课有不同的结构。

但是，不同类型的课虽然在具体结构上有所不同，但在基本结构上都包含有：准备阶段（部分）、基本阶段（部分）、结束阶段（部分）。

体操课，从教程进行和内容结构来看，教程的顺序一般是：准备——运动体验——掌握技能——巩固技能——调节。其模式结构见图 5－1。

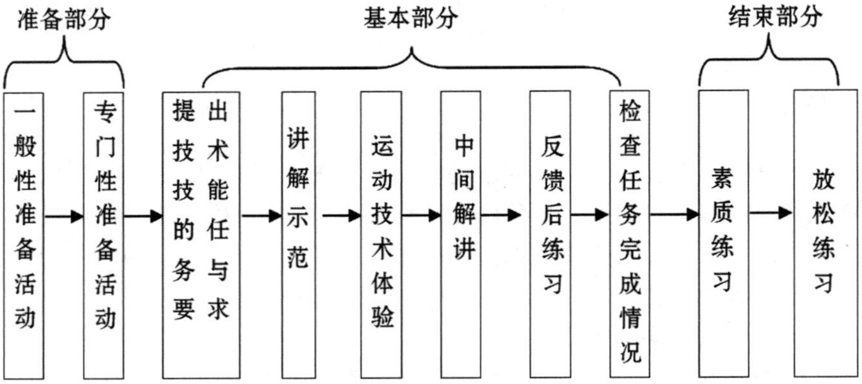

图 5－1

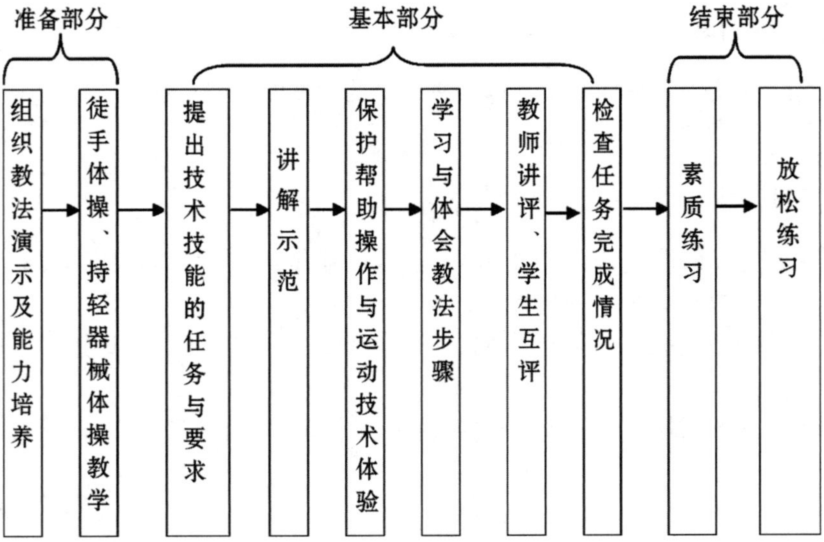

图 5－2

但是，在体育院校的体操教学中，由于教学对象不是一般意义上的练习者，他们都是未来的体育或体操教师，因而使得体育院校的体操教学有了职业培训烙印。所以在体育院校的体操教学中，在具体结构上与其他对象的教学模式结构有一定的区别。

从图5－2中可见，在准备部分已不是单一的热身准备，而是包含了体操基础知识更大层面的准备。在基本部分的教学中除要求学生掌握技术动作外，还注重学生的分析问题能力、纠正错误能力、保护帮助能力以及讲解能力的培养。

第二节　体操教学的常用方法

体操教学方法是指，在体操教学过程中为了完成教学任务所采用的措施和办法，是完成体操教学任务、内容的手段和途径，它反映着教学的出发点和要达到的目的。

在体操教学中，教师为了完成教学任务引导学生掌握体操技能，通常采用的方法有：示范法、讲解法、带领法、口令法、提示法、完整法、分解法、练习法、保护帮助法、测验法等。

一、示范法

示范法：教师或优秀学生将教授的动作，按照教授的目的，以具体的动作形象、结构、要领和方法完成动作。

教授的目的如下。

（一）为学习新动作的示范

这种示范要求示范者示范的动作准确、优美。

（二）为纠正错误动作的示范

这种示范要求示范者示范的动作结构具有错误的典型性。

二、讲解法

讲解法：教师运用体操术语向同学说明所教授动作的名称、要领和教法，着重揭示完成动作的关键及原理。

三、口令法、提示法

（一）口令法

口令法：用简洁的语言以命令式的方法，有效地指挥学生活动。如队列队形练习，队伍的调动和做操等，都是在教师的口令下进行的。口令是体操教师的基本技能之一。

（二）提示法

有语言提示和手势提示。

1. 语言提示

语言提示：教师用简练的语言指导和提醒学生注意。例如："抬头"、"挺胸" 等。

2. 手势提示

手势提示：教师用手势指导学生练习，手势起到无声语言作用或定向作用。是器械体操教学不可缺少的手段。

四、带领法

带领法：在教师或优秀的学生带领下进行队列队形、徒手体操和持轻器械体操练习的方法。

五、动作描述引导法

动作描述引导法：教师用术语描述动作的做法，引导学生正确的完成动作。主要用于徒手体操及持轻器械体操的教学中，其特点是可以培养学生正确理解和运用体操术语的能力。

六、保护帮助法

保护帮助法：学生借助外力的帮助完成动作的方法。这种外力包括助力和阻力，学生通过自身触觉、肌肉的本体感觉直接体会用力的时机和大小、辨别空间方位、掌握动作要领。保护帮助法主要运用于器械体操教学中，又称助力和阻力法。

通过助力和阻力帮助学生完成动作，既有消除学生的恐惧心理，又可增加学生完成动作的信心和勇气。

助力和阻力既可用徒手，也可以利用保护带来进行。

七、完整法

完整法：教师将所传授的动作从开始姿势到结束姿势完整地进行教学的方法。这一方法通常用于技术结构十分简单或不能分解的较为复杂的动作。

八、分解法

分解法：教师将所传授的动作按其技术环节分成两个以上单独练习的部分进行教学的方法。分解的目的是为了完整的掌握动作，因此分解动作时要注意分解后的部分动作不应破坏和改变原有动作的主要技术结构。

九、练习法

练习法：学生在教师的指导下反复完成单个动作、联合动作和成套动作，以形成技能和技巧的方法。

十、测验法

测验法：教师或相关人员变化角色成为裁判员，依据大纲、计划或规则对学生掌握的动作进行评价。

第三节　体操课的组织与进行

一、体操课教学组织的一般程序

体操课教学组织程序：以课的任务、学生的实际、教学内容、场地器材、以及时间分配为依据，对一堂课中不同部分教学进程的合理排序。

按照体操教学课的结构可分为：准备部分教学组织程序、基本部分教学组织程序和结束部分教学组织程序。

（一）准备部分的教学组织程序

准备部分：由班长整队、向教师报告开始，到教师对该部分的教学情况的小结结束为止的这一段时间。体操教学课准备部分是进行体操教学不可缺少的一个组成部分，准备部分组织严密与否，内容选择、安排以及所采用的教法合理与否，都将对基本部分能否顺利进行、教学任务能否完成有着直接关联。体操教学课准备部分，常常作为培养学生教学组织能力的一个重要手段，亦是体现教师教学组织能力的一个重要方面。

准备部分教学的进程顺序一般如下。

1. 班长（或值日生）整队

检查人数，向教师报告，师生问好。

2. 教师宣布本课任务及要求

检查学生的服装是否符合要求；安排见习生的活动内容并提出要求。

以上两项步骤，通常也叫开始部分。是课堂常规要求的体现。

3. 安排一项提高学生注意力的小型游戏

如“反口令练习”、“叫号赛跑”等。

注：此项内容教师可依据上课时间及学生的实际情况来选择是否采用。

4. 安排行进间走、跑、跳练习或队列队形练习

在普通中小学及普通高等院校的体操教学中，这一步骤通常安排走、跑、跳练习。而在体育院校的体操教学中，这一步骤通常安排队列队形练习的内容。

行进间练习的组织与教法一般有以下步骤。

（1）调队：将队伍调整成纵队并绕场地行进。

（2）讲解、示范动作。

（3）教师领做。

（4）纠正错误动作。

（5）在教师口令指挥下学生完成练习。

（6）讲评与小结。

队列队形练习的组织与教法一般有以下步骤。

（1）讲解、示范动作。

（2）教师下达口令，学生完成动作。

（3）学生下达口令，并完成动作。

（4）分组进行轮流讲解与指挥练习。

（5）讲评、比赛、小结。

5. 安排定位徒手体操或行进间徒手体操或持轻器械体操

定位徒手体操或持轻器械体操的组织与教法一般有以下步骤。

（1）调动队伍组成做操队形。

（2）组织分发器材（指轻器械体操）。

（3）讲解：动作名称、持轻器械方法（指轻器械体操）。

（4）示范动作并提出规格要求。

（5）讲解动作做法同时慢动作领做。

（6）正常速度领做。

（7）纠正错误动作。

（8）组织回收器材（指轻器械体操）。

（9）讲评、小结。

（行进间徒手体操的组织，参见行进间练习）

6. 安排游戏

游戏的组织与教法一般有以下步骤。

（1）调队：按游戏做法的要求将队伍调整好。

（2）示范并同时讲解游戏的做法及规则要求。

（3）教师或指定学生下达游戏开始的口令。

（4）依游戏结果，执行游戏规则要求。

（5）讲评与小结。

（二）基本部分的教学组织程序

基本部分：由教师宣布基本部分任务开始，到最后一项教材练习结束为止的这一段时间。基本部分是体操教学课的主要部分，体操的教学任务大多要在基本部分来完成。因此，基本部分内容的组织与实施，对体操教学目标的达成至关重要。

基本部分的组织与教法一般有以下步骤。

1. 布置器械

在体操教学中器械基本上是固定的，但在课前还应该检查器械是否牢固。这里的器械主要是指体操垫子的布置、双杠、山羊、跳箱的升降等。在布置器械时要注意垫子的摆放要平整，垫子与垫子之间不要有缝隙，垫子摆放的长度和宽度要有利于完成动作，双杠、山羊、跳箱的升降要符合练习者的需求。

2. 介绍动作名称提出对学生的具体要求

教师主要向学生介绍本次课主要复习或学习动作的名称，并使学生明确本次课要达到的标准。

3. 进行专项准备活动

组织学生进行与所要学习的项目及动作有关的针对性练习。

4. 组织示范队形

根据学生的人数，以及不同器械对示范队伍进行合理排列。

5. 完整动作示范

示范动作要有目的性。如新授教材，为了使学生建立完整的动作表象，一般可先做一次完整动作示范。完整示范是教师或优秀的学生进行单个动作、联合动作或成套动作的直观演示，示范的动作要力求做得规范、正确、轻松和优美，能给学生留下深刻印象，使学生看完示范后就产生跃跃欲试之感。

6. 讲解动作要点

在学生建立完整动作表象后，讲解动作技术要点。

7. 关键技术示范

为了使讲解的关键技术形象化，教师要将同学的注意力集中到关键技术上来，然后进行动作示范，使同学加深对关键技术的认识。

8. 保护帮助

教师请一名学生做动作，教师进行保护帮助的示范。首先讲解保护者站位，然后进行完整动作保护帮助示范，接着讲解保护帮助的手法，最后请同学实践。

9. 分组进行分解动作练习、辅助动作练习、完整动作练习

同学之间在相互保护帮助下进行动作练习，在熟练掌握动作后进行完整动作独立练习。

10. 纠正动作错误

根据学生掌握动作中出现的错误，教师给予及时纠正。对已改正错误动作的学生，教师提出新的质量标准，使其通过反复的练习达到动作的理想标准。

11. 检查、讲评动作完成情况

通过检查评比使学生知道自己的差距，学习别人的优点，明确今后努力的方向。

(三) 结束部分的教学组织程序

结束部分：基本部分最后一项教材练习结束到下课之前的这一段时间。结束部分在整个课的构成中，虽然所占的比重不大，但仍然是体操教学课中不可缺少的组成部分。它也有自身的任务、内容以及组织与教法的程序。在体操的教学中对结束部分的教学也应引起重视。结束部分的组织与教法一般有以下步骤。

1. 集　合

组织形成合理的做放松练习的队形。

2. 放　松

在教师带领下或在音乐伴奏下进行放松练习；或进行个人或两人之间的肌肉放松按摩。

3. 归还器械

收拾、整理场地器材。

4. 小　结

进行课的小结、讲评，布置下次课的内容，提出课后要求。

二、体操教学课组织与教法要点提示

（一）准备部分组织与教法要点提示

1. 组织工作及要求

（1）善于利用语言的鼓动作用

教学是一个双边活动的过程，如果只有教师的主导作用而无学生的能动作用，这样的课是不可能形成生动、活泼、主动的局面。故而也就不可能是一堂好课。如何把学生的积极性调动起来，使他们充分发挥能动作用，这是组织教学必须解决的问题。在解决这一问题时，语言的作用是不可忽视的。教师应仔细地注视整个教学进程，随时环顾每个学生，及时发现学生的优点，及时给予表扬，在对违反课堂纪律的学生进行批评时，应采用“间接式”和“鼓励式”的方法，并注意语调上的平稳以及表情上的和蔼，充分发挥语言的鼓励作用，使学生感到教师的批评是发自内心的爱护，从而把教师的严格要求变为自觉的行动。

（2）组织工作要严密化、多样化

整个准备部分的进程，应有高度的计划性，无论是一开始上课时的集合队伍的组织；做操、游戏的队伍组织；还是器材的分发、收拾，以及教师的行动路线、位置和队形的变换上，都要做到井井有条，秩序良好。

在各练习之间的衔接上应避免过多的不必要的调队，最好做到前一个练习结束时的队形，就是下一个练习的开始队形，做到合理使用每一分一秒，使组织工作严密化。

另外在调队的方法上，各种练习的组织上，以及器材的分发与回收的方式上做到多样化，使整个课动静相交，能收能放，体现出“严而不死，活而不乱”的气氛来。

（3）组织工作应具有灵活性

在准备部分的进程中，什么时候讲解、示范，什么时候调队，在什么样的队形上做操等一系列组织工作，都是教师在备课时所必须考虑好的，但在实际实施中，由于客观情况的变化教师就不能再机械地执行教案，而应灵活地、机智地根据实际情况来组织教学，不为教案所束缚。

（4）合理组织做操队形

为获得良好的做操效果，应合理组织做操队形。常用定位操练习的队形有：长方形、正方形、半圆形、“八”字形、梯形等。行进间操可采用一路或多路纵队，还可采用数列横队，一列一列依次进行。双人操练习可采用左右配对，也可前后配对。

无论什么队形，均应注意下列几点。

①合理选择做操形式。行进间操和双人操比定位操和单人操无论在组织练习上还是在动作完成上，都要难得多，对基础较差或年龄较小的练习者来说，可选择单人定位操形式进行练习。

②根据人数的多少、场地的大小组织做操队形。如场地较小而且人数较多时，一般采用方形队形，不宜采用圆形队形。

③便于练习者看清领操员的示范动作，又有利于领操员的指挥。

④调整好队形的间隔和距离。练习者的前、后、左、右不能相碰。做操时，练习者之间左右间隔一般为两臂，前后为两步距离。做棍操练习的队形，在左、右间隔上应大于其他练习队形的间隔。

⑤选择合理的队形朝向。使练习者尽可能避免风向、阳光的影响和环境的干扰。

⑥根据操的内容选择队形的排列。如做双人动作时，可采用二列或四列横队，以便配对做操。

（5）组织工作应惯彻始终

组织教学工作不仅应在课的开始时进行，而且还应贯穿在整个教学过程，直到课的结束。

2. 教法要点

（1）选择正确的示范位置、示范面和示范方法

示范的目的在于使学生建立正确、完整的直观形象。因此教师在示范时，除要求动作清楚、部位准确、速度恰当、节奏分明、时机适宜、精神饱满外，还应选择便于全体学生都能看清楚示范动作的位置。

①示范位置

示范位置应根据学生的人数、练习的队形来选择。一般来说，方形、长方形的练习队形，示范的位置应在与前排形成的等腰三角的顶点上。圆形、半圆形的队形，示范位置应在圆心上。人数较多时可采用高位置示范。行进间练习一般选择是在纵队前三分之一的位置。

②示范面

在准备部分教学中的示范面有：镜面示范、侧面示范、背面示范。

a. 镜面示范

镜面示范：示范者面对学生，示范者的动作方向与学生的动作方向相反，即要求学生的动作方向向左，那么示范者的动作方向必须向右的示范，两者的关系如同照镜子。是徒手体操、持轻器械体操教学中基本的示范面。

其特点是：有利于教师在领操的同时观察指导学生完成动作；但不适合于动作方向比较复杂的动作。

b. 侧面示范

侧面示范：示范者侧对学生的示范。为显示动作的前、后方向，及纠正前、后的动作错误时，通常可采用侧面示范。如：腹背运动、踢腿运动等。

其特点是：有利于练习者看清前、后动作做法及要求，但不宜用于领操和完整动作示范。

c. 背面示范

背面示范：示范者背对学生的示范。对方向、路线较复杂或身体各部分配合较难的动作的教学，通常可采用背面示范。

其特点是：便于学生模仿，但不利于教师的观察指导，通常与镜面示范配合使用。

③示范方法

在准备部分教学中的示范方法有，分解示范、完整示范、常速示范、慢速示范。

a. 分解示范

分解示范：将动作分段或分拍进行的示范。为使初学者明确动作的正确位置和动作路线等具体要求，通常采用分解示范。

b. 完整示范

完整示范：将动作从头至尾完整进行的示范。为使初学者了解动作的全过程或分解教学向完整动作练习过渡时，通常采用完整示范。

c. 常速示范

常速示范：动作正常速度的示范。当动作比较简单或练习者水平较高时，通常采用常速示范。

d. 慢速示范

慢速示范：放慢动作速度的示范。为使初学者了解比较复杂的动作全过程，通常采用慢速示范。

上述方法，教师在实际运用中，应根据动作的难易和学生的实际水平来合理选择。动作简单、学生有一定的水平，可按正常速度示范。动作复杂，而教学对象又是初学者，在示范时应采用放慢速度的示范或采用先分解后完整的示范方法并配合讲解进行。

（2）讲解应突出重点

应重点讲学生不易看见的内在联系和不易理解的规律性的内容。如：动作的要点、难点、部位、方向、路线、方法、身体各部位的配合及动作要求等。一般不要描述动作的全过程，应做到简明扼要、生动形象、通俗易懂，并与示范能有机结合。

（3）口令运用要准确到位

在体操教学中，特别是准备部分的教学中，口令的作用是极为重要的。它不仅是调动队伍和指挥做操的重要手段，对提高学生的学习兴趣、振奋精神以及树立教师的形象都有着十分重要的作用。

对体操教师来说，口令的运用不能仅要求做到准确、不出错误，而是要在不出错误的基础上，能达到一定的层次，即：“到位”。所谓“到位”是指：能根据做操人数、练习环境、动作幅度的大小、用力程度和动作性质的不同，所发出的口令能有快慢、强弱之分，并且清脆、宏亮、有力、节奏感强，并对学生有极强的感染力。

根据口令功能的不同，在教学中常用的口令可分为以下五种。

a. 预令——动作开始前的准备口令。

b. 动令——动作开始的命令。

c. 节拍口令——有一定节奏、速度要求的数字口令。

d. 提示口令——动作过程中的预先提醒口令。

这种口令在准备部分的教学中是必不可少的，特别是对于初学者而言，这种口令的运用率就更高。这种口令一般用来提醒学生注意：

动作的方向——如："向左"、"向右" 等。

肌肉的用力要求——如："放松"、"用力" 等。

动作之间的衔接——如："再做"。

正确的动作要求——如："提踵"、"腿伸直" 等。

e. 停止口令——停止或结束动作的命令。

此外，在准备部分的教学中还可以用哨声、击掌、手势、音乐伴奏等方法来提高学生练习的积极性。还可通过学生自喊口令、师生同喊口令、以及师生交替喊口令等方法加强学生的口令训练；提高学生口令指挥能力。

(4) 合理采用纠正错误动作的方法

教师除要注意观察学生的练习，及时发现错误进行及时纠正外，还应注意采用合理的纠正方法。

常用的纠正错误方法如下。

①不中断练习的纠正

不中断练习的纠正：对个别学生的错误，可用简短语言、目光、手势来给予明示或暗示，或课后进行个别纠正，不应中断全体学生的练习。

②停止练习的纠正

停止练习的纠正：如对多数学生共同性的错误，或在动作开始学习阶段，发现动作错误时应及时停止练习进行纠正。

③相互纠正

相互纠正：采用学生一对一相互纠正的办法。

④综合方法纠正

综合方法纠正：通过讲解、错误动作演示、慢领做、辅助练习等手段，对错误动作进行及时纠正。

(5) 注重"导法"与"学法"有机结合

在教学方法手段的选择上，应重视各种教学方法手段的综合性、层次性。在采用传统的教学方法和手段时，应强调教师的"导法"与学生的"学法"有机结合。使学生成为获取知识的主动者，而非消极的知识接受者。所以要求教师，应把获取知识的方法教给学生，既要"授之鱼"，更要"授之以渔"。

所以，在教学中还应重视以下方法的运用。

①举一反三法

举一反三法：要求学生在掌握老师所教内容的基础上，能进行思辩的方法。如在进行队列队形教学中，在教会学生"一列变二列"的做法后，与之相同类的内容，如："一列变三列"、"一路变二路"、"一路变三路"等，均可让学生相互间自主教学，教师只需在一旁引导即可。这看似简单的师生位置互换，实质上是以学生为主体的教学理念的体现。"举一反三法"的运用，不仅能提高教学效率，也为学生的自我学习、自我才华及能力的展示提供了舞台和空间。

②要素合成法

要素合成法：注重动作构成要素的教学方法。在徒手体操的教学中，通常是教师事先编好一套7~8节的成套动作，然后教给学生。从培养未来教师的角度来看，这一传统的方法，并不是十分合适。因为长时间机械模仿，对学生的学习积极性会有所挫伤，学生也不一定能够记得住老师所教的成套动作。这不仅影响了教学的效率，而且，使学生的主体功能也未能得到体现。

在教学实践中，应把教学的重点放在成套动作的构成要素上。并对每个要素所能构成的身体练习进行举例，如，手臂的“举”与上肢运动的关系；“振”与扩胸运动的关系等。然后让学生依据所掌握的各个要素，进行自我创编、组合。这种“要素合成法”的运用，不仅为学生提高创编能力提供了机会，亦是“授之以渔”观念的体现。

③相互观摩与互评法

相互观摩与互评法：引导学生在相互观摩中，对同伴练习效果、方法、出现的错误等进行评价的教学方法。

在长期的体操教学中，评价通常只是教师的事。教师的“一言堂”反映的是“教师为主体，学生为客体”的教学观念。而现代教学要求的是，体现学生在学习过程中的主体性。“相互观摩与互评法”的运用，所体现的正是以学生为主体的现代教学观。在观摩中能看出同伴的问题所在，要求每位学生在脑海中必须有一把“准确的量尺”。而这把“准确的量尺”只有在不断观察、分析与评价中才能建立起来。在体育院校中，我们今天的学生就是明天的教师，从教师职业培训的角度，让学生在学校期间，就养成这种善于观察、分析与评价的习惯，正是“相互观摩与互评法”在体操教学中的功能体现。

（二）基本部分组织与教法要点提示

1. 组织工作及要求

在基本部分中，井然有序的组织不仅有利于学生学习掌握动作技能，同时也是保证安全教学的一项措施。基本部分中教学组织工作除各项教材的时间分配外，还包括场地器材的布置、各项练习的组织形式、示范及观摩时的队伍排列、以及思想上的动员和疏导等工作。

教师在基本部分的教学组织中应达到以下要求。

(1) 首先要建立良好的课堂纪律

教师应从组队开始就要对学生提出课中的组织纪律要求，培养学生严肃认真的态度、遵守纪律的习惯，是防止伤害事故的有效措施。

(2) 建立井然有序的练习秩序

在学生进行练习过程中，教师应要求学生做到，除在器械上做动作及在器械旁进行保护的同学外，其余学生都坐在器械旁的长凳上，并对练习者进行观摩。同时使每个学生的练习顺序相对固定，建立起井然有序的练习秩序，做到“人闲器械不闲”，以保证课的有效密度。

(3) 合理布置场地器材

所谓合理是指，场地器材的布置要有利于教学的进行、能达到课的运动量的基本要求、无安全隐患。

①器械的布置不能分布太散，应相对集中，每两个器械之间应留有足够的空间。做到有利于教师的讲解、示范；有利于学生的练习与观摩。

②在器械的数量上，应根据授课班级的人数来安排，以保证达到课的运动量和密度的要求。一般来说，在体操普修课中，应做到 7 ~ 8 人拥有一项器械；在体操专修课中，应做到 4 ~ 5 人拥有一项器械。

③器械的布置要确保安全，做到器械稳固、垫子平整、位置适宜，能避日光直射。

(4) 灵活采用练习的组织形式

在体操基本部分的教学中，练习的组织形式主要有：分组同时练习、分组等时轮换练习、分组不等时轮换练习。每种组织形式都各有利弊，教师应根据教材的内容、任务以及学生的人数等具体情况，来灵活采用练习的组织形式。

分组同时练习：将学生分成若干个小组，在同等时间内进行同样教材的练习。这种组织形式的优点在于：组织工作相对容易；便于教师对学生练习情况的整体观察；有利于科学地安排教材内容。但对器材的数量要求相对较高。

分组等时轮换练习：将学生分成若干个小组，每个小组布置不同的教材进行练习，在同等时间内统一进行轮换。这种组织形式的优点在于：便于教师对重点、难点教材的把控，进行有针对性的教学。但不便于教师对学生练习情况的整体观察；组织工作上有一定的难度，易造成顾此失彼的情况。

分组不等时轮换练习：将学生分成若干个小组，每个小组布置不同的教材进行练习，但不进行统一轮换，而是依据各组完成所规定任务的先后顺序进行依次轮换。这种组织形式的优点在于：可避免在时间分配上的一刀切，能给予学生更多的依据自身的实际情况进行练习的自主权。但往往容易出现有的项目“排长队”，而有的项目却“冷场”的现象。

(5) 合理布局各项目示范和观摩时的队伍

在体操基本部分的教学中，为使学生能清晰地看到教师示范动作；清晰地观摩同伴的优点展示，合理布局各项目示范和观摩时的队伍，是一项必不可少的组织工作。

各项目的示范、观摩及练习时的队伍布局如下。

①技　巧

教师示范时，学生一般可排在垫子两侧。学生以组为单位在统一口令指挥下练习时，可在垫子的两边边线排成横队。学生以组为单位进行个人依次练习时，可在垫子的端线排成纵队。

②双　杠

一般可以在双杠的一侧排成二列横队。

③单　杠

一般可以在单杠的一侧排成二列横队，或在单杠的两侧各排成一列横队。

④支撑跳跃（跳箱、跳马、跳山羊）

示范或观摩时，队伍可排列于跳箱的两侧，练习时成一路纵队站于起跑线附近。

(6) 爱护学生学习的积极性

教师在每一次课的教学中，欲想达到良好的效果，均要采取有效措施，使练习者能积极主动地进行练习，完成每次课的任务。在爱护学生学习积极性的工作上，应注意以下几点：

①尊重学生并及时发现学生的优点，课上以鼓励为主。

②教师应了解每一位学生的潜力，提出适合学生实际水平的任务，使学生在不断完成任务中得到心理的满足，在这种满足中增加对体操学习的兴趣。

③采取多种手段，提高练习者对每次课的兴趣。

2. 教法要点

在进行基本部分的教学时，教师应考虑的教法要点有以下几方面。

（1）在讲解、示范、保护帮助等方法的运用上应体现出不同阶段的特点

根据运动生理学的研究结果可知，动作技能的形成是有其自身规律的，学生在学习每一个体操动作过程中，从不会到会，直至形成稳定的动力定型，都必须经历：粗略掌握动作阶段、改进提高阶段、巩固和运用自如阶段。由于每一个阶段都有着自己的特点，因而在教学任务上也相应存在着各自的差异，所以教师在基本部分的教学中，在讲解、示范、保护帮助等方法的运用上应体现出不同阶段的特点。

①粗略掌握动作阶段

在这一阶段中，由于大脑皮层兴奋过程扩散，内抑制较弱，处于泛化阶段，学生在动作中常表现出：过分紧张、不协调、有多余或错误动作，并伴随恐惧心理。

因此，这阶段的主要任务在于：帮助学生克服恐惧心理；防止和排除多余动作和错误动作；建立正确的动作概念；粗略掌握动作。

此阶段，在示范上应做到：完整示范与分解示范、重点示范、慢速示范相结合。

一般先做一次完整动作示范，使学生对所要学习的动作形态有一个完整印象。示范的动作要力求做到：规范、正确、轻松和优美，给学生留下深刻印象，产生跃跃欲试之感。

接着再做一次重点示范或分解示范或慢速示范，使学生明确本次课所要掌握的关键技术。

在讲解方面应做到：重点突出，使学生明确动作技术的关键所在，对动作细节可不作更多的要求。

在保护帮助的运用上：应多采用直接帮助的方法，使学生建立正确时间感、空间感。体会动作发力时机、发力方向及动作过程中肌肉用力的感觉。

②改进与提高动作阶段

在这一阶段中，由于大脑皮层兴奋相对集中，内抑制逐步发展巩固，处于分化阶段，学生的动作逐渐趋于准确、协调和轻松，但动作还不熟练，不能运用自如。因此，这阶段的主要任务在于：进一步掌握动作细节，提高动作的协调性和节奏感。

此阶段，在示范上应做到：重点示范与正误对比示范相结合，指出动作的错误的原因和改进的方法，使学生能进一步掌握动作细节。

在讲解方面应做到：注重动作细节，及时准确地指出学生的动作错误，并结合正误对比示范，使学生不断强化正确动作，抑制错误动作。

在保护帮助的运用上：应做到保护与帮助交替使用，但以保护和自我保护为主，并注重间接帮助方法的运用。通过限制物、标志物以及信号的运用，使学生的动作在发力时机、发力方向上更为准确，动作幅度和姿态更加趋于标准。

③巩固与运用自如阶段

在这一阶段中，由于大脑皮层兴奋过程高度集中，内抑制相当牢固，形成了动力定

型，学生已能准确、轻松、熟练地完成动作。因此，这阶段的主要任务在于：不断地巩固已形成的动力定型，并能在不同的条件下，都能轻松自如地完成动作。

此阶段，在示范上应做到：通过正误示范指出学生在技术细节上存在的问题。如条件许可，最好是将学生的动作用 DV 机录下来，让学生观看自己的动作并在教师的引导下，找出在技术细节上存在的问题，以便有针对性地进行改进。

在讲解方面应做到：能准确指出不同学生的不同特点，以及与技术标准的微细差别。

在保护帮助的运用上：主要强调保护的运用，多让学生在不同的条件下独立完成动作，并注重学生自我保护能力的培养。

(2) 能对课的运动负荷进行适时调节

课的运动负荷对课的质量有着重要的影响。教师应在体操教学中，根据课的进程及学生的实际情况，对课的运动负荷进行适时调节。

决定体操教学课运动负荷的因素有：动作的难度；练习的次数；练习间隙的长短；完成动作的质量；练习的总时间。

教师应根据这些因素进行运动负荷的调节。具体方法如下。

①改变练习姿势

改变练习的开始姿势、结束姿势、动作的连接。通过改变动作练习的难度来调节练习的强度。

②增加或减少分组人数

通过增加或减少每个练习组的人数来调节练习的密度。

③增加或减少上一次器械连续完成同一动作的次数

通过改变动作的练习次数来调节练习的强度。

④进行联合动作或成套动作的练习

通过增加每一次上器械练习的时间，以增大练习的强度。

⑤施加助力

练习中，教师给练习者施加助力或负重。以此来调节练习的强度。

⑥提高对动作质量及规格的要求

通过加大练习者在动作中全身心的投入程度，以增大练习的强度。

(3) 教法的选择与运用应做到区别对待

教学方法的选择是否恰当，运用得是否合理，都会影响学生的积极性。在一个教学班中由于学生之间存在着个体差异，这就要求教师应根据学生的差异，有针对性地选择教法，做到区别对待。

教师应在了解每个学生特点的基础上，善于抓住他们在学习中的难点，及时采用有效的教学方法，帮助学生突破自己的难点，以增加他们学习的信心和勇气，提高学习的积极性，为最终完成教学任务创造条件。

(4) 应注重引导学生探究、挖掘教学中深层的知识含量

通常在体操的教学中，只注重“显性”知识的讲述，如动作要领、过程、做法等，教学中追求的是动作的完成与掌握。而对“隐性”知识，如正确要领之中的力学原理、所学动作对人体在解剖学、生理学、心理学方面的影响，以及体操教学中所特有的人文因素等未能给予足够的重视，未能结合教学实际给学生以引导。

在体操教学中，应引导学生探究、挖掘教学中深层的知识含量，能将“术科”教学与“学科”教学有机地结合起来，有效培养学生的综合素质，提高学生运用体操手段科学指导大众健身的能力。

（三）结束部分的组织与教法要点提示

在结束部分的组织与教学中教师应注意如下几点。

1. 做放松练习时，不能有涣散现象，应有组织地进行。

2. 所选的内容应是学生所熟悉的、富有节奏性、速率平和的练习内容。

3. 应根据基本部分最后一项的练习内容特点来安排放松练习，以使放松练习更具针对性。

4. 教师的语言要轻松、缓和，以引导学生进入安静状态。

5. 应通过收拾、整理场地器材的过程，注重学生团结协作及爱护公物品质的培养。

6. 应重视结束部分的小结和讲评。结束部分的小结和讲评，实际上是教师对学生在本次课中表现进行的信息反馈。通过这种信息反馈，使学生明确自己在课上的客观表现，达到巩固收获、改进不足、为下一次课做好准备的目的。

在小结和讲评过程中，教师应善于发现每个学生在课上的进步，以表扬、鼓励为主。对课中违反纪律的行为应给予批评指正。但在批评时可对事不对人，一般在下课后进行个别了解情况再给予有针对性的说服教育。特别是对女生更应该注意方式方法。

思考题：

1. 请简述准备部分教学的进程顺序。

2. 在教学中常用的口令有哪几种?

3. 在体操准备部分教学中应如何正确选择示范的位置、示范面和示范方法?

4. 在基本部分的教学中，讲解、示范、保护帮助等方法的运用，在不同的动作技能形成阶段中有哪些不同的特点?

第六章 队列队形练习

内容提要

队列队形练习是体操类型之一。“基本动作”、“纵队”、“横队”是进行队列队形变化的基础。队列练习是指，通过基本动作将纵队或横队数目增减的过程或在纵队、横队上完成基本动作的过程。队列练习要求练习者按照统一的口令做协同一致的动作，强调的是练习者动作的规范性以及集体动作和队伍的一致性变化。

队形练习是指，通过基本动作将纵队或横队组成某种图形的过程。队形练习主要强调的是，练习者所组成的队伍的形状及队伍形状的变化。

本章在讨论概念的基础上，对队列队形练习的基本要素、意义进行了分析，详细论述了队列队形练习的动作要领及教法，为练习者提供了实用性指导。

关键词： 基本动作　队列队形　队列练习　队形练习

第一节 队列队形概述

一、对队列队形练习的认识

（一）基本动作

是从日常生活常见动作中选择并予以规范的动作。如：立正、稍息、看齐、转体、下蹲、走、跑、立定等。

（二）队

汉字源流字典解释为：“①用作名词表示具有某种性质的集体编制单位或群体。②用作量词表示成列的人或物。”此处“队”是指，对集体编制的人群进行的排列，这种排列包括纵向和横向的排列。通常也将“队”称为纵队或横队。

（三）队列练习

在纵队、横队上完成基本动作的过程或通过基本动作将纵队或横队数目增减的过程

(通常称队列变化练习)。例如：一列横队变二列横队、一列横队变三路纵队等。队列练习要求练习者按照统一的口令做协同一致的动作，强调的是练习者动作的规范性以及集体动作和队伍的一致性变化。

(四) 队形练习

通过基本动作将纵队或横队组成某种图形的过程。如：交叉行进、蛇形行进；螺旋形行进；8 字形行进等。队形练习主要强调的是，练习者所组成的队伍的形状及队伍形状的变化。

“基本动作”、“纵队”、“横队” 是进行队列队形变化的基础，例如：一列横队变成二列横队这一队列练习，就是以横队和走步动作为基础的。蛇形行进这一队形练习就是以纵队和齐步走动作为基础的。

二、队列队形的分类及内容

根据队列队形练习的特征，队列队形练习分为基本动作练习和队列队形变化练习两类。

(一) 基本动作练习内容

基本动作内容可分为：原地动作练习和行进间动作练习两种。

1. 原地动作

原地动作：练习者在原地完成的动作。如：立正、稍息、跨立、看齐、报数、踏步、蹲下、坐下、起立、向左（右）转、向后转等。

2. 行进间动作

行进间动作：练习者在进行中完成的动作。如：行进间各种步法及其互换：齐步走、正步走、跑步走、立定，以及行进间向左（右）转走（跑）、向后转走（跑）。

(二) 队列队形变化练习内容

1. 队列变化练习内容

根据队列练习所具有的“通过基本动作将纵队或横队数目进行增减”的这一特征，可将队列练习分为：原地队列变化练习和行进间队列变化练习。

(1) 原地队列变化

一（二）列横队变二（一）列横队、一（三）列横队变三（一）列横队、二（三）列横队变三（二）列横队；一（二）路纵队变二（一）路纵队、一（三）路纵队变三（一）路纵队、二（三）路纵队变三（二）路纵队；二路纵队变三列横队、三列横队变二路纵队、二列横队变三路纵队、三路纵队变二列横队、一列横队变三路纵队、三路纵队变一列横队。

(2) 行进间队列变化

一（二）路纵队变二（四）路纵队、二（四）路纵队变一（二）路纵队、一（二）列横队变二（四）列横队、二（四）列横队变一（二）列横队。

2. 队形变化练习内容

根据队形练习具有的“通过基本动作将纵队或横队组成某种图形的过程”的这一特征，可将队形练习分为：原地队形变化练习和行进间队形变化练习。

（1）原地队形变化（基准学生原地不动）

疏散：以××为基准散开、弧形散开等；靠拢：以××为基准向X看齐、以××为基准靠拢等。

（2）行进间队形变化

错肩行进、对角线行进；交叉行进、蛇形行进；螺旋形行进；8字形行进；圆形行进和纵队反向行进、一路纵队变三角形等。

三、队列队形练习的基本要素

队列队形练习的形式是：由指挥员发出指令（通常称为口令），练习者依据口令进行规范化练习。

因此队列队形练习的基本要素是：指挥员、媒介（指挥员的口令和练习者规范化的动作）、练习者。

（一）指挥员

指挥员是队列队形练习的灵魂，整个队伍的行动都是在指挥员的指令下完成。在练习中通常对指挥员有以下要求。

1. 仪表庄重，言行严肃，以身作则。

2. 指挥位置得当，原地队列队形练习时的指挥位置应在队伍中央前方，以便观察全貌；行进间练习站在既能通观全局又不妨碍队伍行进的位置。指挥员的位置应相对固定，需要变动时应迅速。

3. 口令应清楚、准确、宏亮，节奏明显，以全体人员能听清为前提。

预令和动令之间必须有间歇。预令必须清晰、宏亮、悠长，使全部学生能了解教师将要他们做什么动作，动令要短促有力。

预令的长短，应根据队伍大小和学生的操练水平等具体情况而定，如果人多队伍长、操练水平低以及注意力不太集中时，一般应拉长预令。必要时，只有动令的口令也要拉长。例如，发“立正”口令时，“正”字的声音不但要拉长，而且要舌顶上腭使声音往上挑。

（二）媒　介

1. 口　令

是由指挥员发出的口令。一般由“预令”和“动令”组成。有的口令只有动令，如：立正、稍息、报数、前进和解散等。

2. 动　作

是由练习者在“队”的基础上完成的动作。通常练习者的动作要与指令相同，并且按照要求将动作完成得既规范又整齐。

（三）练习者

练习者是队列队形练习的主体。整个队伍的“队列”、“队形”的变化只有通过练习者才能得以体现。在练习中通常对练习者有以下要求：

1. 一切行动听指挥，坚决执行命令。
2. 精神振奋，严肃认真，行动迅速。
3. 出入队伍要报告，不能擅自行动。

四、队列队形练习的意义

根据队列队形练习的特点，以及对练习者的基本要求，队列队形练习具有以下意义。

（一）培养组织性、纪律性和集体主义精神，并养成“团结、紧张、严肃、活泼”的作风。

（二）促进身体的一般发展，培养正确的身体姿势、协同一致的集体动作能力。

（三）培养高尚情操和审美观。

（四）发展时间和空间概念，明确个人和集体的关系。

第二节 基本动作要领及教法

一、原地动作

（一）常用动作

1. 集 合

在体育教学中，通常是以班级为单位，分为四个小组整队上课；课外体育活动，通常是以小组集合整队。集合的基本队形分为横队和纵队两种。横队主要用于集合上课、讲话、讲解示范等；纵队用于行进以及向前行进的练习中。

成横队时，以个儿高矮由右向左依次站立，两个学生两肘之间的间隔，约 10 厘米（一拳宽）。但小学低年级学生，看齐时（除一手叉腰的动作），其间隔要适当大些。成多列横队时，各组成一列横队，从前往后按 1、2、3、4 组的顺序重叠，两列之间的距离约 75 厘米。成纵队时，以个子高矮由前往后重叠站立，学生之间的前后距离约 75 厘米。成多路纵队时，各组成一路纵队，从左至右按 1、2、3、4 组的顺序并列，两路之间的间隔约 10 厘米。

集合时，指挥员（教师、班组长）应先发出预告或信号，如“全班或某组注意”或“哨声”，然后在预定队形中央前，面向预定队形成立正姿势，下达“成 × × 队——集合”的口令。学生听到预告和信号，原地面向指挥员成立正姿势；听到口令后，立即跑步面向指挥员集合（凡是在指挥员侧后的学生均应从指挥员右侧绕过，避免混乱发生冲撞），自行对正看齐，成立正姿势。

（1）横队集合

口　　令：成一（×）列横队——集合！

动作要领：全体学生听到口令，排头学生迅速跑步到指挥员左前方适当位置成立正姿势，其他学生以排头为准，依次向左排列自行看齐。多列横队集合时，后列学生以基准（第一）列为准，依次向后重叠站成多列横队，各路（或小路）学生要对正看齐。

（2）纵队集合

口　　令：成一（×）路纵队——集合！

动作要领：全体学生听到口令，排头学生迅速跑步到指挥员正前方适当位置（离排头2～3米）成立正姿势，其他学生以排头为准，依次向后重叠，自行对正看齐。多路纵队集合时，其余各路，以基准（左）路为准，依次向右排列站成多路纵队，自行对正看齐。

集合时要求动作迅速，一律用跑步，到达预定位置先立定，然后转正方向再对正看齐。

集合时，迟到的学生，在看齐完毕之前不喊“报告”，直接入列，如果下达了“向前看”的口令后，迟到者应跑至距离队伍适当位置成立正姿势，喊“报告”。指挥员下达“入列”口令后，补到排尾或听指挥员口令进入自己位置。

2. 解　散

口　　令：解散！

动作要领：全体学生听到口令后，迅速离开原位（如学生在稍息姿势时，听到口令应先立正，然后再迅速离开原位）。

教学步骤：

（1）边讲解边示范，同时令学生边做动作。

（2）反复练习。解散后，指挥员跑至另一预定位置，下达集合口令。亦可以结合跳集体舞（找朋友）、做集体游戏（按教师指定人数“找同伴”）活动等进行突然的集合练习。也可以采用恰当的评比、计算时间和竞赛方法进行集合练习。

3. 立　正

立正是军人的基本姿势，是队列动作的基础，亦是培养学生正确身体姿势的基本动作和标准。立正动作正确与否，不仅直接关系到队列动作操练的质量和掌握体育动作技术的必要基础，而且对促进青少年身体的正常发育，形成正确的身体姿势，表现朝气蓬勃的精神面貌具有不可忽视的重要意义。

口　　令：立正！

动作要领：听到口令后，两脚跟靠拢并齐，两脚尖分开约60度（一脚长）；两腿挺直，小腹微收，自然挺胸，上体正直，微向前倾；两肩要平，稍向后张；两臂自然下垂，手指并拢自然微屈，拇指贴于食指第二节，中指贴于裤缝；头要正，颈要直，口要闭，下颌微收，两眼向前平视。立正动作要领可归纳为：三挺、两收、两平。

三挺：

（1）挺腿：两膝向后、向上用力，使两腿挺直。

（2）挺胸：两肩稍向后张，胸自然挺出。

(3) 挺颈：颈有稍向上挺的感觉。

两收：

(1) 小腹微收。

(2) 下颌微收。

两平：

(1) 肩平：两臂自然下垂，肩部放平。

(2) 平视：两眼向前平视。

立正时要精神振奋，态度严肃，姿态端正，挺立稳定而舒展。

教学步骤：

(1) 边讲解边示范，学生同时跟着做动作。

(2) 手型及定位练习。口令：手型及定位练习一、二。听到“一”的口令，两臂前举，掌心相对；听到“二”的口令，两臂放回原处。

(3) 立正、稍息动作练习。

(4) 持久练习。按立正动作站好，持续一段时间，由短到长养成习惯。

4. 稍 息

口 令：稍息！

动作要领：听到口令，左脚顺脚尖方向伸出约全脚掌的三分之二；两腿自然伸直，上体保持立正姿势，体重大部分落在右脚。稍息过久，可自行换脚。

稍息动作要领可以归纳为：移、提、伸。

移：移重心，使体重大部分落于右脚。

提：左脚跟稍提起，但有微接触地面的感觉。

伸：脚掌轻轻擦地，迅速伸出全脚掌的三分之二。

5. 跨 立

口 令：跨立！

动作要领：听到口令后，左脚侧出一步，与肩同宽，体重平均落在两脚上，同时两手体后互握于腰背间，左（右）手握右（左）手腕，上体保持立正姿势。

6. 看齐（中国人民解放军队列条例中称为：整齐）

看齐分为：向右（左）看齐和向中看齐。

(1) 向右（左）看齐

口 令：向右（左）看——齐！

动作要领：听到口令，排头不动，其他学生向右（左）转头，眼看右（左）邻人腮部，前四名能通视基准学生，自第五名起，以能通视前三人为度，迅速用碎步向前或向后调整位置。如多列横队时，后列学生先对正后看齐。

听到“向前——看！”的口令，恢复立正姿势。

(2) 向中看齐

口 令：以×××为基准，向中看——齐！

动作要领：当指挥员指定“×××为基准”时，基准学生左手握拳高举，拳心向内，听到“向中看——齐”的口令，将手放下。其他学生按照向右、向左看齐的要领实施。

看齐时，基准学生的立正姿势和方向要正确，其他学生除头部外，均应注意保持好立正姿势。

（3）对正看齐

一路纵队看齐时，可下达“对正看——齐”的口令。听到口令后，排头不动，其余学生迅速调整位置，保持规定的距离对正成一直线。多路纵队时，除向前对正成一直线外，小列还应向左标齐。

特别提示：小学低年级学生做看齐动作，不容易掌握彼此之间的间隔和距离。通常采用以下方法。

（1）纵队向前看齐

口　　令：两臂前举，向前看——齐！

动作要领：听到口令后，排头不动，其余学生两臂前（平）举（掌心相对），看前面学生后脑，向前看齐成一直线。听到“臂放下”口令后，两臂放下成立正姿势。

（2）向右（左）看齐

口　　令：向右（左）看——齐！

动作要领：听到口令后，排头（尾）不动，除最后一名学生外，全部左（右）手叉腰同时向右（左）转头，眼看右（左）邻学生腮部，迅速用碎步向前或向后调整位置，使眼光通视全线。多列横队看齐时，后列基准学生另一臂前（平）举，后列学生先对正后看齐。

听到“向前——看！”口令后，头转正，同时臂放下成立正姿势。

（3）向中看齐

口　　令：以×××为基准，向中看——齐！

动作要邻：听到“以××为基准”时，被指定为基准的学生，左手握拳过头，听到“向中看齐”口令后，基准学生臂放下的同时两手叉腰，其余学生按照向右、向左看齐的要领向中看齐。

听到“向前——看”口令后，头转正同时臂放下成立正姿势。

看齐时要求：在保持立正姿势基础上转头要迅速，调整位置要快；看齐时不得弯腰、低头或抬头；如队伍在行进停止后，看齐时如间隔、距离过大，远离基准的学生应先跑步到适当位置，再用碎步调整看齐。

教学步骤：

（1）讲解示范后，进行反复练习。

（2）指挥员可令基准学生向前走一步，纠正其立正姿势和方向后，回到队形中央前，下看齐的口令，看齐后，下达向前看口令。然后再跑步到距离排头3~5步处，先纠正脚跟线，后纠正胸线（只允许上身前倾或后仰）是否整齐。如需要纠正×××学生时，指挥员呼点其姓名稍向前或向后，被呼点学生首先转头，并调整上体位置，指挥员喊“好”被纠正学生头转正，纠正好后，指挥员回到原来位置。

7. 报　数

口　　令：报数！

动作要领：听到口令后，横队从右至左、纵队由前向后，向左转头依次用短促宏亮的声音报数，最后一名不转头。

在教学中通常有按序数和指数报数两种。所谓序数报数，即照1、2、3、4、5……的顺序报下去；指数报数就是按照指定的1～2、1～3、1～4……或1、3、5、7和不动、2、4、6等数字重复报下去。采用何种报数应根据组织教学的需要来决定。前一种是为了检查或了解全班或各组的人数；根据分组教学或散开的需要，则采用后一种报数。

8. 踏 步

口 令：停止间口令：原地踏步（跑步）——走！

行进间口令：踏步！

动作要领：听到“原地踏步（跑步）——走”或“踏步”的口令，按齐步或跑步行进的要领，两脚在原地上下起落（跑步行进时，应继续跑两步），抬起时，脚尖自然下垂，离地面约15厘米，上体保持正直，微向前倾，两臂按齐步或跑步摆臂的要领摆动，听到“立定”的口令后，左脚踏一步，右脚向左脚并拢（如是跑步，应继续踏两步）成立正姿势；踏步时，听到“前进”的口令，继续踏两步再按原步速前进。踏步时，两脚不得向前、后移动，上体不能晃动。立定时，不要向侧或向前跨步。

教学步骤：

（1）先教齐步动作的踏步，后教跑步动作的踏步。

（2）边讲解边示范，先做原地踏步立定，然后按踏步——前进——踏步——立定的顺序进行练习。

9. 蹲下、坐下、起立

（1）蹲 下

口 令：蹲下！

动作要领：听到口令后，右脚后退半步，臀部坐在右脚跟上，右手扶右膝，左小臂撑在左膝上。蹲下过久可以自行换脚。

（2）坐 下

口 令：坐下！

动作要领：听到口令后，左小腿在右小腿后交叉迅速坐下，两手放在两膝上。

（3）起 立

口 令：起立！

动作要领：在蹲下和坐下的状态中，听到“起立！”口令后，迅速起立恢复立正姿势。

（二）原地转法

1. 向右（左）转

口 令：向右（左）——转！

动作要领：听到口令，以右（左）脚跟为轴，左（右）脚掌前部同时用力，使身体和脚一致向右（左）转90度，体重落在右（左）脚时，两脚挺直，上体保持立正姿势。

2. 向后转

口 令：向后——转！

动作要领：听到口令后，以右脚跟为轴，右脚跟和左脚掌前部同时用力，使身体和脚一致从右向后转180度，体重落在右脚，左脚迅速靠拢右脚，成立正姿势。转动和靠脚时，两腿挺直，上体保持立正姿势。

3. 半面向右（左）转

口　　令：半面向右（左）——转！

动作要领：听到口令后，按向右（左）转的动作要领转45度。

原地转法要求：

（1）两快一停顿。即转体快，靠脚快。在转体和靠脚之间停顿。

（2）体稳方向正。即身体不晃不扭，两腿挺直，转到预定方向时，两脚迅速定位，控制身体，对正新方向。

（3）做原地转法时，两臂不得外张，靠脚时身体要紧、腿要直。

教学步骤：

（1）边讲解边示范。

（2）分解动作练习。口令："分解动作，向右（左、后）——转（代替1），2!"听到"2"的口令，即靠脚成立正姿势。

（3）完整动作练习。在教学中为了使学生注意力集中，动作整齐有精神，可令学生按转体和靠脚动作同时呼"1、2"。

（4）联合动作练习。口令："向右、向后、向左——转!"即将几个不同方向的转体动作连接起来做。例如：把向右转、向后转、向左转三个动作连续做完。必须注意，在下达这种口令时，应将预令和动令之间的间歇适当拉长一些，以便学生记清楚要做的动作。

二、行进间动作

（一）各种步法及其互换

1. 齐　步

口　　令：齐步——走!

动作要领：听到口令后，左脚（脚尖向正前方）迈出约75厘米处着地，重心前移，右脚照此法行进；上体正直微向前倾；手指轻轻握拢；两臂自然摆动，向前摆时小臂微向里合，手约与第五衣扣同高，并不超过衣扣线，离身体约25厘米，手心向内稍向下，行进速度每分种约120步。

齐步走要求做到：走直线、身体稳、摆臂自然。

（1）走直线：脚向正前方，两脚内侧在一条线上，不要走"八"字步。

（2）身体稳：上体保持立正姿势，两眼平视前方，步幅不能太小，不扭、不晃，保持平稳。

（3）摆臂自然：肩关节放松，两臂自然伸直，以肩为轴前后摆动；前摆微屈时，稍向里合，不得以肘为轴，摆小臂。

教学步骤：

（1）边讲解边示范。

（2）摆臂练习。口令："摆臂练习，一、二、停!"听到"1"的口令，按要领摆到位（右臂在前），听到"2"的口令换摆臂，然后按"1、2"口令重复摆动，听到"停"的口令，两臂放下。

（3）完整动作练习。

（4）步速、步幅练习。在场上按75 厘米宽打格子，用秒表记时间或节拍器等进行练习。

2. 正　步

口　　令： 正步——走！

动作要领： 听到口令后，左脚（脚尖向正前方）踢出（腿要绷直，脚尖下压，脚掌与地面平行，离地面约25 厘米）约在75 厘米处适当用力使全脚掌着地，重心前移，右脚照此法行进；上体正直，微向前倾；手指轻轻握拢；向前摆时，肘弯曲，小臂略平，手腕摆到第三、四衣扣之间，离身体约10 厘米，手心向内稍向下，向后摆时摆到不能自然摆动为止，行进速度每分种116 步。

动作要领可归纳为：踢、绷、摆、跟。

踢：稍提胯，小腿带大腿迅速踢出。

绷：绷脚背，压膝盖使腿绷直。

摆：摆臂时，向前摆过垂直线时，边摆边屈臂（向前、向内、向上快屈臂）；向后摆时，向下、向外、向正后，到不能自然摆动为止；脚着地臂不动，踢腿同时摆臂。

跟：身体前跟，脚适当用力着地。

体育队伍常用的正步，做法与上述方法基本相同，只是在摆臂上略有差别。一般要求前摆屈肘成90 度，与肩平，前臂与身体平行，拳心向下。即臂前摆停止时，要求前臂与上臂之间；上臂与地面之间；上臂与上体之间形成三个90 度。

教学步骤：

（1）摆臂练习

口　　令： “摆臂练习，一、二、停！”听到“一”的口令，两臂摆到位（右臂在前）听到“二”的口令换摆臂，然后按“一、二”口令重复摆动，听到“停”的口令，两臂放下。

（2）腿部动作练习

①一步两动。口令：“腿部动作练习准备，一步两动一、二、停！”听到“准备”的口令，两手体后握小臂（一般右臂压左臂）；听到“一”的口令，左脚踢出；听到“二”的口令脚着地，右脚前跟，脚尖离左脚跟约20 厘米着地，然后两脚按“一、二”口令交替进行；听到“停”（一般落在左脚）的口令，靠脚，同时臂放下成正立姿势。

②一步一动。口令：“腿部动作练习准备，一步一动，一、二、停！”听到“准备”的口令，两手体后握小臂；听到“一”的口令，左脚踢出并着地，同时右脚踢出；听到“二”的口令右脚着地左脚踢出，然后按“一、二”口令交替进行；听到“停”的口令，靠脚，同时臂放下成正立姿势。

③连贯练习。口令：“腿部动作练习准备，正步——走，立——定！”听到“准备”的口令，两手体后互握小臂，听到“走”的动令，按正步动作进行，听到立定口令，两臂放下成正立姿势。

（3）臂、腿动作练习

①一步两动。口令：“一步两动，正步——走、二、停！”听到正步“走”（代替一）的口令，左脚踢出同时摆臂；听到“二”的口令，左脚着地，臂不动，右脚跟进脚尖离

前脚跟约 20 厘米稍着地，然后按“一、二”的口令交替进行；听到“停”的口令，靠脚，同时臂放下成正立姿势。

②一步一动。口令：“一步一动，正步——走、二、停!”听到正步“走”（代替一）的口令，踢左脚同时摆臂（右臂在前），接着左脚着地，右脚踢出、换臂摆；听到“二”的口令，右脚着地，左脚踢出、换臂摆；然后按“一、二”的口令交替进行；听到“停”的口令，靠脚，同时臂放下成正立姿势。

练习时要求做到以下两点。

a. 四直：前腿绷直，后腿蹬直，上体正直，臂向后摆直。

b. 两平：向前摆小臂要平，脚掌与地面要平。

（4）完整动作练习

按正步走的口令及动作，由慢到快地进行练习，练习时要求臂、腿动作协调，做到：臂腿同定位；身体跟向前；脚落臂不动；两快一稍慢（摆臂、踢腿快，脚着地时稍慢）。

（5）步速、步幅练习

（方法同齐步），练习踢腿的高度，可在场上钉目桩，按 25 厘米高度拉上绳子。

3. 便　步

口　　令：便步——走!

动作要领：听到口令，用适当的步速、步幅行进，两臂自然摆动，上体保持良好姿势。走步比较轻松，不一定要求步法整齐。便步用于行军、操练后恢复体力等。

4. 跑　步

口　　令：跑步——走!

动作要领：听到预令时，两手迅速握拳提到腰际，拳心向内，肘部稍向里合；听到动令，上体稍向前倾，两腿微屈，同时左脚利用右脚掌的弹力跃出约 80 厘米，前脚掌着地重心前移，右脚照此法行进；两臂自然摆动，前摆不露肘，小臂略平，稍向里合，拳不超过衣扣线，后摆不露手；行进速度每分种约 180 步。

跑步动作要领可归纳为：握拳快提起，屈腿倾上体；前脚掌着地，弹跃交替行；摆臂两不露。

教学步骤：

（1）摆臂练习。口令：“摆臂练习、跑步、一、二、停!”听到“跑步”的口令，两手迅速握拳于腰际，听到“一”的口令按摆臂动作摆到位；听到“二”的口令换摆臂；听到“停”的口令、将手放下成立正姿势。

（2）完整动作练习。

（3）步速步幅练习，同齐步走。

5. 立　定

口　　令：立——定!（动令落在右脚上）

动作要领：听到口令后，齐步和正步都是左脚向前大半步，两腿挺直，右脚向左脚靠拢成立正姿势。跑步时，听到口令后，继续向前跑两步，左脚向前大半步，同时两臂收回腰际，右脚向左脚靠拢，同时臂放下成立正姿势。

教学步骤：

（1）边讲解边示范。

（2）分解动作练习。口令："立定练习，三（五）步一靠，跑步走、二！"听到跑步"走"的口令，按跑步动作向前跑三（五）步，右脚在后点地，听到"二"的口令，右脚向左脚靠拢，同时臂放下成立正姿势。

（3）完整动作练习。开始练习时，速度应慢一些，然后过渡到应有的步速。

6. 移动（五步以内）

（1）*前、后移动*

口　　令：向前×步——走！

动作要领：听到口令后，齐步行进到指定的步数停止（向前一步时，不摆臂）。

口　　令：后退×步——走！

动作要领：听到口令后，左脚后退一步，右脚靠拢左脚，不摆臂。在体育教学中亦可按"后退×步——走"口令，退到指定的步数停止。

（2）*左、右移动*

口　　令：向左（右）横跨×步——走

动作要领：听到口令后，向左（右）跨步，上体保持正直，每跨一步并一次脚，步幅约与肩同宽，跨到指定的步数停止。

7. 步法互换

步法互换的动令均落在右脚，从左脚开始变换。

（1）齐步换跑步：听到预令时，两手迅速握拳提到腰际，两臂自然摆动，听到动令时，即从左脚开始换跑步行进。

（2）跑步换齐步：听到口令后，继续跑两步再从左脚开始换齐步行进。

教学方法：在各种步法的行进及其互换的组织教学中，可采用多种方法和形式，使学生集中注意力，振奋精神，提高教学效果。

①在行进及步法互换时，可带领学生呼"一、二、三、四"或口号。

②以小组为单位，由组长指挥以某种步法行进，同时呼数或口号通过规定距离。先由教师指挥示范，然后分小组由组长指挥进行练习，最后进行小组间的比赛。

（二）行进间转法

1. 齐步向左转走

口　　令：向左转——走！（动令落在左脚上）

动作要领：听到口令后，右脚向前半步，脚尖稍向左，身体向左转90度，同时出左脚，向新的方向行进。

2. 齐步向右转走

口　　令：向右转——走！（动令落在右脚上）

动作要领：听到口令后，左脚向前半步，脚尖稍向右，身体向右转90度，同时出右脚，向新的方向行进。

3. 齐步向后转走

口　　令：向后转——走！（动令落在右脚上）

动作要领：听到口令后，左脚向前迈半步，脚尖稍向右，以两脚的前脚掌为轴，从右向后转体180度，出左脚向新的方向行进。转体时上体正直，两腿挺直，两臂自然摆动，不得外张。

第三节　队列变化练习动作要领及教法

一、原地队列变化

（一）一列横队变二列横队（图6－1）

口　　令： 成二列横队——走！

动作要领： 先1～2报数，然后下达口令。听到口令后，单数学生不动，双数学生右脚向右后退一步，左脚向右脚靠拢，站到单数学生后面，成二列横队并自动对正向右看齐。

（二）二列横队变一列横队（图6－2）

口　　令： 成一列横队——走！

动作要领： 先间隔一步散开，然后再下达口令，听到口令后，前排学生不动，后排学生左脚向左前方迈一步，右脚向左脚靠拢，进到前排学生左侧，成一列横队并自动向右看齐。

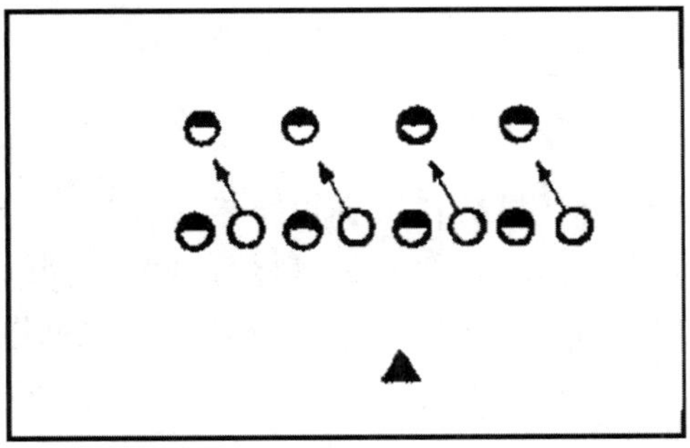

图6－1

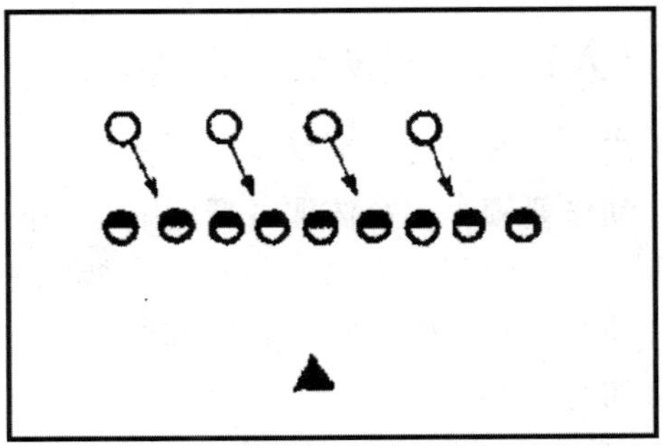

图6－2

（三）一列横队变三列横队（图6－3）

口　　令： 成三列横队——走！

动作要领： 先“1～3”报数，然后下达口令，听到口令后，2数学生不动，1数学生左脚向左前方迈一步，右脚向左脚靠拢站到2数学生前面，同时3数学生右脚向右后方退一步，左脚向右脚靠拢站在2数学生后面，成三列横队并自动向右密集对正看齐。

（四）三列横队变一列横队

口　　令： 成一列横队——走！

动作要领： 先取两臂间隔，然后再下达口令，听到口令后，中间一列学生不动，前列学生右脚向右后方退一步，左脚向右脚靠拢站到中间一列学生的右侧；同时后列学生左脚向左前方迈一步，右脚向左脚靠拢站到中间一列学生的左侧，成一列横队并自动向右看齐。

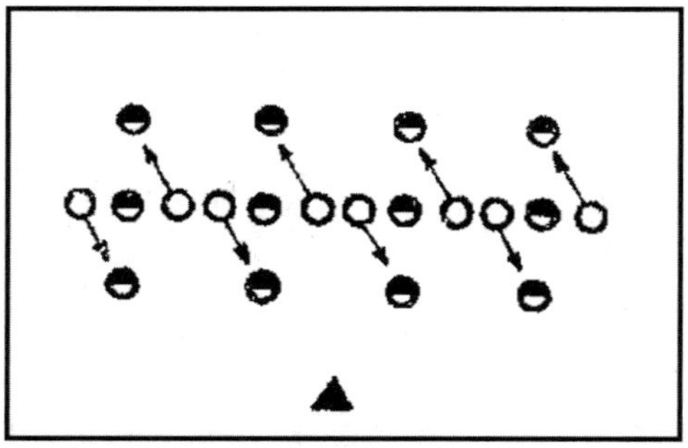

图 6 –3

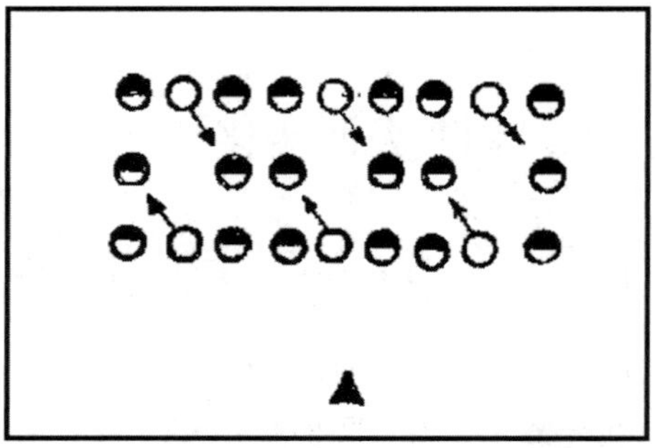

图 6 –4

（五）二列横队变三列横队（图 6 –4）

口　　令： 成三列横队——走！

动作要领： 先取两步距离，“1 ~ 3”报数，听到口令后，1 数、3 数学生不动，前列 2 数学生右脚向右后方退一大步，左脚靠拢右脚站到两列 1 数学生之间，同时，后列 2 数学生左脚向左前方一大步，右脚向左脚靠拢，站到两列 3 数学生之间，成三列横队并自动向右密集对正看齐。

（六）三列横队变二列横队

口　　令： 成二列横队——走！

动作要领： 先全体取一臂间隔，中间一列“1 ~ 2”报数；听到口令后，前列和后列学生不动，中间一列的 1 数学生左脚向左前方迈一步，右脚向左脚靠拢进到前一列学生中，同时 2 数学生右脚向右后方退一步，左脚向右脚靠拢进到后一列学生中，成二列横队并自动对正看齐。

（七）一路纵队变二路纵队（图 6 –5）

口　　令： 成二路纵队——走！

动作要领： 先“1 ~ 2”报数。听到口令后，单数学生不动，双数学生右脚向右前方迈一步，左脚向右脚靠拢，站于单数学生右侧，成二路纵队并自动向前密集对正看齐。

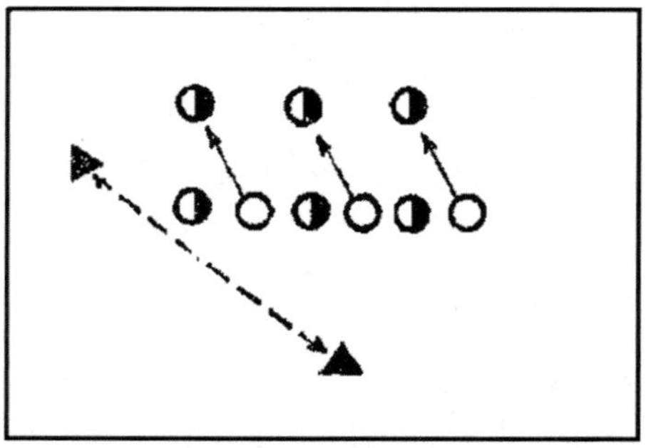

图 6 –5

（八）二路纵队变一路纵队

口　　令： 成一路纵队——走！

动作要领： 先取一步距离，然后再下达口令，听到口令后，左路学生不动，右路学生左脚向左后方退后一步，右脚向左脚靠拢，进到左路学生中，成一路纵队并自动对正看齐。

（九）一路纵队变三路纵队

口　　令：成三路纵队——走！

动作要领：先“1～3”报数，听到口令后，2 数学生不动，1 数学生左脚向左后方一步，右脚向左脚靠拢，站到 2 数学生左侧，同时 3 数学生右脚向右前方迈一步，左脚向右脚靠拢，站到 2 数学生右侧，成三路纵队并自动向前密集对正看齐。

（十）三路纵队变一路纵队

口　　令：成一路纵队——走！

动作要领：先取两步距离，听到口令后，中间一路学生不动，左路学生右脚向右前方迈一步，左脚向右脚靠拢，站进中间一路学生中，同时右路学生左脚向左后方一步，右脚向左脚靠拢，站进中间一路学生中，成一路纵队并自动对正看齐。

（十一）二路纵队变三路纵队

口　　令：成三路纵队——走！

动作要领：先取两臂间隔，全体先“1～3”报数，然后再下达口令，听到口令后，1 数、3 数学生不动，左路 2 数学生右脚向右前方迈一步，左脚向右脚靠拢，站到左路和右路的 1 数之间，同时右路 2 数学生左脚向左后前方退一步，右脚向左脚靠拢，站到左路和右路的 3 数之间成三路纵队并自动对正看齐。

（十二）一路纵队变三列横队

口　　令：成三列横队——走！

动作要领：全体 1～3 报数，然后再下达口令，听到口令后，全队向左转，2 数学生不动，1 数学生左脚向左前方迈一步，右脚向左脚靠拢站到 2 数学生前面，同时 3 数学生右脚向右后方退一步，左脚向右脚靠拢站在 2 数学生后面，成三列横队并自动对正看齐（也可以先变成三路纵队后再向左转成三列横队）。

（十三）二路纵队变三列横队

口　　令：成三列横队——走！

动作要领：全体 1～3 报数，然后再下达口令，听到口令后，全队向左转，1 数、3 数学生不动，前列 2 数学生右脚向右后方退一大步，左脚靠拢右脚站到两列 1 数学生之间，同时，后列 2 数学生左脚向左前方一大步，右脚向左脚靠拢，站到两列 3 数学生之间，成三列横队并自动对正看齐（也可以先变成三路纵队后再向左转成三列横队）。

（十四）二列横队变三路纵队

口　　令：成三路纵队——走！

动作要领：全体 1～3 报数，然后再下达口令，听到口令后，全队向右转，1 数、3 数学生不动，左路 2 数学生右脚向右前方迈一步，左脚向右脚靠拢，站到左路和右路的 1 数之间，同时右路 2 数学生左脚向左后方退一步，右脚向左脚靠拢，站到左路和右路的 3 数之间成三路纵队并自动对正看齐（也可以先变成三列横队后再向右转成三路纵队）。

二、行进间队列变化

(一) 分队走，合队走 (图 6 -6)

口　令： 分队——走！
合队——走！

动作要领： 一路纵队中场行进，听到分队走的口令，第一名学生左转弯，第二名学生右转弯，后面学生依此跟进，成二路纵队沿左右边线绕场行进。至将相遇，听到合队走的口令时，左路学生左转弯，右路学生右转弯，并依次插入左路学生之后，成一路纵队行进。

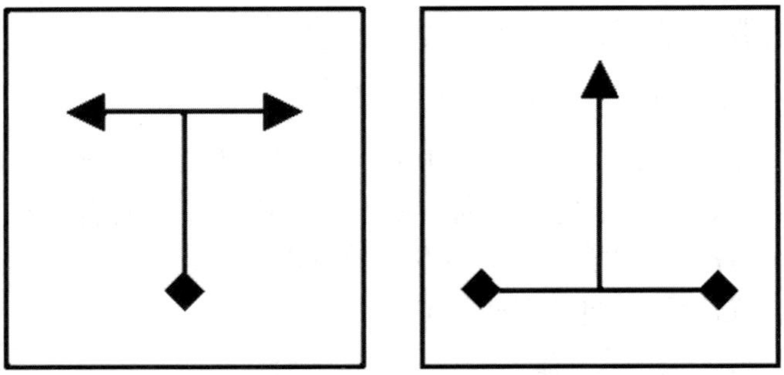

图 6 -6

(二) 由一 (二) 路纵队变二 (四) 路纵队

口　令： 成二（四）路纵队——走！

动作要领： 听到动令后，基准学生以小步行进，双数学生出右脚，取捷径进到单数学生右侧，各自调整好规定间隔和距离，恢复原步法继续前进。

(三) 由二 (四) 路纵队变一 (二) 路纵队

口　令： 成一（二）路纵队——走！

动作要领： 事先每路前后离开两步距离。听到动令后，左路学生继续前进，右路学生减速依次向左插到左路（单数）学生后面，并调整好前后距离，恢复原步法继续前进。

(四) 由一 (二) 列横队变二 (四) 列横队

口　令： 成二（四）列横队——走！

动作要领： 听到动令后（动令落在左脚），单数学生继续前进。双数学生原地踏两步，第三步时进到单数学生后面，并随之继续前进。

（五）由二（四）列横队变一（二）列横队

口　　令：成一（二）列横队——走。

动作要领：事先每列左右离开一步间隔。听到动令后，单数（前列）学生原地踏两步，双数（后列）学生向左跨一步，右脚不靠拢，再向前跨一步进到单数学生左侧，随即全体继续前进。

（六）一路纵队变多路纵队（图6－7）

两路以上均为多路，下面以变成四路纵队为例。

口　　令：成四路纵队，向左转——走！

动作要领：听到动令后，前四名学生同时向左转以小步前进，后面学生到达前四名学生转体位置时，自动向左转，并与前四名学生对正前进，依此类推。

（七）多路纵队变一路纵队（图6－8）

口　　令：成一路纵队，向右转——走！

动作要领：听到动令后，各路的排头同时向右转大步行进，并自动对正；后面各列依此走到第一列学生转体处，自动向右转走，排头与前一列的排尾相接，成一路纵队。

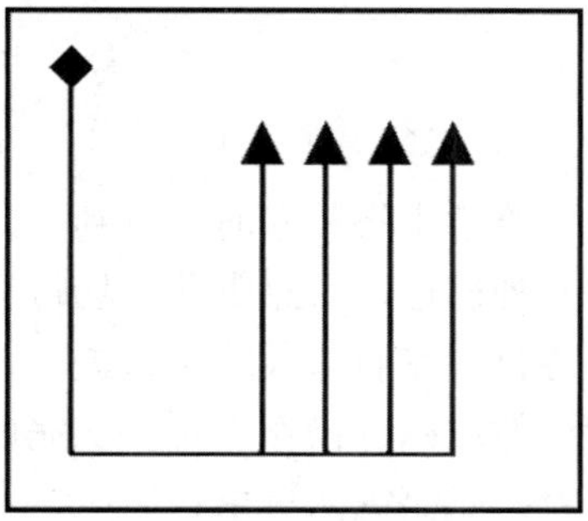

图6－7

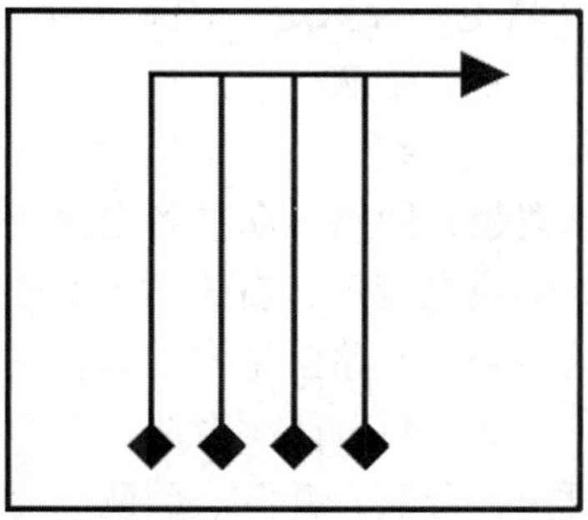

图6－8

第四节　队形变化练习动作要领及教法

一、原地队形变化

（一）散　开

口　　令：以右翼（××）为基准一臂（两臂）间隔散开。

动作要领：当听到口令后，基准人不动，队伍中的其他人，按照一臂间隔，一步距离（两臂间隔、两大步距离）散开，然后对正看齐。

（二）靠 拢

口　　令： 以××为基准向×（前、右、左、中）看齐或以××为基准靠拢。

动作要领： 当听到口令后，全体学生按照口令提示的要求（前后一步距离，左右10公分间隔、或体操队形等），向某位学生靠拢、看齐。

二、行进间队形变化

（一）直线方向行进

1. 绕场行进

口　　令： 左后转弯（左转弯）绕场行进齐步（跑步）——走！

如果由两路纵队变为一路纵队绕场行进，口令为：右路依次插入左路成一路纵队，左后转弯（左转弯）绕场行进齐步（跑步）——走！

动作要领： 排头带领围绕场地边线按逆时针方向行进，每到一角自动左转弯，转弯时尽量保持沿直角行进。

教　　法： 在场地四角转弯处设标志物进行练习。

2. 并队走，裂队走（图6－9）

口　　令： 并队——走！
裂队——走！

动作要领： 两路纵队，各自沿场地相对行进，当两路学生将相遇时，听到并队走的口令，左路学生左转弯，右路学生右转弯，成二路纵队并列前进；二路纵队中场行进，听到裂队走的口令，左路学生左转弯，右路学生右转弯，各自沿左右边线绕场行进。

教　　法： 将分队、合队、并队、裂队分别教授，然后综合操作，可一次完成。如一路纵队可由：分队、并队、裂队、合队的顺序进行练习。二路纵队可由：裂队、合队、分队、并队的顺序进行练习。

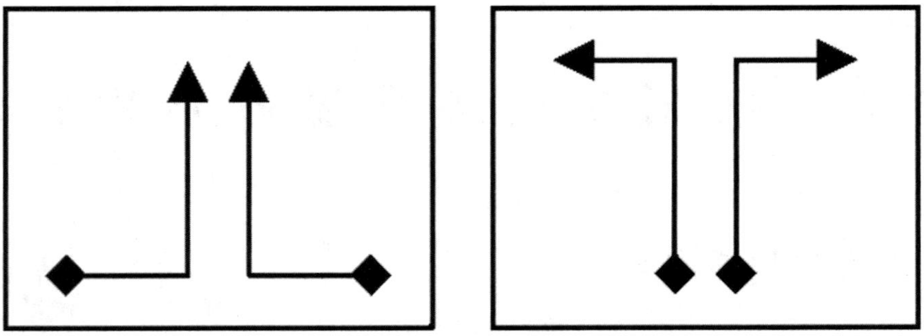

图6－9

3. 分列式

这种队形变化，在体育教学中，常作为广播体操或徒手、轻器械体操比赛的入场方式来运用。

口　　令：分列式，正步——走！

动作要领：

（1）让每位学生明确自己在纵队中行进的步数。

方法：每路纵队从排尾向前报数，每人所报的数乘二再减一，所得到的结果，就是每位学生前进的步数。如：每路 7 人，第一名学生走 13 步，最后一名学生走 1 步。

（2）让每位学生明确自己在横队中向前行进的步数。

方法：在横排队形中，由最后一排的每位学生开始向前报数，报至第一排。每一排的数乘二减一，所得到的结果就是每位学生前进的步数。如共有四列，第一列学生走 7 步，最后一列学生走 1 步。

（3）下口令。听到口令后，每一路第一名学生向前迈出两步后，迈第三步时，第二名学生开始向前行进，依此类推。

（4）每位学生走完自己的步数（数在左脚上），右脚向左脚并拢，同时向左转体 90 度。

（5）第一排向前迈出两步后，迈第三步时，第二排开始向前行进，依此类推。最后一步结束，右脚向左脚靠拢后，全体迅速自动向右看齐（看齐时保持原间隔和距离不变）。

教法步骤：

（1）在口令："1～2"、"1～2"指挥下，练习纵队中每一小排开始行进的准确节奏。

（2）练习纵队行进中，最后一步的整齐性。

做法：听到齐步走的口令后，向前迈三步，第四步右脚向左脚并拢。可在口令"1——2——3——4"指挥下完成此练习。

（3）在练习（2）的基础上向左转体，即用六拍完成动作。1——4 同上；5——6 向左转体。

（4）练习横排向前行进的准确节奏。

从纵队开始，用节拍指挥下完成动作。听到开始的口令后，1——向前迈一步，2——右腿并左腿，3——4 向左转体，5——6 第一排向前行进，7——8 第二排开始向前行进，依此类推。

（5）进行完整动作练习。

注意事项：分列式所追求的结果是动作的整齐划一，及动作的规范性。此练习应能体现出班集体的气势和精神面貌。如果动作不整齐，采用分列式作为入场式手段，效果就会大打折扣，所以在练习中，要求练习者注意力应高度集中。

4. 错肩行进（图 6－10）

口　　令：错肩行进——走！

错肩跑步——走！

动作要领：左右两路队伍快相遇时，听到口令，左右两路各自靠左行进（相隔一步），错右肩继续绕场地行进（也可靠右行，错左肩）。

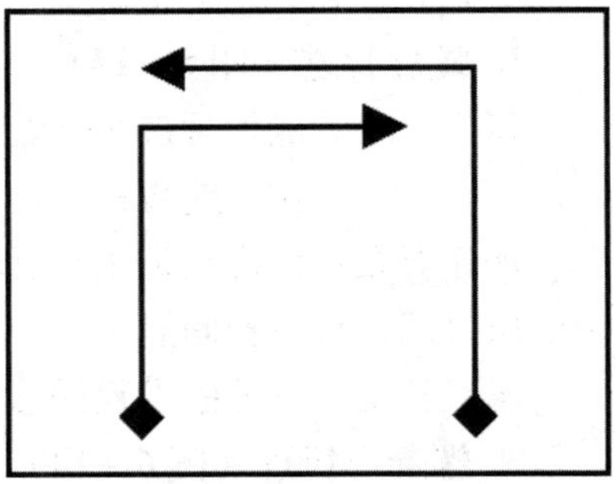

图 6－10

5. 一路纵队变三角形

口　　令： 成三角形向左转——走!

动作要领： 听到口令后，排头向左转小步行进，其余学生依此按递增数走到排头转体处向左转跟进（一般距离两步，间隔一步）成三角形后，按指挥员口令“照原步幅前进”、“立定”等口令执行。

（二）斜线方向行进

1. 对角线行进（图6－11）

口　　令： 对角线行进——走!
对角线跑步——走!

动作要领： 听到口令，排头带领左转弯135度按对角行进，到达顶点如无特殊要求自动转弯沿边线逆时针行进。在反复练习中，队伍相交时应依次穿插通过。

教　　法： 在两对角处设标志物进行练习。

2. 交叉行进（图6－12）

口　　令： 交叉行进——走!

动作要领： 两路学生沿左右边线行进，听到口令后，左路学生左转弯135度，右路学生右转弯135度，各自沿对角线行进，至中心点相交时，左先、右后依次穿插通过。

教　　法： 交叉前先拉开一倍距离，指挥员站在场地中心点附近观测，防止碰撞。

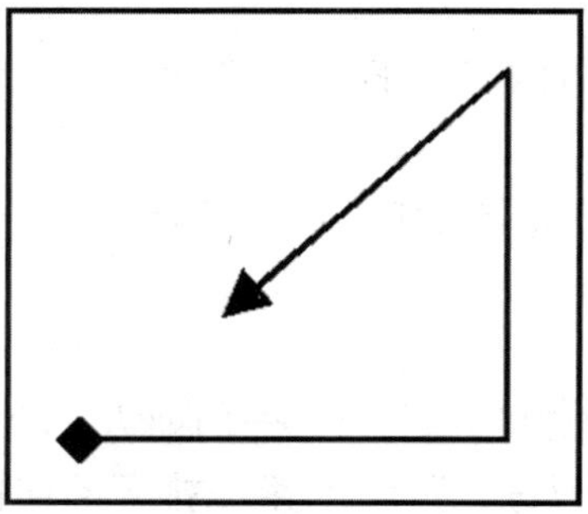

图6－11

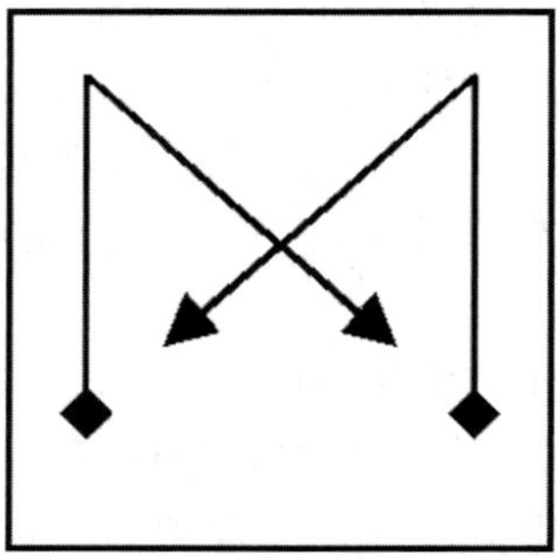

图6－12

（三）曲线方向行进和来回行进

1. 蛇形行进（图6－13）

口　　令： 蛇形行进——走
蛇形跑步——走

动作要领： 由排头带领左后转弯走，到达规定点自动右后转弯走，依此往复行进。要求队伍之间保持一臂间隔。

教　　法： 场地中设置标志或指挥员带领练习。

2. 螺旋形行进（图6－14）

口　　令： 螺旋形行进——走!
螺旋形跑步——走!

动作要领： 由排头带领沿队伍的内缘做螺旋形行进，至中心点（不能再前进时）自动右后转弯，沿队伍的外缘反方向行进。此种做法称为“开口螺旋形行进”。

当排头行进至中心点时，亦可下达向后转走（跑）的口令，排尾变排头，反方向行进。此种做法称为：“闭口螺旋形行进”。

教　　法： 初学者可先手拉手相接进行练习，以保证队伍的整齐性。

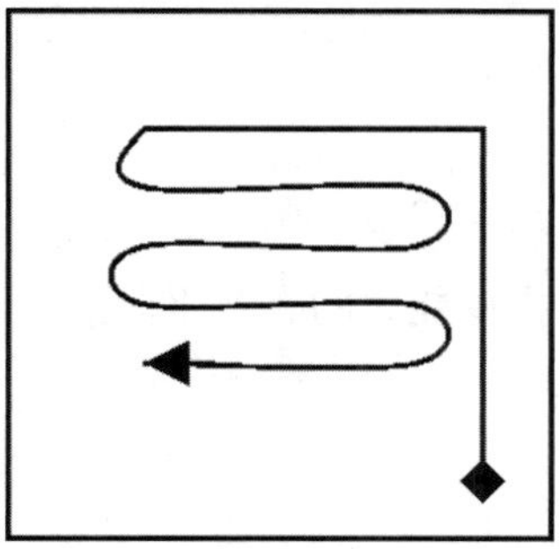

图 6－13

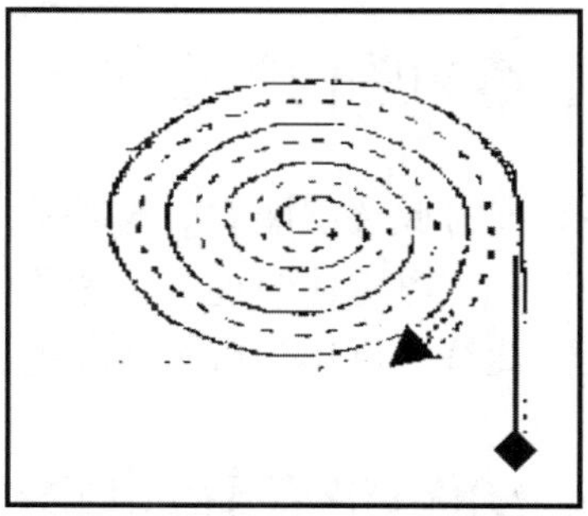

图 6－14

3. 8 字形行进（图 6－15）

口　　令： 8 字形行进——走！
　　　　　8 字形跑步——走！

动作要领： 排头带领左转弯弧形行进，通过场地中心点自动右转弯弧形行进成圆形，至中心点左转弯，两圆在场地中心点相切，当队伍相交时，依次穿插通过。

教　　法： 确定场地中心点。先在画有标志线的场地上进行，也可由老师带领行进。

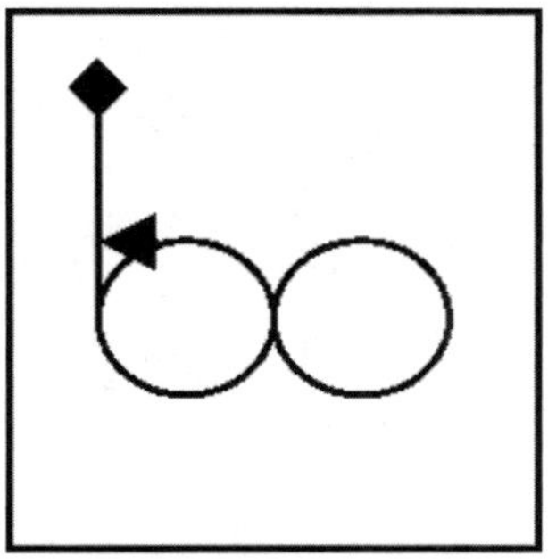

图 6－15

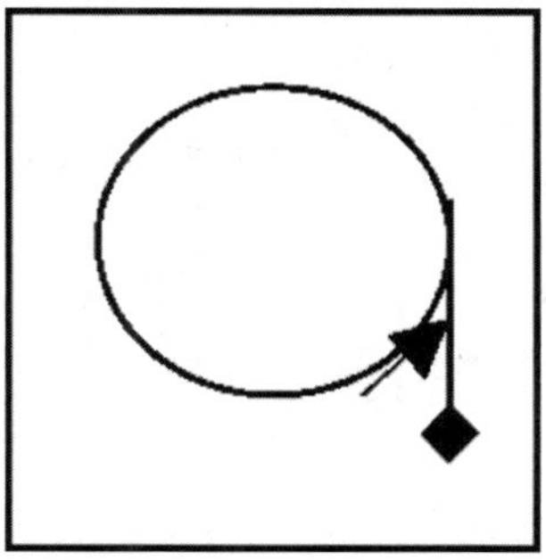

图 6－16

4. 圆形行进（图 6－16）

口　　令： 圆形行进——走！
　　　　　圆形跑步——走！

动作要领： 排头带领沿弧形绕场行进，自动调整步幅，至队伍首尾相接后按圆形行进。

教　　法： 确定圆心后，排头根据队伍长短调整半径；亦可以面向圆心，左右拉手成圆后进行练习。

第五节　成套队列队形指挥综合练习内容与行进路线

一、练习的目的意义

（一）通过此练习能有效培养学生正确下达口令的能力。
（二）此练习可作为检查、考核体育院校学生口令指挥能力的有效手段。
（三）此练习可作为班级之间进行队列队形比赛内容。

二、动作内容与行进路线

（一）原地动作（图6－17）

预　　备：学生面向主席台二列横队站立。

动　作：①稍息，②立正，③向右看齐，④向前看，⑤～⑥向左转两次，⑦向后转，⑧～⑨向右转两次，⑩向后转。

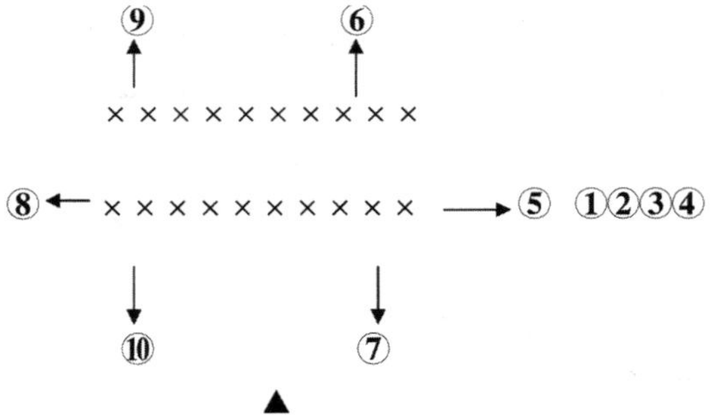

图6－17

（二）行进间动作（图6－18）

1. 变方向齐步、正步动作（图6－18）

预　　备：学生面向主席台二列横队站立。

动　作：①齐步走，②～③向左转走两次，④向后转走，⑤～⑥向右转走两次，⑦向后转走，⑧立定回到原位，⑨向前正步走，立定，⑩向后转，正步走，立定。

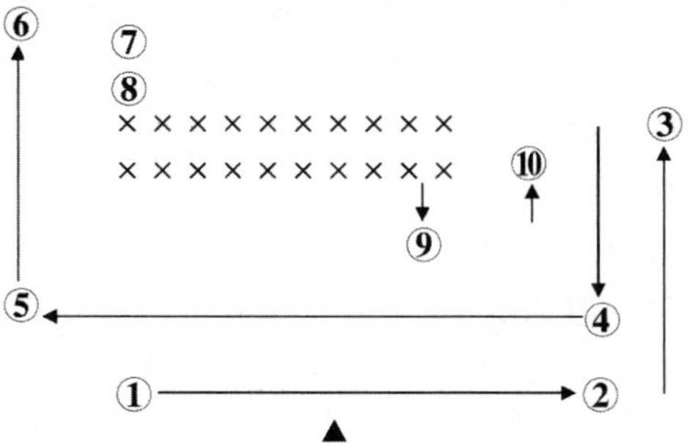

图 6－18

2. 绕场行进间步伐变化动作（图 6－19）

预　　备：向左转，变成两路纵队。

动　作：①齐步走，②跑步，③立定，④跑步（呼口号），⑤齐步走，⑥踏步，⑦立定（逆时针绕场两周进入到开始集合时的位置）。

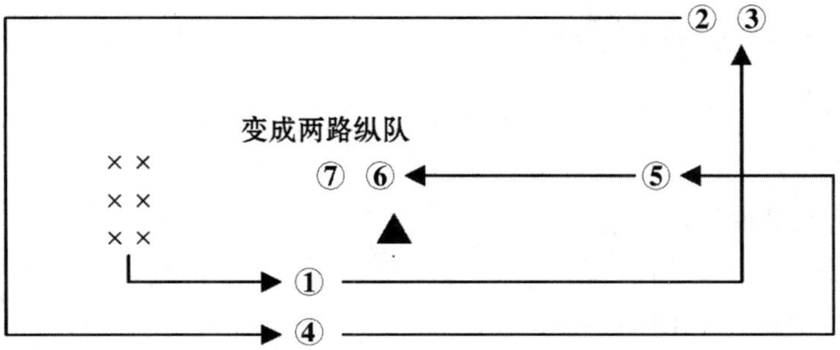

图 6－19

三、教学步骤及练习重点

要达到成套队列队形指挥综合练习的目标，在教学中一般可按以下步骤进行教学。

（一）思想动员明确目标

教师要在向学生讲述和介绍成套队列队形指挥综合练习内容的基础上，使学生了解通过此练习，对提高学生指挥能力的作用，并使每一个学生都能明确，通过练习所要达到的目标如下。

1. 指挥者教态规范、站位正确。
2. 口令准确、声音宏亮有力度，能熟练掌握发音技巧。
3. 队列动作规范、整齐，有气势。

（二）原地队列练习

1. 内容与顺序：稍息——立正——向右看齐——向前看——向左转两次——向后转——向右转两次——向后转。

2. 练习的重点：正确的口令顺序；正确的发音；规范的教态。

3. 组织教法：

（1）教师示范讲解动作做法。

（2）教师指挥学生做动作。

（3）分组进行学生互相指挥练习。

（4）教师检查讲评学生练习情况。

（三）行进间向左转走练习

1. 练习的重点：下达口令时机与准确性。

2. 组织教法：

（1）教师示范讲解动作做法。

（2）教师指挥学生做动作。

（3）分组进行学生互相指挥练习。

（4）教师检查讲评学生练习情况。

（四）行进间向右转走练习

1. 练习的重点：下达口令时机与准确性。

2. 组织教法：

（1）教师示范讲解动作做法。

（2）教师指挥学生做动作。

（3）分组进行学生互相指挥练习。

（4）教师检查讲评学生练习情况。

（五）行进间向后转走练习

1. 练习的重点：下达口令时机与准确性；动作的规范性。

2. 组织教法：

（1）教师示范讲解动作做法。

（2）教师指挥学生做动作。

（3）分组进行学生互相指挥练习。

（4）教师检查讲评学生练习情况。

（六）行进间转法组合练习

1. 内容与顺序：齐步走——向左转走两次——向后转走——向右转走两次——向后转走。

2. 练习的重点：下达口令时机与准确性；规范的教态；正确的指挥位置。

3. 组织教法：

（1）教师示范讲解动作做法。

（2）教师指挥学生做动作。

（3）分组进行学生互相指挥练习。

（4）教师检查讲评学生练习情况。

（七）正步走练习

1. 练习的重点：摆臂及腿部动作的规范性。
2. 组织教法：
（1）教师示范讲解动作做法。
（2）原地摆臂练习。
（3）腿部动作练习。
（4）一步两动动作练习。
（5）一步一动动作练习。
（6）完整动作练习。
（7）分组进行学生互相指挥练习。
（8）教师检查讲评学生练习情况。

（八）步伐互换练习

1. 内容与顺序：齐步走——跑步——立定——跑步（呼口号）——齐步走——踏步——立定。
2. 练习的重点：下达口令时机与准确性；规范的教态；正确的指挥位置。
3. 组织教法：
（1）教师示范讲解动作做法。
（2）齐步变跑步练习。
（3）跑步变立定练习。
（4）跑步变齐步练习。
（5）分组进行学生互相指挥练习。
（6）教师检查讲评学生练习情况。

（九）完整动作练习

1. 练习的重点：下达口令时机与准确性；规范的教态；正确的指挥位置；动作的规范性。
2. 组织教法：
（1）教师示范讲解动作做法。
（2）教师指挥学生做动作。
（3）分组进行学生互相指挥练习。
（4）教师检查讲评学生练习情况。

四、成套队列队形动作比赛评分方法案例

（一）评分内容及分值

1. 集体队列动作完成情况：50 分
2. 指挥员完成情况：30 分
3. 整体效果：20 分

（二）评分细则

1. 集体队列动作完成情况的评分

要求：精神振奋；口号宏亮；动作规范；步伐统一；排面整齐。

集体动作完成情况错误扣分，如表 6－1。

表 6－1 集体动作错误扣分表

典型错误	轻微	显著	严重
队列动作不规范	0.1～02	0.3～0.4	0.5～0.6
步伐、排面不齐	0.1～02	0.3～0.4	0.5～0.6
口号不够宏亮	0.1～02	0.3～0.4	0.5～0.6
步伐或转向错误，每出现一人次	0.5 分		

由于指挥员口令的错误，则扣指挥员的分，并在整体情况上适当考虑扣分。

2. 指挥员完成情况的评分

要求：仪表端庄；口令准确；声音洪亮；站位合理；路线最佳。

指挥员完成情况错误扣分，如表 6－2。

表 6－2 指挥员完成情况错误扣分表

典型错误	轻微	显著	严重
态度不严肃认真，仪表不自然不大方	扣至 1.0	扣至 2.0	扣至 3.0
口令不准确、不宏亮、无力	扣至 1.0	扣至 2.0	扣至 3.0
调队路线及顺序不正确，指挥位置不准、偏场、来回走动	扣至 1.0	扣至 2.0	扣至 3.0
每错喊、漏喊一个动作扣 1 分；多余调队每次扣 1 分。			

3. 整体效果评分

要求：队列步伐整齐；动作规范有力；精神饱满振奋；组织纪律良好。

整体效果错误扣分，如表6－3。

表6－3 整体效果错误扣分表

典型错误	轻微	显著	严重
情绪欠佳，精神不振	扣至1.0	扣至2.0	扣至3.0
动作不规范、不整齐	扣至1.0	扣至2.0	扣至3.0
组织纪律欠佳	扣至1.0	扣至2.0	扣至3.0

思考题：

1. 队列队形的概念？
2. 为什么说“基本动作”、“纵队”或“横队”是进行队列队形变化的基础？
3. 队列队形练习有哪些功能与价值？

第七章 徒手体操

内容提要

徒手体操是体操类型之一，是以徒手做动作的形式，按照一定节奏，身体进行单个、单节或成套身体动作的练习。这种练习多在音乐或口令等节拍的指挥下有节奏地进行。本章在讨论分析徒手体操的特点、作用、动作内容、练习的形式的基础上，重点讨论分析了徒手体操的编排以及影响徒手体操动作效果的因素，提出了徒手体操动作编排原则，给出了徒手操编排的基本方法步骤，对练习者进行徒手体操编排有一定的指导意义。

关键词：徒手体操　徒手体操编排

徒手体操是以徒手做动作的形式，按照一定节奏，进行单个、单节或成套身体动作的练习。这种练习多在音乐或口令等节拍的指挥下有节奏地进行。

第一节　徒手体操的特点及作用

一、徒手体操的特点

（一）练习形式简便

因为徒手体操是采用徒手形式进行的身体活动，它不受场地、器材的限制。

（二）动作内容多，节奏变化大

由于身体各部位可完成的单一动作及组合动作数不胜数，这就为练习者在动作的选择上提供了丰富的内容。在进行徒手体操练习时，练习者可根据自身特点和需要任意编排选择动作，既可选编简单的单一动作，也可选编复杂的组合动作，完成动作的节奏可慢亦可快，这就为各类人群进行徒手体操动作内容的选择，及合理调节练习的运动负荷提供了便利条件。因此，它不受性别、年龄、健康状况等条件限制。

（三）动作表现形式多样

徒手体操动作的表现形式可多种多样，可刚劲有力，也可柔和优美；可既为体现良好的姿态而表现出动作的一板一眼，也可为达到身体活动目的及身体锻炼效果而表现出动作的自然协调到位。

二、徒手体操的作用

徒手体操是目前各运动项目中普及率最高的体育活动形式，这主要是由该内容的特点所决定的。长期的实践证明，徒手体操具有以下主要方面的用途。

（一）能培养良好的体态和精神面貌

通过徒手体操练习，可培养人体的正确姿势，提高各肢体部位肌肉的控制能力，振奋精神。如各种姿态操，形体操等。

（二）有利于身体的发育、促进身体健康

长期进行徒手体操练习，可提高身体各系统器官的功能，促进人体的全面发展，如广播体操等；为了防治某种疾病，可创编各种医疗保健体操；为预防某种职业病，可创编不同的生产操等。

（三）是体育教学训练良好的基本内容和辅助手段

作为体操项目的一个部分，徒手体操同时也是体操专业的一个基础训练内容，它能有效培养良好的体操姿态和意识；同时它也是各运动项目进行准备活动的首选内容；它是进行协调性训练、培养节奏感等运动素质的良好手段。

第二节　徒手体操动作内容

根据身体各主要部位所做动作进行划分，徒手体操动作内容可归纳为以下五个部分：

一、头颈动作

屈：前（后）屈、左（右）屈。
转：左（右）转。
绕环：向左（右）绕环。
振：前、后、左、右。

二、上肢动作

举：前举、上举、侧举、后举；前上举、前下举、侧上举、侧下举；前斜上举、前斜下举、后侧下举。

振：上举后振、侧举后振、胸前平屈后振等。

屈：胸前平屈、肩侧屈、两手叉腰等。

伸：胸前平屈向前伸、肩侧屈向上伸、肩侧屈向侧伸等。

绕和绕环：臂上举和下垂姿势开始，做向前、向后、向内、向外、向左、向右的绕和绕环；臂侧举姿势开始，做向上、向下的绕和绕环；臂前举开始，做向上、向下绕和绕环等。

三、躯干动作

屈：上体前、后、侧屈等。
转：上体左、右转。
绕环：上体向左、右绕环。
倾：上体向前、后倾。
振：上体前、侧、后振。

四、下肢动作

立：直立、开立（左右、前后）、起踵立、点地立等。
举：左（右）腿前、侧、后举等。
踢：左（右）腿前、侧、后踢等。
屈：左（右）腿屈膝前、侧抬等。
伸：屈膝前抬腿向前伸；屈膝侧抬腿向侧伸等。
绕环：左（右）腿向内、外绕环等。
弓步：前、侧、后弓步等。
蹲：并腿全蹲、半蹲、分腿半蹲等。
跪：跪立、跪坐等。
出：左（右）脚侧（前、后）出等。
跳：单（双）脚跳、分腿跳、交换腿跳等。
坐：并腿坐、分腿坐、屈腿坐、坐撑等。

五、综合部位动作

撑：俯撑、侧撑、仰撑、跪撑等。
卧：俯卧、侧卧、仰卧、卧撑等。

第三节　徒手体操练习的形式

徒手体操练习不仅具有易于开展的特点，同时它的练习形式也是多样的，从练习的人数区分，可以分为单人练习、双人练习、集体练习形式。从运动方式区分，可以分为定位练习、行进间练习、定行结合等形式。

一、单人练习

即练习时，每个人都在统一节拍的指挥下，完成相同内容的动作，其特点是练习的形式简单，在动作的完成上不受他人的限制。这是最常见的一种练习方式。

（一）定位练习

定位练习是指，进行徒手体操练习时，练习的位置相对固定。其特点是对练习的场地大小要求相对较低，容易组织进行练习。如广播体操等就是采用这种练习形式。

常用练习队形：长方形等。

（二）行进间练习

行进间练习是指，练习者在进行练习时，练习的位置是移动的，这种练习基本上是在行进过程中完成动作。这种练习形式所需场地面积要求相对较大，组织练习的难度也相对较高，但此种练习比定位练习的运动负荷要大，目前更多运用于准备活动的练习。

常用练习队形如下。

1. 圈形练习方式

圈形练习方式是指，把队伍排成一路纵队，围一个圈子（圈子的形状可圆，可方等），指挥员站在圈子中央组织练习，练习者通常沿逆时针方向边走边进行徒手操练习。该练习方式组织起来相对容易，练习的持续性较好，但所占场地面积较大。此外，由于练习时部分学生所处的位置方向与指挥员不一致，学生模仿教师动作时在方向上容易出现偏差，造成整体动作方向的不一致。

2. 并、裂队队形

并、裂队队形是指，将学生分成同等数量的两路，在并队时做动作，在裂队时不做动作并走回到并队位置准备下一轮的动作练习，教师根据需要站在并队队伍的前侧面或前面。这种练习方式有利于通过裂队调节运动量；另外相对于圈形方式它更有利于学生模仿教师做动作，教师更有利地观察指导学生；场地所需面积较小。

该种队形的运用有以下几个不利方面：首先是组织练习相对较难（特别在运用该种队形的最初阶段）。其次是练习所花的时间较长，要求排头队员练习水平相对更高一些，否则可能会导致整体动作练习的不一致或不整齐。

二、双人练习

双人练习：在单人动作练习的基础上，利用二人相互配合做动作的方式，可提高练习的难度，同时也可提高练习的兴趣。由于两人在完成动作时不同程度上会受到对方的限制，因此练习时需要两人的默契配合，才能达到好的练习效果。

（一）运动方式

运动方式一般采用定位练习方式。

（二）站　位

站位：两人做动作时两人相互之间站位的关系，可分为二人面对、二人背对、二人侧对和二人同向重叠站立等。

（三）配合方式

配合方式：双人练习是在两人相互配合下完成的，根据二人相互配合用力的方法可分为三种方式。

1. 助力性方式

助力性方式：一人帮助另一人做动作。如帮助拉肩（图 7－1）、扳腿（图 7－2）。

2. 对抗性方式

对抗性方式：二人相互对抗用力。如二人面对站立两臂轮流互推（图 7－3）。

图 7－1

图 7－2

图 7－3

3. 协同性方式

协同性方式：二人同时配合用力做动作。如二人面对左右开立，两手互扶肩，体前屈相互压肩（图 7－4）；二人并立，外侧臂上举互握手，内侧臂下垂互握手，同时向外侧做弓步体侧运动（图 7－5）。

图 7－4

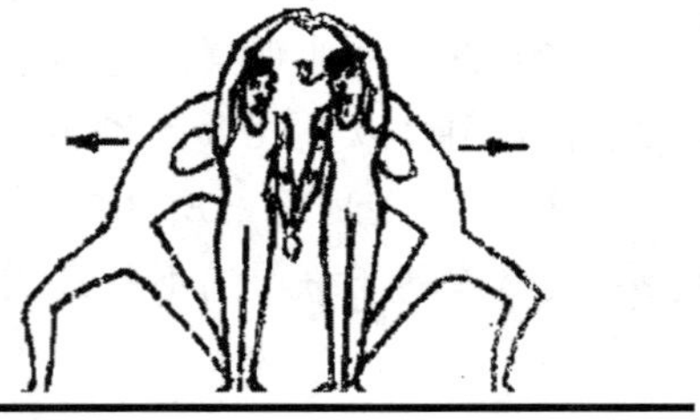

图 7－5

三、集体练习

集体练习的基础仍是单人动作，只是更强调集体中的每个人在练习时相互配合。练习时在统一节拍中每个人或部分人完成相同或不同动作，使得在动作造型、队形变化等方面体现出整体的效果。它更多运用于集体表演或在提高练习兴趣时采用。

（一）运动形式

运动形式有：定位、行进等练习方式。

（二）练习队形

练习队形有：方队、纵队、横队、圆形等队形。

（三）配合形式

配合形式：每个人可在同一拍中完成不同动作；或动作相同但方向、幅度、节奏等方面不同；可交替、依次做同样动作等。

例如：由四列横队构成的方队，每列横队在不同节拍时做下蹲和站立侧上举动作，可在整体上形成交替起伏的效果。

第四节　徒手体操的编排

一、影响徒手体操动作效果的因素

进行徒手体操动作的编排，首先要了解影响徒手体操动作效果的各种因素。所有徒手体操动作都是通过人体各肢体部位姿势在一定的时间和空间状态下的复合运动。其影响动作效果包括身体姿态、动作方向、动作幅度、动作路线、动作频率、动作速度、动作节奏和动作配合等八种因素。因此，在创编动作时正确掌握和运用影响动作效果的各个因素，能有效地改变动作做法、动作的难易度；合理调节运动负荷；有选择地锻炼身体的不同部位；达到预定的锻炼效果。

（一）身体姿势

身体姿势：动作的外部表现。身体姿势包括动作开始姿势，动作过程中的姿势和结束姿势。做任何动作，身体姿势的改变和正确与否都会影响动作的难易、动作的强度和锻炼效果。

1. 对身体肌肉的影响

（1）调整对不同肌肉用力部位及性质的影响

每一个动作姿势都是在身体各部分肌肉的作用下完成的，改变不同的姿势，就会改变不同肌肉活动内容及用力性质。例如：单腿直腿前举与屈腿前举（高抬腿）这两个不同姿势的动作，除了参与活动的腹肌主动用力收缩相同以外，前者更需要大腿的股四头肌主动用力，而后者则需要大腿后肌群也同时参与用力。由此可见，根据身体练习的任务合理变换动作姿势，可以达到调整锻炼不同部位肌肉及性质的目的。

（2）调节对身体肌肉韧带刺激的强度

调节对身体肌肉韧带刺激的强度主要体现如下。

①调节肌肉韧带被动拉伸效果。为了增大或减少对身体肌肉韧带伸展性效果的影响，可以通过身体姿势的改变来进行调节。例如：做体前屈时，直腿与屈腿相比，前者对拉长大腿后部肌肉和韧带能起到更好的作用。同样，在编排向前踢腿运动这一节动作时，为了更好达到拉长腿部后群肌肉韧带的效果，那么编操时要强调两腿伸直。

②调节肌肉负荷强度。通过身体姿势的改变，可以提高练习的负荷强度。例如：做上体前屈 90 度时，采用两手叉腰或臂侧举或臂上举，这几种不同的姿势，对腰背肌肉的负荷强度也不一样，因此我们可以通过改变动作姿势去提高或降低练习的强度。

2. 改变动作外部表现

不同的姿势意味着不同的动作，通过姿势的改变可以产生更多不同动作，在练习中，变换更多姿势，可以提高练习者的自娱性和动作的观赏性。

（二）动作方向

动作方向是指身体某个部位的运动指向。

1. 调节不同部位肌肉群影响

肢体所做的每一个动作，都是在肌肉的作用下完成的，各肢体部位完成不同方向的动作，其动用的肌肉群及工作性质也不同。如向前踢腿动作，主要是发展腹肌及大腿前部肌肉力量及提高臀部及大腿后肌群韧带的伸展性，若踢腿方向发生变化了，动作效果也随着改变。

因此，在进行操的编排时，就要考虑采用更多方向的动作，才能达到全面锻炼身体的目的。

2. 改变动作外部表现

人体的基本运动方向有六个，如果包括中间和其他不同方向，总共有十几个方向，编排中通过改变动作的方向，可以改变动作的外部表现，使动作内容更加丰富，提高练习者的自娱性和动作的观赏性。

（三）动作幅度

动作幅度：练习者在做动作时，身体或身体某部分移动的范围大小或距离长短。

1. 调节肌肉负荷强度

动作幅度的大小直接影响动作运动负荷的大小。如直臂绕环比屈臂绕环的幅度大，运动量也就大，对人体影响也就大。因此，选择不同幅度的做法是调节运动量的方法之一。

2. 改变动作外部表现

与动作姿势和方向一样，通过改变动作幅度，可以改变动作的外部表现，徒手操合理的编排应体现出动作幅度大小兼有之。

（四）动作路线

动作路线：练习者在做动作时身体或身体某部位运动轨迹的连线。采用不同的路线对培养练习者协调能力有直接的影响。如臂侧举与臂经前至侧举相比，后者要比前者复杂些，就能更好地培养练习者的协调性。

1. 调节肌肉用力的协调性难度

徒手操中动作的路线一般包括直线、弧线、曲线三种基本线路。直线运动所参与的肌肉用力相对比较单一，而弧线及曲线运动所参与的肌肉用力相对较多，肌肉的主动及放松用力必须转换。这种用力的转换需要身体神经对肌肉进行良好的调节才能完成好，也就是说肌肉的协调性要好。因此，从肌肉用力的协调性难度看，直线－弧线－曲线运动线路的难度排序分别为简单－中等－难。我们为了提高动作难度，特别是协调性难度，可以通过动作路线来进行调节。

2. 改变动作外部表现

与以上各因素一样，通过动作路线的改变，可以改变并丰富动作的外部表现，提高动作的观赏性。

（五）动作频率

动作频率：练习者在单位时间内完成动作重复的次数。

1. 调节肌肉负荷强度

在一个拍节内完成一个动作与完成两个动作相比，显然后一种要求肌肉在用力速度上要快，自然对肌肉的负荷强度也大。因此，可用改变动作频率的方法来增大或减少肌肉的工作强度，调节运动负荷。

2. 调节肌肉用力的协调性难度

动作频率越高，身体肌肉用力与放松的转换能力也就越高，对肌肉的协调性要求也就越高，因此可以通过改变动作频率提高肌肉用力的协调性。

（六）动作速度

动作速度：练习者在单位时间内身体或身体某部位移动的距离。

动作速度的快慢可调节肌肉的负荷强度。动作速度快，肌肉用力的力量就大，自然练习的负荷量也就大。在徒手操练习时，通常应根据操的内容性质确定动作的速度，如踢腿运动、跳跃运动一般动作速度都比较快，当然操的运动负荷也相对较大。而整理运动动作的速度相对较慢，负荷量也相对较小。因此，在教学过程中应根据操的动作内容性质合理确定动作的速度。

（七）动作节奏

动作节奏：强和弱的动作均匀地周期性交替。它表现在一节操或一套操的整体节奏上。由于它集合动作力量、幅度的大小，速度、频率的快慢等特征于一体，形成强弱的综合性特征。因此，它对动作效果的影响也是多方面的。

1. 调节运动量

在每一节或一套操的编排中，合理组合编排强和弱的动作，合理支配紧张和放松，使肌肉工作与休息有节奏地交替，能提高锻炼效果，有利于掌握动作。

2. 调节动作协调性难度

通常完成快节奏动作比慢节奏动作对身体的协调性要求要高，针对练习者水平，合理安排动作的节奏，才能达到好的锻炼效果。

3. 改变动作表现效果

一套合理的徒手操，应根据动作内容性质、练习对象等方面合理安排动作的节奏。不同的动作节奏可以体现出不同操的表现风格。如为体现少年儿童的青春活泼，在操的节奏上相对较快，音乐伴奏方面表现出欢快节奏的特征。而针对青年健身徒手操，则表现节奏性快慢强弱多变的特征。而针对老年人，动作节奏则比较缓慢。

（八）动作配合

动作配合：身体各部位相互运动配合关系。

1. 改变对身体影响的效果

身体各部位动作配合的方法不同，锻炼效果也不同。如体转运动，为了达到上体转动时更大影响躯干肌肉的效果，要求上体向后转体时，两臂向转体一侧举，同时两脚跟要完全着地，不得抬起。而如果体转时采用两手叉腰，脚跟抬起的姿势，则影响效果差得多。

2. 调节动作协调性难度

一拍动作或多拍组合动作，相互配合，也是提高协调性的方法。以下是常见动作配合对协调性影响的几种因素。

（1）肢体动作数量越少，协调性要求越低

徒手操练习时，每一拍可以完成一个或多个肢体动作。通常情况动作越少对身体的协调性要求越低，动作越多对协调性要求越高。如完成上肢运动第一拍动作“右臂前举”这样一个动作。或完成“右腿向右一步成开立，同时右臂前举，左臂侧平举，头部向左转体看左手”这样四个动作。后一种做法显然对完成动作的协调性要高。

（2）动作方向越少，协调性难度要求越低

从各肢体动作的方向看，各肢体同时完成相同方向比完成不同方向动作要简单，以上面动作为例，例如把上面动作改为“右腿向右一步成开立，同时右臂侧平举，左臂侧平举，头部向右转体看右手”动作，虽然动作数量没变，但动作的总体方向少了。那么动作的完成就相对简单。

（3）动作姿势相同，完成越容易

在同样一拍动作里，各肢体对称部位（两臂或两腿）可以完成相同或不同的动作姿势，动作姿势相同，越容易完成动作，如完成“两臂前举”动作比完成“一臂前举，一臂侧举”动作要容易，因为前者都是同样一种姿势，而后者则是两种不同姿势。

综上所述，各动作因素对动作效果影响作用总体归纳起来有四种，但每一个因素其主要影响作用通常有二至三种（表7－1），在进行动作编排时，如要改变动作对身体的影响作用，可以有针对性地变换各种动作因素。

表7－1 各动作因素对动作效果主要影响作用一览表

影响效果 动作因素	改变对肌肉影响效果	改变动作表现效果	调节协调性难度	改变不同部位肌肉用力
身体姿势	√	√		√
动作方向		√		√
动作幅度	√	√		
动作路线		√	√	
动作频率	√		√	
动作速度	√			
动作节奏	√	√	√	
动作配合	√	√	√	√

二、徒手体操动作编排原则

创新编排是体操的生命力，只有不断地变化更新才能保持体操的活力。徒手体操的创编原则是人们经过长期的实践，总结成功的经验，研究和探索其客观规律，将实践获得的经验与科研成果归纳、升华为理论认识，从而提出了用于指导徒手体操动作创编的原则。

（一）明确的目的性、针对性原则

1. 明确练习的目的任务

根据练习者所要完成达到的任务目的去合理编排动作。如创编以保健为目的的广播体操，选择的动作既要简单易学，又要有锻炼价值；体育课中为达到身体活动开的目的，所编的操内容应根据身体主要活动部位选择动作内容；为培养良好体态的基本姿态操在选择的动作部位时应全面规范；为培养学生相互配合能力为目的可选编双人操等等。总之只有目的任务明确，所编排的内容才能达到好的效果。

2. 明确练习的对象

每一套操都是为练习者准备的，那么编操时就应根据练习者的性别、年龄、身体状况等情况去合理编排适合他们特点的动作，才能达到好的练习效果。如对于老年人和体弱者，应选择简单易做、速度稍慢的动作；对于儿童少年，应选择活泼轻快和模仿性动作；对于青年人，应选择一些刚健有力、富有朝气、速度稍快、节奏分明的动作；用于女性锻炼时，则适当选择一些协调、优美、柔和的动作等等。

3. 明确练习的环境条件

徒手操练习有多种形式，应根据实际条件合理选择练习的形式内容，如场地比较小，可选择定位操练习形式，它对场地的要求比较低；如场地比较大，可选择行进间操形式；如有地毯或垫子，可编选一些适合在地上练习的内容，如坐、卧等动作，使编选的内容更加丰富。

（二）科学性原则

依据徒手体操的主要练习目的作用，我们在编排成套动作时应根据运动对人体影响的规律合理选择编排动作内容。

1. 全面影响身体

整套动作的内容要全面影响人体，动作部位包括上肢、下肢、躯干及全身动作；身体素质要有速度、力量、柔韧、协调、灵敏等方面内容；动作方向应包括向前、向后、向左、向右等方向的动作，使身体得到全面发展。

2. 合理安排运动量

整套动作的运动量要符合人体活动的规律，由小到大。动作活动部位由局部到全身。如先各肢体部位的局部活动，后安排全身各部位的综合运动。使得运动量逐渐上升。主要体现在：

（1）动作速度由慢－快－慢

动作速度由慢－快－慢是指，一套操中对每节操的速度要求，通常一套操的速度是由慢－渐快－快－慢的变化过程。如，第八套广播体操中的第一节为低速的伸展运动，中间动作为中速的体侧体转等内容，后面为快速的跳跃动作，结束为缓慢的整理运动。

（2）动作幅度由小到大

在一节或成套操中，动作幅度的编排是由小到大。如第八套广播体操中的体侧运动，其中有两拍体侧屈动作，第二次的侧屈比第一次的侧屈动作幅度要大，用力由小到大。整套动作的编排趋势也是如此。

3. 整套动作身体活动顺序（节序）要合理

在进行一节或整套动作编排时，身体活动的先后顺序是有一定编排规律的。

（1）先外后里

先外后里：安排全身各部分肢体练习时，其安排先后顺序一般是，先安排远离身体重心的四肢及头颈部动作，如头部运动，上肢运动，下肢运动，踢腿运动。后安排躯干部位动作，如体侧运动，体转运动，腹背运动。

（2）由上至下

由上至下：在先外后里的前提下，身体活动的安排顺序一般是从上至下。即由颈部－上肢－下肢顺序进行。

（3）由远至近

由远至近：单肢体部位活动时，其活动顺序是从远端关节到近端关节，如上肢由手腕－肘－肩先后顺序进行练习，下肢由踝－膝－髋顺序练习。

（4）先局部，后全身

先局部、后全身：先进行身体各肢体部位局部的活动，再进行全身的活动。如第八套广播操中前几节都安排上肢、下肢、躯干等身体局部运动，而把全身运动安排在操的后面。

（三）创造性原则

1. 不同类操，风格特点不同

徒手体操的内容十分丰富，编制整套动作时要根据实际情况选择各种不同的动作，而且应该针对不同对象、不同要求创造性地编选内容，表现出不同的风格特点，避免千篇一律，枯燥无味。

2. 同类操，动作内容不同

编排一套徒手操动作，不但要考虑动作对身体的锻炼效果，同时也要考虑操的新颖性，这样才能提高练习者的练习兴趣。特别在编排同类系列操时，如广播体操等，后编的动作应尽量避免与前面已编动作内容相同。

3. 及时更新动作内容

在学校体育教学及群众性体育活动中，徒手操练习是教学中常用的练习手段，应及时创编新的动作内容，才能保持练习者长期的练习兴趣和积极性，可以定期或在练习者掌握到一定程度以后不定期变换动作。变换的动作内容可以单个，部分或全部，可以通过改变身体姿势，变化动作方向、幅度、速度、路线，不同部位的配合等方法，创编新颖多变，具有锻炼实效的动作，以提高练习兴趣和效果。

三、徒手操编排基本方法步骤

徒手体操动作创编的基础是单人徒手体操动作，它以身体各部位做各种类型动作为核心，再加上影响动作效果的八个因素的各种变化，巧妙组合成千姿百态、丰富多彩的动作。通常情况，徒手操的编排分为三个阶段。

（一）编排准备阶段

在准备阶段，一般都要对涉及操编排的方方面面进行调查了解，在这基础上设计出总体的方案。具体要做以下主要工作。

1. 基本情况调查

（1）明确编操目的任务

了解编操的目的及任务。如保健目的、准备活动目的、培养基本姿态目的或综合目的等。

（2）明确练习对象

了解操练对象。如性别、年龄、职业、能力水平等。

（3）了解其他情况

如练习的时间、场地情况等。

2. 确定编操总体方案

经过基本情况调查分析后，就可确定编操的总体方案。

（1）练习的形式

练习的形式要根据练习者的特点，练习的目的任务及场地情况确定练习的形式，如定位操或行进间操、垫上练习等。

(2) 确定整套动作的风格特点

根据练习对象的特点及目的任务确定整套动作的风格特点。如青春活泼或协调优美或刚劲有力等。突出某种特色，如培养基本姿势，则基本部位的动作应多些，对缺乏身体某些部位运动的人，编操就应有针对性地增加这些部位的动作练习等。

(3) 确定操的难度

根据练习者的特点确定操的难度。如年龄、能力水平等，确定操是低难度还是中等难度等。

(4) 确定整套操的节数及重复拍数

根据练习的目的任务、时间要求确定每套操节数及拍数。每套操节数及拍数的多少直接关系到练习时间的长短及运动量的大小，因此从实际情况出发来进行确定节数和拍数。通常定位操的成套节数为 8 ~ 10 节，每节 4 × 8 拍。

(二) 动作创编阶段

在完成了以上准备阶段工作以后，就可进行操的实质编排工作，即每一节操、每一拍动作的编排。可按以下方法步骤进行。

1. 确定操的名称

通常操的动作名称是依照所要运动的身体肢体部位名称或动作形式命名的。如上肢运动，腹背运动、跳跃运动等。在编每一节操时，先考虑要进行身体哪一部位的运动，因此，必须先确定动作名称。当然，这个名称可能是暂时的，今后可以进行修改。

2. 动作编排

在确定操的名称以后，就可依照名称的性质内容进行具体的动作编排。编操时应充分考虑影响动作效果的各个因素。如身体姿势、动作路线、动作方向、动作幅度等因素，把这些因素合理地集合在一起组合成每一拍、每一节动作。目前动作编排有下列七种常用方法。

(1) 身体各部分配合

每一节操都有主要的活动部位，编排中在突出主要部分前提下可考虑其他肢体部位的配合。如上肢运动应以活动上肢为主，下肢作为配合部位可做一些简单的配合动作，左腿向侧一步成开立等。总之配合的动作不宜过大，常采用有利的某种姿势。

(2) 不同方法的组合

每一身体部分都可完成许多动作，在一节操中可采用某一类动作的做法，如下肢运动可全用踢或压等，也可采用多类动作的组合，如下肢先压再踢或屈、伸。

(3) 不同方向的组合

不同方向的组合：每节操的编排可采用前后方向、左右方向、前后左右方向组合。

(4) 不同次序的变化

可采用身体部位的同时做、依次做、轮流做或对称做、不对称做的方法。一般是同时与其他相结合来做，不对称的做动作比对称做动作难度要大。

(5) 不同形式的做法

不同形式的做法：一套操可采用行进间做、定位做的形式。行进间做时可用一步一拍，一拍一动来做；还可走 4 步（四拍），站立做四拍动作。定位中一般采用站立做，还可采用蹲、撑、坐、卧等多种姿势和前、后、左、右移动来做等。

(6) 不同重复次数的组合

如四拍一节动作中，绕环一次、两次或三次；体侧屈一次、两次或三次等。

(7) 各种动作采用不同幅度、路线、速度、频率、节奏的变化组合

(三) 编排结束阶段

在完成了创编动作阶段以后，需要对操内容进一步修改完善，目的是使所编内容能够尽可能适合练习的要求，因此，在编排完动作以后，根据情况进行以下几项工作。

1. 配音乐

对于比较正规的徒手操，如广播体操等，在编排完动作以后，要根据动作内容进行配乐。

2. 组织部分练习者进行试练

如果条件许可，通常组织部分练习者对所编排动作内容进行试做，从中发现存在的问题并加以修改。对于类似广播体操这样涉及面比较广的操来说，还应做一些测试，如运动量测试等。

3. 征求专家及练习者的意见

把所编动作内容通过图解、录像或现场表演形式向专家展示，并广泛征求练习者的意见，对所提意见建议仔细研究并进行必要的修改。

4. 完成操编排其他工作

完成操内容的文字图解编写、录音、录像等工作。

案例：7.1　《双人操》编排及文字图解编写

第一节　伸展运动（2×8）

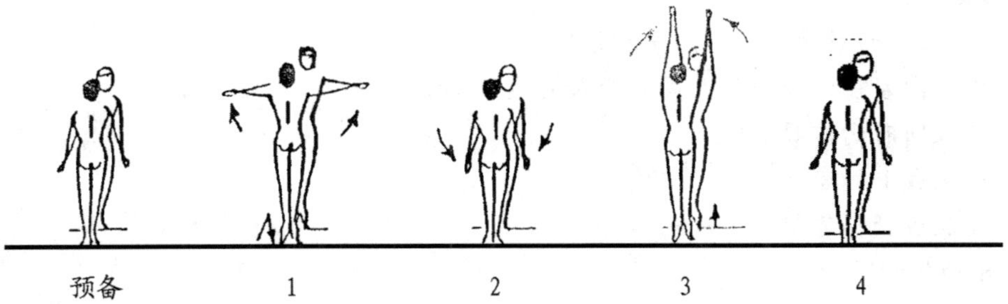

动作说明：

预　　备：面对面站立，两手相握

1—两人起踵，同时侧平举

2—还原成预备姿势

3—两人起踵，同时上举

4—还原成预备姿势

5—8 动作相同

第二个 8 拍同第一个 8 拍

第二节 四肢运动（2×8）

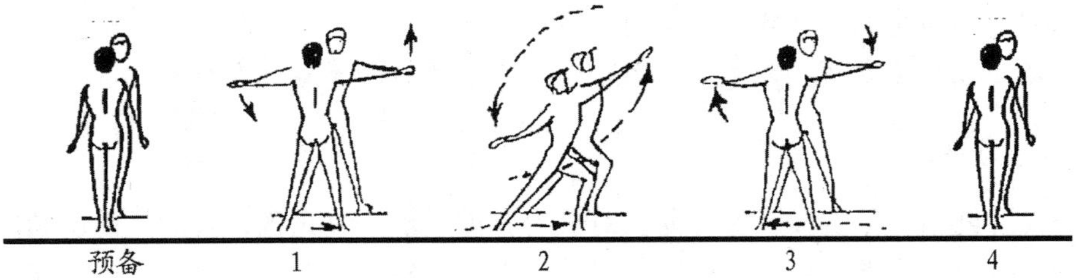

动作说明：

预　　备：面对面站立，两手相握

1—两人向同一侧出腿，同时侧平举

2—两人同侧一臂上绕，另一臂下绕同时内转 90 度，上内侧腿成弓步，一臂前上举，一臂后下举

3—还原成 1 拍姿势

4—还原成预备姿势

5—8 动作相同，但方向相反

第三节 踢腿运动（2×8）

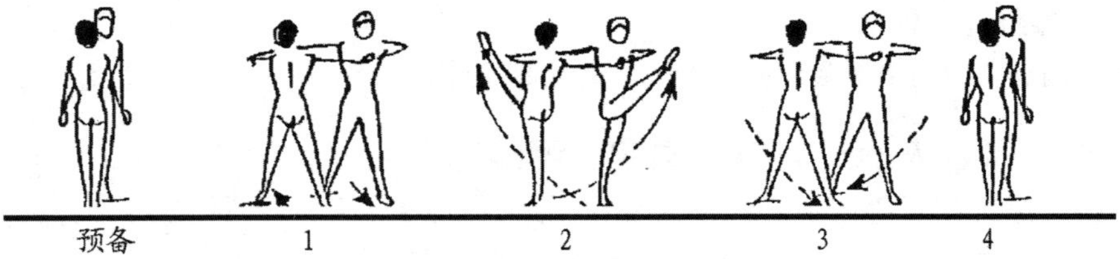

动作说明：

预　　备：面对面站立，两手相握

1—左脚向左前侧迈一步，同时两人的左臂胸前平屈，右臂侧平举

2—两人同时向前踢右腿

3—还原成 1 拍姿势

4—还原成预备姿势

5—8 动作相同，但方向相反

第四节 体侧运动（2×8）

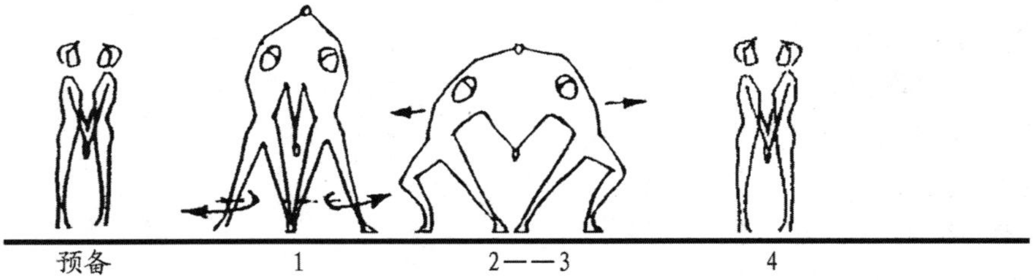

动作说明:

预　　备: 面对面站立，两手相握

1—两人同侧腿向后一步，内转90度，外侧臂上举

2—3 外侧腿屈膝，有弹性的用力侧拉两次

4—还原成1拍姿势

5—8 动作相同，但方向相反

第五节　体转运动（2×8）

动作说明:

预　　备: 背对背站立

1—左脚向左前侧迈一步，同时两臂侧平举

2—两人上体向右转体90度击掌

3—还原成1拍姿势

4—还原成预备姿势

5—8 动作相同，但方向相反

第六节　全身运动（2×8）

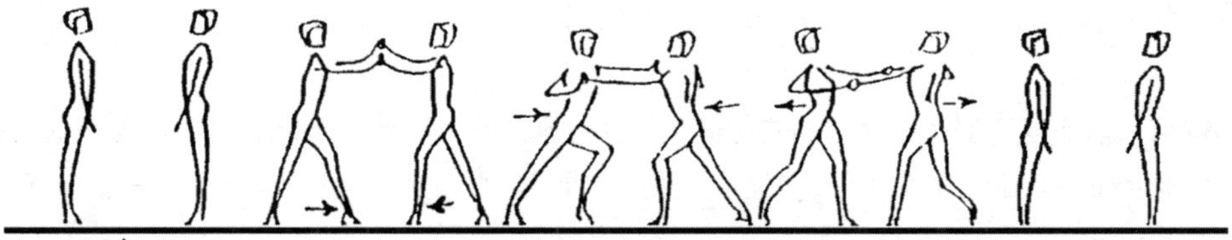

动作说明:

预　　备: 面对面站立，两臂距离

1—2 两人左腿向前一步，同时手掌互对顶

3—6 屈膝，互推4次

7—收左腿

8—还原成预备姿势

第二个8拍的动作同第一个8拍的动作，但方向相反

第七节 跳跃运动（2×8）

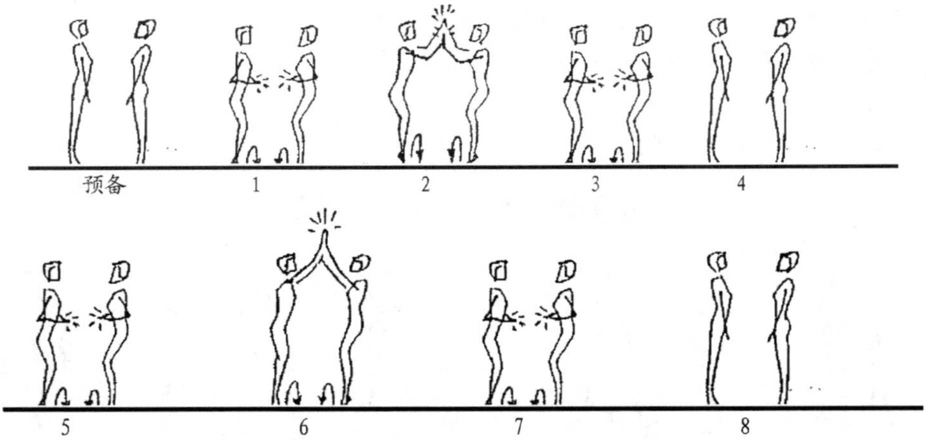

动作说明：

预　　备：面对面站立

1—原地跳起，击掌1次

2—原地跳起，与同伴胸前互相击掌1次

3—原地跳起，击掌1次

4—还原成预备姿势

5—原地跳起，击掌1次

6—原地跳起，与同伴上举互相击掌1次

7—原地跳起，击掌1次

8—还原成预备姿势

第二个8拍的动作与第一个8拍的动作相同

点　　评：

这套双人操练习的动作内容并不是单人徒手操动作简单的堆积，以协同性动作为主，突出了双人操中相互配合的特点，同时也包含对抗性动作，如果再编入一些助力性动作（如图7－6），那么在动作的类型上就会更加全面了。

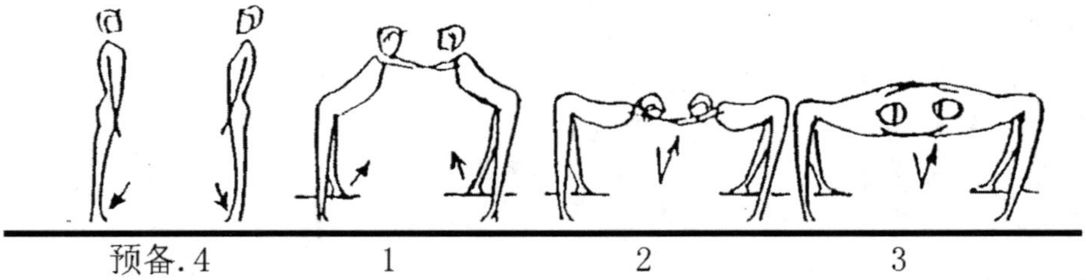

图7－6

第五节 徒手体操组织教学的注意事项

一、明确学习目的

徒手体操具有广泛的实用性和群众性，为了更好地开展活动，应该做好宣传教育工作，使练习者认识到进行徒手操的练习价值，以形成自觉坚持、经常锻炼的好习惯。而对于体育专业的学生，还应使他们清楚了解自身还担负着徒手操的推广普及任务。

二、合理组织教学

（一）严密课堂组织

教学效果与课堂组织有着密切的关系，教学中要组织有序，每次练习前要充分备好课，熟悉练习内容，安排好练习中的各个教学环节。

（二）合理组织做操形式和队形

为获得良好的做操效果，应合理组织做操形式和做操队形。常用定位操练习的队形有长方形、正方形、半圆形、“八”字形、梯形等。行进间操可采用一路或多路纵队，还可采用数列横队，一列一列依次进行。双人操练习可采用左右两人配对，也可前后两人配对。

三、正确运用示范领操面

示范是最生动形象和最逼真的直观教学。正确优美的示范动作，不仅可以使学生建立起正确的动作表象和概念，还可以引起学生学习动作的渴望心理，激发学生的学习积极性。

对教师示范的总体要求是：位置合适，示范面合理，动作清楚，部位准确，速度恰当，节奏分明，时机适宜，精神饱满。使练习者既能看清楚每拍动作做法，又能看清楚各拍动作的连接。

四、恰当运用讲解

讲解是练习中非常重要的环节，配合示范进行讲解有利于加深练习者对动作的理解，从而使练习者更快、更准确掌握动作。

（一）语言简明扼要，突出重点

动作讲解时一般不讲动作的全过程，特别在动作的学习阶段，把动作的要点、难点讲清楚，如动作的部位、方向、路线、方法、身体各部位的配合及动作要求等。

（二）结合示范进行讲解

练习时不要只讲解而不示范，一定要配合示范进行讲解，这样才能使练习者更清楚了解讲述的内容意思。

五、合理运用口令

（一）准确有序

在进行徒手体操练习时，要准确喊出节拍及提示口令内容，在节拍口令中插入提示口令时要保证整个拍节顺序不乱。

（二）节奏合理

根据动作内容、练习对象合理安排口令的速度快慢及力度的强弱及拍节的长短。如跳跃及踢腿动作练习，口令速度节奏一般应稍快短促一些；对幅度比较大的动作，如全身运动，腹背运动等，口令速度一般稍慢，拍节稍长；对比较舒展、连贯动作练习，口令拍节要适当拉长；做有爆发力的动作练习，口令节奏要相对短促，如跳、踢、振动作等。

（三）声音清晰、宏亮、有力度

根据做操人数、练习环境适当调节声音的大小，但一定要保证每个练习者清晰地听到口令。另外口令要有力度，才能激发练习者的练习热情。

六、及时纠正错误

为保证练习达到好的效果，在进行动作练习时应及时纠正动作错误，练习者在动作学习过程中，会出现或多或少的不正确问题，我们应在动作错误成为动力定型之前尽快改正过来。因此在动作教学过程中，教师应及时做好各种纠正措施及方法。

注：具体要求可参见第五章第三节体操教学课组织与教法要点提示。

思考题：

1. 徒手操练习的主要形式有哪些？双人练习中配合用力方式有哪几种？
2. 影响徒手操动作效果有哪些因素？主要影响效果是什么？
3. 成套徒手操编排中如何合理安排运动负荷？
4. 成套操编排时如何合理安排动作节序？
5. 徒手操编排各阶段主要工作内容有哪些？
6. 如何理解动作编排的七种常用方法？
7. 徒手体操组织教学中应注意哪些事项？

第八章 持轻器械体操

内容提要

持轻器械体操是体操类型之一，它是在徒手体操的基础上进行的练习。练习者在进行持轻器械体操练习前，应先掌握徒手体操练习的基本理论知识和基本动作。

本章讨论了持轻器械体操练习的特点、作用和练习内容，重点讨论了体操棍、实心球和跳绳这三种器械成套操的编排顺序，并以案例的形式对这三种器械动作的创编进行了分析，以便培养练习者的创新能力。

关键词： 轻器械　体操棍　实心球　跳绳　编排顺序

持轻器械体操是在徒手体操的基础上，手持轻器械（如体操棍、实心球、跳绳、木哑铃等），充分运用器械所具有的形状、重量、运动方式等特点进行的练习。它既有身体各部位的运动，又有变化器械的动作，还可利用它作障碍物来练习，因此内容丰富，形式多样，具有独特性。

第一节 持轻器械体操的特点及作用

一、持轻器械体操的特点

（一）形式多样化

人们利用器械的使用方法，可变化多种练习形式，使练习形式多样化。例如，人们除用手握器械做操类动作外，还可以用两脚夹器械做动作；除抛接和传递器械外，还可以以器械作为障碍做动作，以及利用器械做游戏等。

（二）人与器械的关系多样化

人们可以利用不同器械的特点，变化器械对身体的影响，从而改变练习的强度；根据不同器械特点，变化器械与身体各部位动作的配合，改变练习的难易程度等。

二、持轻器械体操的作用

进行持轻器械练习，能增强身体各关节的柔韧性、灵活性和完成动作时肌肉的控制能力，培养正确的身体姿态，提高协调性和练习兴趣。

第二节 持轻器械体操动作内容与编排

常用的轻器械有体操棍、实心球、跳绳、木哑铃等，各种轻器械按进行练习的方式又有不同形式的内容。本节重点介绍体操棍、实心球、跳绳的练习内容与方法。

一、体操棍

（一）握棍方法

1. 正握：双手握棍与肩同宽，棍与地面平行置于体前，两手拇指相对。
2. 反握：双手握棍与肩同宽，棍与地面平行置于体前，两手拇指向外。
3. 正反握：双手握棍与肩同宽，棍与地面平行置于体前，两手拇指向一个方向。
4. 交叉握：两臂在体前交叉下垂（应指明哪一手在上），双手握棍，棍与地面平行置于体前，两手拇指向外。
5. 单手握棍：有正握和反握两种。
6. 垂直握：双手握棍，棍与地面垂直，两臂前举，两手拇指向上。

（二）握棍部位

1. 握棍两端。
2. 握一棍端。
3. 握棍中间。
4. 握棍时与肩同宽。
5. 握 1/4 或 1/3 处：将棍划分为 4 份或 3 份，两手或一手握在棍的一份上。

（三）换握方法

换握方法：练习者在做操过程中将握棍的方法从一个方向换握到另一个方向，或从握棍的部位换到另一个部位继续进行练习的方法。一般包括：单手离棍换握、滑动换握等方法。

1. 单手离棍换握：单手离开握点，换握到棍的另一个握点。
2. 滑动换握：手不离开棍，沿着棍的表面滑动到另一个握点。

（四）棍在空间的部位

棍在空间的部位是指，练习者在运用棍的练习过程中棍的运动方位。通常包括棍水平运动、棍垂直运动和棍倾斜运动。棍在倾斜时，如不指明倾斜度数，则与地面成45度。

（五）持棍基本动作

1. 持棍立正

持棍立正：立正，右手握棍一端，臂下垂，拇指与食指握棍，其余三指贴紧棍身，使棍垂直于右肩并靠肩（图8－1）。

2. 持棍稍息

持棍稍息：左脚侧出一步与肩同宽，同时右手压棍使上端落下轻放于左脚尖前地上（图8－2）。

图8－1

图8－2

3. 持棍行进

持棍行进：与立正持棍方法相同，但行进中，一般是右手持棍不动，左臂自然摆动。

（六）持棍动作内容

1. 持棍举的动作

（1）正握，棍上下水平运动有：臂下垂、前下举、前举、前上举、上举、后举。

（2）正握前举，棍左右水平运动同时单手滑棍，如，臂侧举（图8－3）。

（3）垂直握，棍垂直运动，如前举滑棍（图8－4）。

（4）正握上举，单手滑棍，成一臂上举，一臂胸前平屈（图8－5）。

图8－3

图8－4

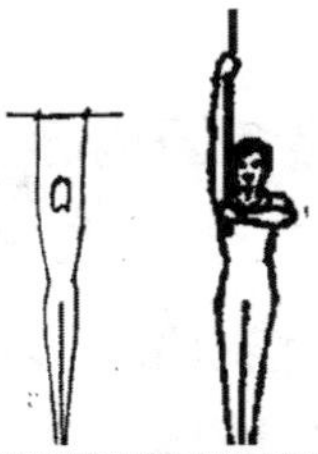

图8－5

（5）正握棍两端，棍倾斜成一臂侧举，一臂上举（图8－6）。

（6）单手握棍，棍水平运动、垂直运动或倾斜运动有：臂下垂、前下举、前举、前上举、上举、侧下举、侧举、侧上举、后举。例如：单臂上举（图 8 -7）。

（7）正握前举，转棍换握成棍在前臂间重叠（图 8 -8）。

图 8 -6

图 8 -7

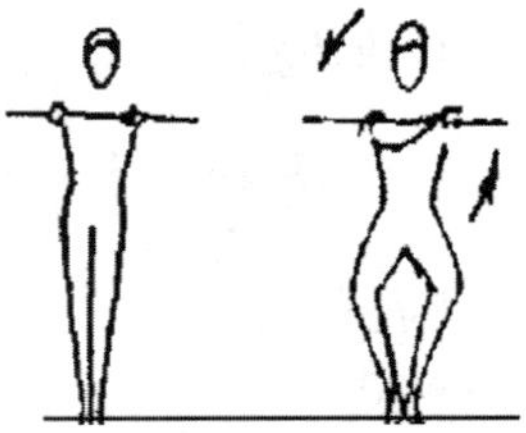

图 8 -8

2. 持棍绕和绕环动作

持棍绕和绕环动作：练习者在做操的过程中，棍在练习者手中转动的动作。

（1）小绕和小绕环动作

小绕和小绕环动作：手持棍，以腕关节为轴向各个方向转动做动作。通常是在单手举棍的基础上向内或向外进行绕或绕环动作。

（2）中绕和中绕环动作

中绕和中绕环动作：手持棍，以肘关节为轴向各个方向转动做动作。通常是在单手举棍的基础上向内或向外进行绕或绕环动作。

（3）大绕和大绕环动作

大绕和大绕环动作：手持棍，以肩关节为轴向各个方向转动做动作。通常是在单手举棍的基础上直臂向内或向外进行绕或绕环动作，或在双臂举棍的基础上直臂向左或向右进行绕或绕环动作。

3. 持棍限制性动作

（1）正握，两臂依次或同时向前、向后转肩。

（2）正握，两腿依次摆越或同时跳越过棍。

（3）棍竖立地面上，单腿摆越过棍。

（4）一手握棍一端沿地平线绕环，两脚依此跳过。

4. 模仿动作

模仿动作：手持棍，模仿军队扛抢、刺杀，武术的枪、剑、棍和击剑的刺、劈等动作。

（七）持棍练习内容

1. 棍 操

棍操：将持棍动作内容进行合理的组合，按照一定的顺序、节奏进行的练习。按照不同的练习形式可分为：

（1）单人练习

单人练习：个人独立手持棍进行原地或行进间的练习。

（2）双人练习

双人练习：双人配合完成协同、助力性或对抗性动作。

①双人协同完成动作有，两人同握一棍做举或体前、侧、后屈等。

②双人助力性完成动作有，一人握棍做上举，另一人在后加力帮助拉肩等。

③双人对抗性完成动作有，两人同握一棍，两人互相拉棍、互相推棍、互相扭棍等。

（3）集体练习

集体练习：在统一口令下，多人或全体同时或依次完成相同或专门规定的动作。

2. 游 戏

利用棍做各种竞赛性游戏。如将棍按一定距离排列于地上，做各种跑过、跳过；一人持棍由纵队排头将棍沿地面移动至排尾，每人依此跳过；传递棍；对抗推拉棍等（具体做法详见第十一章）。

（八）棍操的编排

创编棍操成套动作是一项创造性工作。创编出一套效果明显、科学性强的成套动作，不仅要求创编者付出艰苦的劳动，而且还要求创编者遵循和掌握编排棍操的基本要求和方法。创编棍操除遵循徒手体操创编的原则、创编步骤与方法外，还应遵守以下要求。

1. 动作名称与动作内容要相符

根据动作名称创编动作内容，每节操的动作名称揭示每节操的本质，其本质是锻炼身体的主要部位，身体其余部位的运动是为完成主要部位的锻炼而进行的配合动作。例如：体侧运动，主要锻炼的部位是身体的侧腰肌，使身体的侧腰肌得到充分的锻炼。

2. 持棍动作练习内容要体现棍的特点

根据棍的特点，从持棍动作内容中，选择持棍举的动作、持棍绕和绕环动作、持棍限制性动作和模仿动作进行编排。

3. 确定棍操的编排顺序

棍操的编排顺序通常按照以下规律进行。

（1）预备：持棍的方法和练习中换棍的方法

（2）第一节：伸展运动、上肢运动

（3）第二节：下蹲运动

（4）第三节：踢腿运动

（5）第四节：体侧运动

（6）第五节：体转运动

（7）第六节：腹背运动、全身运动

（8）第七节：跳跃运动

案例：8.1 《棍操》①

第一节 伸展运动（2×8）

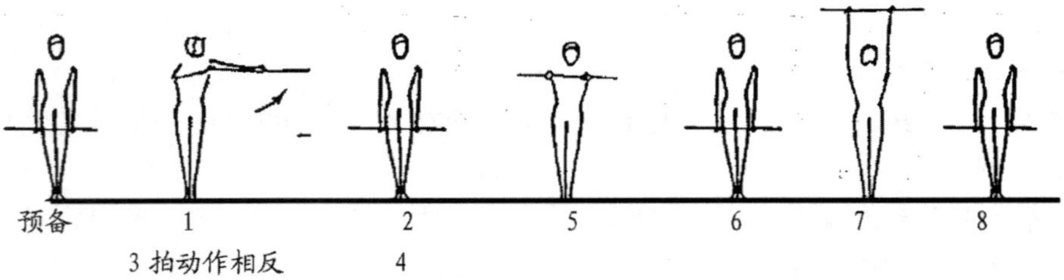

动作说明：

预　　备：正立，正握棍

1——滑棍，左臂侧平举，右臂胸前平屈，头向左转

2——还原成预备姿势

3——同 2 拍但动作方向相反

4——还原成预备姿势

5——两臂前平举

6——还原成预备姿势

7——两臂上举同时提踵

8——回到预备姿势

第二节 下蹲运动（2×8）

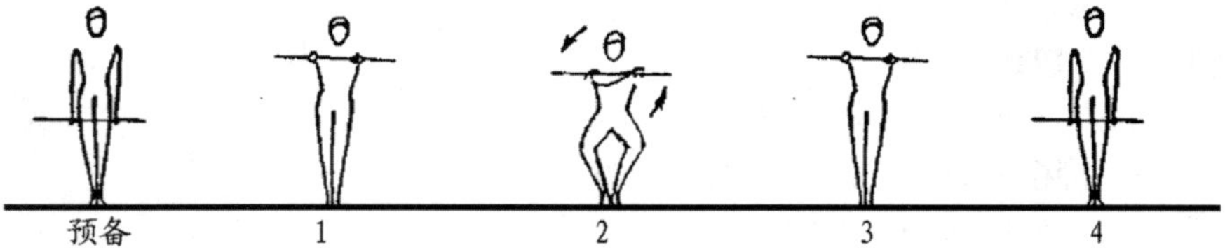

动作说明：

预　　备：正立，正握棍

1——两臂前平举

2——半蹲，同时左臂压右臂胸前平屈

3——回到第一拍的姿势

4——还原成预备姿势

5——8 拍动作相同方向相反

① 《动作图》引自北京体育大学教育学院体操课程教学工作指南

第三节 踢腿运动（2×8）

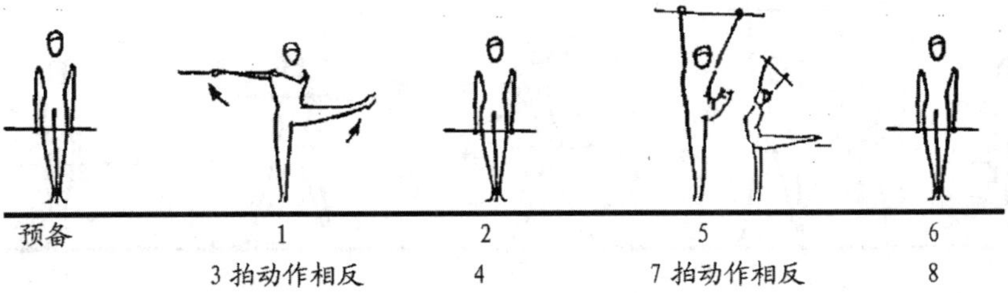

动作说明：

预　　备： 正立，正握棍

1——向侧踢左腿，同时滑棍，右臂侧平举

2——还原成预备姿势

3——同 1 拍但动作方向相反

4——还原成预备姿势

5——向后踢左腿，同时两臂前上举

6——还原成预备姿势

7——同 5 拍但动作方向相反

8——还原成预备姿势

第二个 8 拍同第一个 8 拍，但动作方向相反

第四节 体侧运动（2×8）

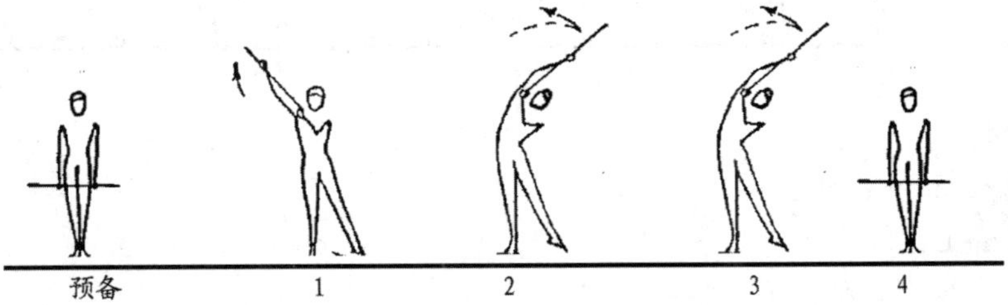

动作说明：

预　　备： 正立，正握棍

1——左脚侧点地，滑棍右臂侧上举

2——向左侧振一次

3——向左侧振一次

4——还原成预备姿势

5——8 拍动作相同方向相反

第五节 体转运动（2×8）

动作说明：

预　　备：正立，正握棍

1——出左脚，同时两臂上举

2——棍下落经前平举，滑棍同时上体向左转

3——上体回转成前平举

4——还原成预备姿势

5——8 拍动作相同方向相反

第六节 全身运动（2×8）

动作说明：

预　　备：正立，正握棍

1——两臂上举

2——体前屈，同时棍平行触地

3——左前弓步，同时两臂上举

4——还原成预备姿势

5——左前弓步，同时两臂上举

6——滑棍，棍经下同时转上体成右臂侧上举，眼睛看右手

7——棍经下成左前弓步，同时两臂上举

8——还原成预备姿势

第二个 8 拍同第一个 8 拍，但动作方向相反

第七节　跳跃运动（2×8）

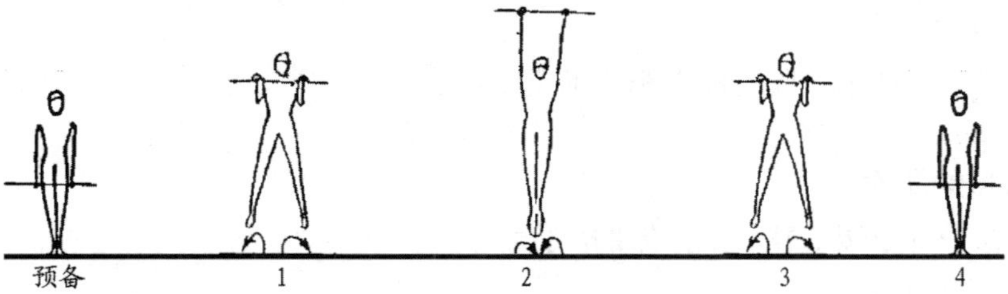

动作说明：

预　　备：正立，正握棍

1——跳起两腿左右分开成开立，同时两臂胸前屈

2——跳起并腿成正立，同时两臂上举

3——同1拍

4——还原成预备姿势

5——8拍动作相同方向相反

点　　评：这套操是将体操棍的基本动作，按照棍操的编排顺序所创编的。创编顺序合理，图解绘制比较标准，并按照术语记写的格式进行了动作说明，练习者在看了图解和动作说明后，就能够进行操练了。但本套动作较为简单，使用体操棍的方式比较单一，缺乏创新。

同学们创编棍操时，可采用以上的编排顺序绘制棍操图写出动作说明，在此基础上进行动作创新，例如："单腿平衡"（图8-9）等动作，培养自己的创编能力。

图8-9

二、实心球

（一）持球方法

1. 定位持球

（1）单手持球：正立，右臂伸直五指向内，将球靠于体侧持球，左臂自然下垂。

（2）双手持球：正立，手心相对抱球，两臂自然下垂。

（3）两脚夹球：将球放于地上，两脚夹球。

2. 行进间单手持球

行进间单手持球：右臂伸直五指向内，将球靠于体侧持球，左臂按照要求进行摆动。

（二）持球动作内容

1. 持球举的动作

单手或双手持球做上肢的前下举、前举、前上举、上举、后举、侧下举、侧举、侧上举等动作。

2. 持球振的动作

单手或双手持球做上肢、上体振的动作。

3. 持球屈的动作

单手或双手持球做上肢、上体屈的动作。

4. 持球绕、绕环的动作

单手或双手持球做上肢、上体、下肢绕或绕环的动作

5. 两脚夹球的动作

（三）持球练习内容

1. 定位球练习

定位球练习：将若干球按一定距离在地上摆放成纵队，行走、跑、跳绕球穿行，或用跑、跳及其他方法从球上依次越过。

2. 传递球练习

传递球练习：个人单手将球绕自身的颈、腰、腿传至另一手接球的自传，或两人面对、背对、侧对将球于头上、胯下、腰侧等相互传递，或多人纵队、横队将球于头上、胯下、体前、背后、体侧等依次传递。

3. 抛接球练习

抛接球练习：一人单手或双手将球向上抛起后，完成身体练习（如跑、跳、转体、击掌等动作）再接球，或在双人、多人之间进行抛接球，或从身体的不同部位抛接球。

4. 游　戏

利用球做各种竞赛性游戏。如集体搬运球比赛；集体传递球接力赛；脚带球接力赛；定位球绕行或跳越比赛等（具体做法详见第十一章）。

5. 球　操

球操：利用球的特性，在徒手操的基础上，双手持球、单手持球或单手持球互换球的方法，按照一定的顺序、节奏完成的成套动作。

（四）球操的编排

球操的创编除遵循徒手体操创编的原则、创编步骤与方法外，还应遵守以下要求。

1. 动作名称与动作内容要相符（要求同棍操）。

2. 持球动作练习内容要体现球的特点。

根据球的特点，从持球动作内容和练习内容中，选择动作进行编排。

3. 确定球操的编排顺序。

球操的编排顺序通常按照以下规律进行。

（1）预备：持球的方法

（2）第一节：伸展运动、上肢运动
（3）第二节：下蹲运动
（4）第三节：踢腿运动
（5）第四节：体侧运动
（6）第五节：体转运动
（7）第六节：腹背运动、全身运动
（8）第七节：跳跃运动

案例：8.2 《球操》①

第一节 伸展运动（2×8）

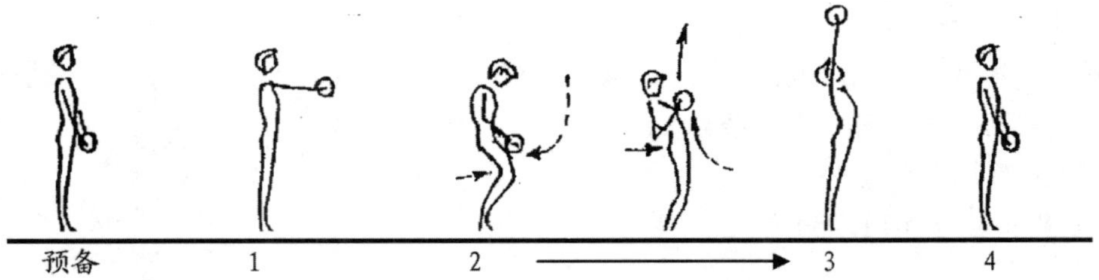

动作说明：

预　　备：正立，双手持球
1——两臂前平举
2——3 做前波浪成两臂上举
4——还原成预备姿势
5——8 拍动作相同方向相反

第二节 下蹲运动（2×8）

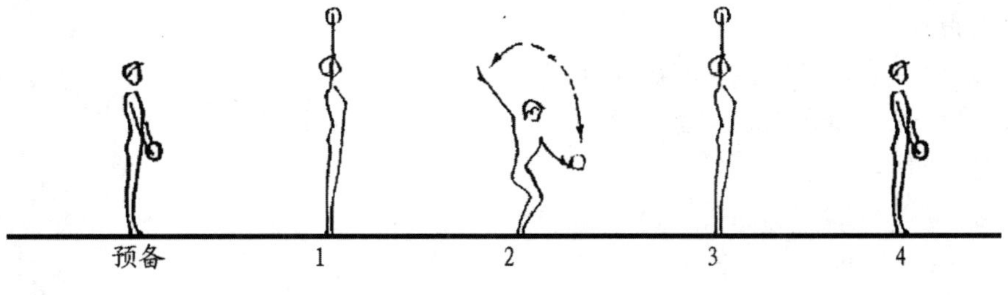

动作说明：

预　　备：双手持球
1——两臂上举
2——半蹲，同时左臂持球前下举，右臂侧上举
3——同 1 拍
4——还原成预备姿势

---

① 《动作图》引自北京体育大学教育学院体操课程教学工作指南

5——8 拍动作相同方向相反

第三节 踢腿运动（2×8）

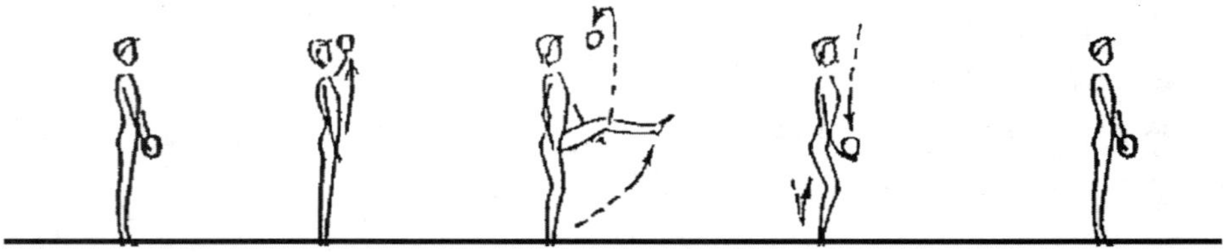

动作说明：

预　　备：正立，双手持球

1——左手持球侧平举

2——向前踢左腿，同时左手将球从腿下抛起

3——左腿落下，同时右手接球

4——还原成预备姿势

5——8 拍动作相同方向相反

第四节 体侧运动（2×8）

动作说明：

预　　备：正立，双手持球

1——左脚半步成开立，同时两臂上举

2——将球置于项部向左侧振一次

3——继续第二拍动作

4——还原成预备姿势

5——8 拍动作相同方向相反

第五节 体转运动（2×8）

动作说明:

预　　备: 正立，双手持球

1——左脚向左前方45度上一步，重心前移，两臂斜前举45度，眼看球

2——左脚站立，屈膝抬腿向左摆腿转髋，同时双手向右侧摆，上体向右转

3——同1拍

4——球经下还原成预备姿势

5——8拍动作相同方向相反

第六节　腹背运动（2×8）

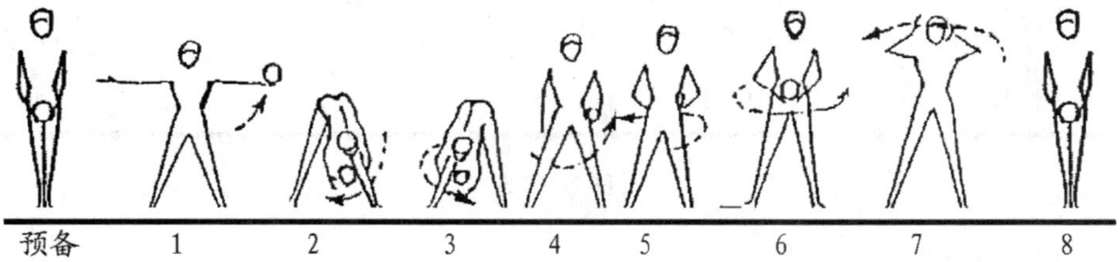

动作说明:

预　　备: 正立，双手持球

1——左脚向左迈一步成开立，同时左手持球，两臂侧平举，手心向上

2——体前屈，左手将球从左腿后传给右手

3——继续体前屈，右手将球从右腿后传给左手

4——开立

5——开立，左手将球从体后传给右手

6——双手持球于体前

7——开立，左手将球从头后传给右手

8——还原成预备姿势

第二个8拍同第一个8拍，但动作方向相反

第七节　跳跃运动（2×8）

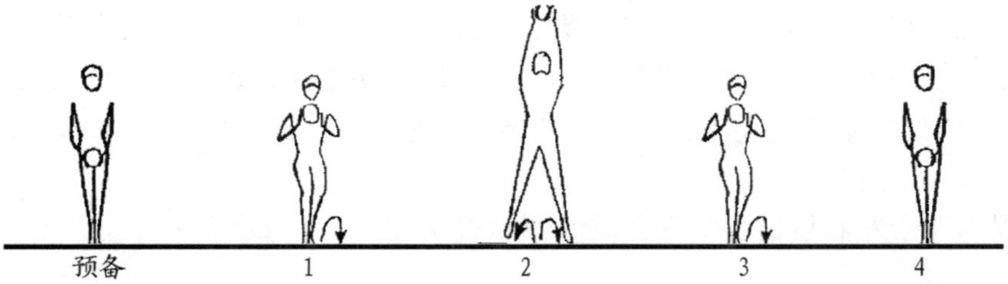

动作说明:

预　　备: 正立，双手持球

1——跳起，同时两臂胸前屈

2——跳起成开立，同时两臂上举

3——同1拍

4——还原成预备姿势

5——8 拍动作相同方向相反

点　　评：这套实心球操动作内容比较丰富，它在举、体侧、体转、踢腿等常用的徒手动作基础上结合球的特点做左右手的传递动作，并且还采用了在徒手操中不常用的动作——身体波浪动作。

这套操编排的顺序比较合理，图解绘制比较标准，术语记写规范。但本套动作在使用实心球的方式上还显得比较单一。例如，还可增加单手托球，前臂绕8字动作（图8－10）等。

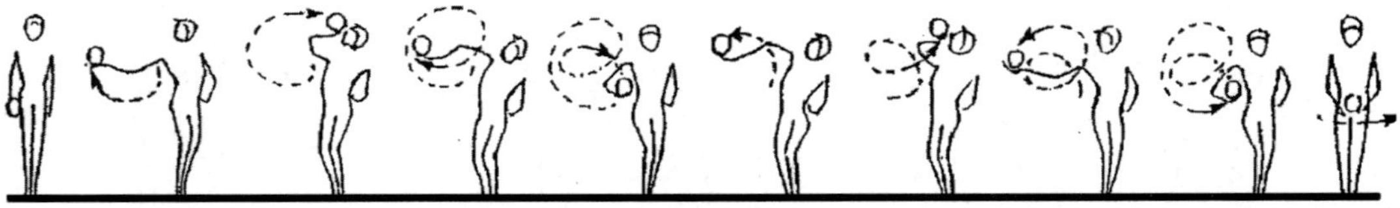

图8－10

三、跳绳练习

跳绳练习有跳短绳、跳长绳和持绳练习。

（一）跳绳方法

1. 持绳、摇绳、停绳方法

（1）短　绳

①持绳行进：将绳按对折方法折成4～8折，用右手持绳行进。

②摇绳方法：两手握绳两端，两臂体侧屈肘，手稍外张，用手腕转动摇绳，通常包括：向前摇绳、向后摇绳、交叉臂摇绳

③停绳方法：前摇跳结束时，一脚前出脚跟着地，前脚掌离地，绳摇至脚下停住；后摇绳结束时，一脚前脚掌着地，脚跟离地，绳摇至脚下停住。

（2）长　绳

①摇绳

两人面对，相距约3米以上同向摇动或一头栓在固定物上一人摇动。摇转绳时以肩为轴屈臂摇转，绕环不宜大，绳中央在上高于一人多，在下擦地而过。摇绳方向有“正摇”和“反摇”，绳向学生由上而下摇转为“正摇”，绳向学生由下而上摇转为“反摇”。

②摇荡绳

摇荡绳为绳子左右摆荡，绳左右倾斜不超过45度。

2. 跳绳方法

跳绳练习的跳越动作是用前脚掌或由全脚掌过渡到前脚掌蹬地起跳，并用前脚掌或由前脚掌过渡到全脚掌着地。

（1）短绳跳的方法

①基本跳法：前摇绳、后摇绳、交叉臂摇绳，进行双脚垫跳、连跳、单脚垫跳和连跳、交换脚垫跳和连跳、跳绳跑、双脚或单脚两摇跳和多摇跳。

②一人跳法：在基本跳法的基础上可进行变化跳法的练习。如：后踢腿跳、高抬腿跳、前踢腿跳、分腿跳、屈腿跳、蹲跳等各种跳法。

③二人跳法：有一人摇绳跳，另一人跑进跑出跳；两人并立同摇跳和两人并立一人助摇另一人摇跳。动作可采用基本跳法和一人跳法。

（2）单长绳跳的方法

①跑过：

跑过是指，绳子摇转在空中时，由一面跑至另一面而不跳过绳子。一般多用正摇绳跑过，可由正面或斜面来进绳跑过。

做法：每摇绳一转或二转跑过一人或几人；每摇绳一转，一人在跑过途中做转体、拾物等动作后跑过；双人或多人拉手跑过等。

②基本跳过：跑进跳过一次摇绳后立即跑出。

③一人由不同方向跑进，用单脚、双脚、交换腿、屈腿、分腿、转体、击掌等任一跳法跳过一次后跑出。

④双人或多人拉手跑进，用抛接物、对击掌或同步、不同动作跳过一次后跑出。

⑤基本连跳：跑进连续多次跳过绳子后跑出。

⑥一人连续同一动作或不同动作跳。

⑦二人连续同步动作或不同动作跳。

⑧一人或多人定时或定数连跳。

（3）双长绳跳的方法

双长绳跳是指，将平行的两根长绳有节奏地轮流向内或向外摇转，一人或二人跑进做各种跳法。

（4）长短绳跳的方法

长短绳跳是指，一人持短绳跑进，长短绳同步摇转做各种跳法。

（二）跳绳游戏

具体做法详见第十一章。

（三）持绳动作内容

持绳做各种举、振、屈、绕、绕环、转肩、踢腿等动作。

（四）绳操的编排

1. 绳操的编排

绳操的创编除遵循徒手体操创编的原则、创编步骤和方法外，还应遵守以下要求。

（1）动作名称与动作内容要相符（要求同棍操）

（2）持绳动作练习内容要体现绳的特点

（3）确定绳操的编排顺序

绳操的编排顺序通常按照以下规律进行。

（1）预备：将绳对折或三折到四折，持绳两端或同肩宽，绳绷直

（2）第一节：伸展运动、上肢运动

(3) 第二节：四肢运动、下蹲运动
(4) 第三节：踢腿运动
(5) 第四节：体侧运动
(6) 第五节：体转运动
(7) 第六节：腹背运动、全身运动
(8) 第七节：跳跃运动

案例：8.3 《绳操》

第一节 伸展运动（2×8）

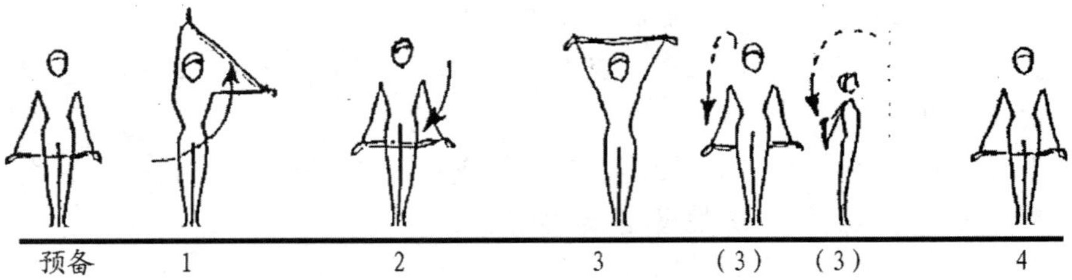

动作说明：

预 备：正立，对折绳，体前双手持绳

1——两臂侧摆至左手侧举右手上举

2——还原成预备姿势

3——向后转肩

4——向前转肩成预备姿势

5——8 拍动作相同方向相反

第二节 下蹲运动（2×8）

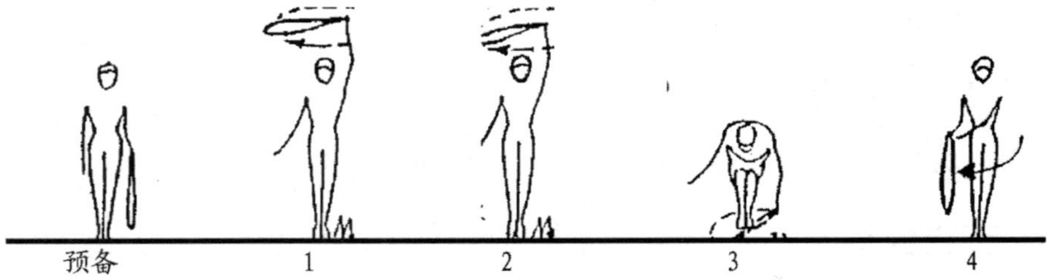

动作说明：

预 备：正立，对折绳，左手持绳

1——左手持绳头上，水平绕环 1 周

2——继续左手持绳头上，水平绕环 1 周

3——沿地面水平绕环一周同时跑跳过绳

4——还原成预备姿势，换手持绳

5——8 动作相同方向相反

第三节 踢腿运动（2×8）

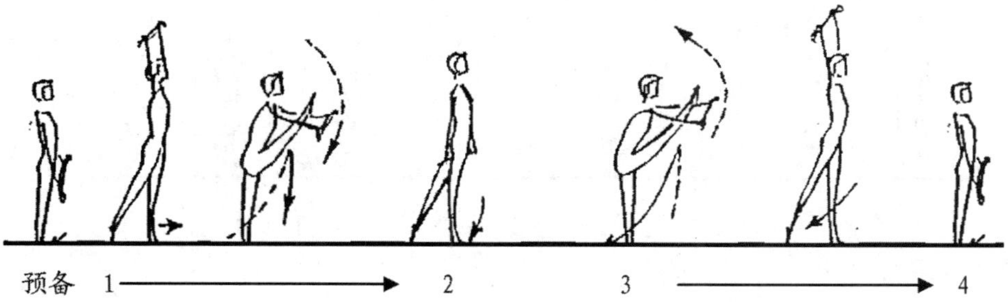

动作说明：

预　　备： 正立，对折绳，体前双手持绳

1——左腿向前一步，重心前移，同时两臂上举

2——踢右腿，同时臂下摆，脚从绳内穿过成分腿骑绳

3——重心后移，踢右腿，同时两臂上摆脚从绳内穿过

4——还原成预备姿势

5——8 动作相同方向相反

第四节 体侧运动（2×8）

动作说明：

预　　备： 正立，对折绳，体前双手持绳

1——左腿向左侧出一步，右腿侧下举，同时臂左摆成左臂侧平举，右臂斜前举

2——向右移重心，左腿侧下举，同时臂右摆成斜前上举

3——向左移重心，右脚尖点地，同时臂左摆成左臂侧上举，右臂胸前屈

4——6 向侧振 3 次

7——还原成 3 拍的位置

8——还原成预备姿势

第二个 8 拍同第一个 8 拍，但动作方向相反

第五节 体转运动（2×8）

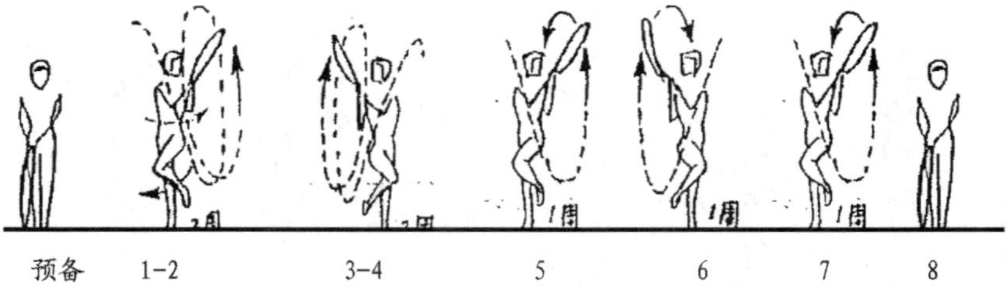

动作说明：

预　　备：正立，对折绳，体右侧双手持绳

1——2 抬右膝，同时上体左转，持绳在左侧向前摇 2 次

3——4 同 1——2 拍，但方向相反

5——抬右膝，同时上体左转，持绳在左侧向前摇 1 次

6——同 5 拍，但方向相反

7——同 5 拍

8——还原成预备姿势

第二个 8 拍同第一个 8 拍，但动作方向相反

第六节 全身运动（2×8）

动作说明：

预　　备：正立，绳在体后双手持绳

1——左腿向前一步，重心前移，成弓步，同时两臂上举击掌 1 次

2——上体前屈，两臂下摆，在腿下击掌 1 次

3——上体抬起，两臂上举击掌 1 次

4——还原成预备姿势

5——8 动作相同方向相反

第七节 跳跃运动（2×8）

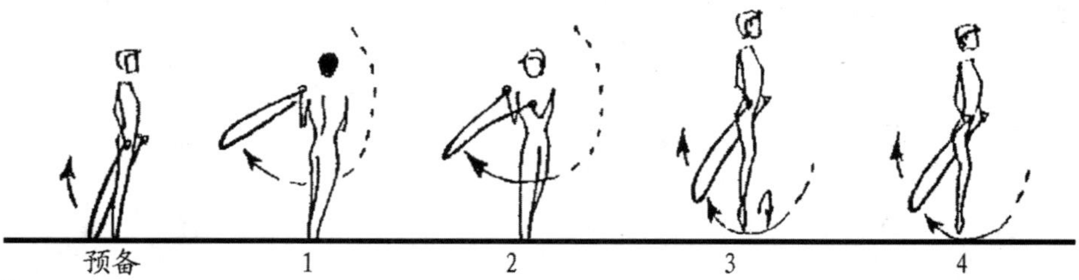

动作说明：

预　　备：正立，对折绳，体右侧双手持绳

1——持绳在身体左侧向前摇1次

2——持绳在身体右侧向前摇1次

3——并腿向前跳绳一次

4——并腿向前跳绳一次

5——同1拍

6——同2拍

7——同3拍

8——还原成预备姿势，但方向相反

第二个8拍同第一个8拍，但动作方向相反

点　　评：这套绳操动作内容比较丰富，特别是在绳的使用上，采用了折叠或不叠绳两种形式，并在这两种形式的基础上采用了举、绕、跳等动作进行编排。

这套操编排的顺序比较合理；图解绘制比较标准；术语记写规范。但在使用绳的方式上还显得比较单一。例如，还可增加拉绳燕式平衡动作（图8－11）等。只要练习者认真揣摩，大胆尝试就能创造出丰富多彩的动作。

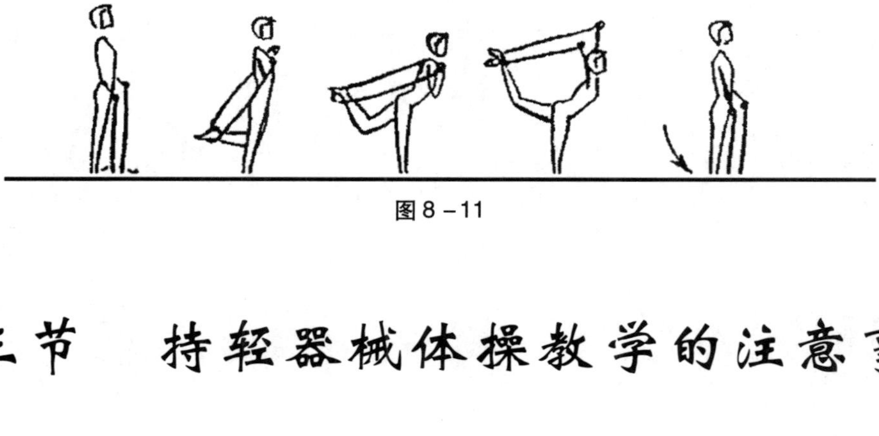

图8－11

第三节　持轻器械体操教学的注意事项

一、课前准备充分

（一）应将器械有条有理地集中放在一处，练习前、后要有组织有秩序地取、收器械。

（二）选择动作的难度及练习的数量和时间，应根据对象的水平和课的任务而定。

二、练习队形合理

集体练习的队形应注意调整好间隔和距离。体操棍练习时，前后左右应为两臂加半棍的距离；实心球练习时，应考虑抛接球练习的互相影响；跳绳练习时，注意摇短绳的距离和跳长绳的跑动范围。

三、课堂组织严密

严密课堂组织，加强纪律教育，严格要求，注意安全，在统一指挥下进行练习。

注：具体要求可参见第五章第三节体操教学课组织与教法要点提示。

思考题：

1. 如何理解徒手体操是持轻器械体操练习的基础？
2. 除了体操棍、实心球、绳器械外，还有哪些轻器械？如何练习？
3. 创编一套持轻器械操，绘制图解并写出动作说明。

第九章　保护与帮助

内容提要

保护帮助是器械体操教学中教师及学生必备的基本技能，是器械体操教学特点之一。器械体操教学任务的实现，离不开保护帮助。通过多年的实践，器械体操中的保护与帮助已形成了一套完整的理论体系。

本章在阐述保护帮助的分类、意义和内容的基础上，详细介绍了在体操教学中常用的自我保护、他人保护、直接帮助和间接帮助等方法，以及保护与帮助在实际操作中的执行策略。

关键词：保护与帮助　他人保护　自我保护　直接帮助　间接帮助

第一节　保护与帮助的意义

一、保护与帮助是体操教师、教练员以及运动员必备的基本技能

所谓技能是指："运用知识和经验完成某一活动的动作方式，是经过训练才能得以巩固的一种操作技术。"保护与帮助是体操教师、教练员、运动员在体操动作的教学、训练过程中必备的基本技能之一。因为保护与帮助是体操教学中不可缺少的教学手段。教师如不具备保护帮助的能力，教学任务就很难完成；教练员的保护手法如果不熟练、不到位，对运动员正确动作概念的建立会造成不利影响；运动员或学生如不具备保护帮助的能力，那么在彼此之间的互助练习中，就有可能存在危险。

二、保护与帮助有助于缩短教学训练过程，加速动作掌握

由于体操动作大多是非常态动作，在学习过程中学生难免会产生恐惧心理。而由于恐惧心理的出现，学生不能把注意力集中在思考动作要点上，这样不利于建立动作概念，还可能产生错误动作。

正确运用保护与帮助，能有效消除学生的思想顾虑，使他们克服恐惧心理，把注意力

集中在思考动作要点上，避免错误动作的产生，加速形成正确的条件反射，可以省去因出现错误动作后进行改错的过程。从某种意义上说，正确运用保护与帮助使练习者少走了弯路，从而缩短教学训练过程，加速动作的掌握。所以人们常说："学习一个动作从零开始，改一个动作从负数开始。"说的就是这个道理。

三、保护与帮助有助于避免或减少伤害事故的发生，促进体操技术发展

随着科学技术的不断发展、器械的不断改进、规则的修改以及国际间竞争的不断激烈，体操运动技术水平飞速向前发展。20 世纪 50 年代～60 年代，被称之为高难度的动作（如技巧空翻转体 360 度），在今天已被视为基本的难度动作。取而代之的是"旋"、"1080 度"、"三周空翻"等高难度动作。

在体操赛场上运动员的表演体现出："难、新、稳、准、美"的特点。因而，有人把体操称为"空中芭蕾"。这就意味着，体操能带给人们美的享受的同时，也给予人们一种惊险刺激。有"惊"必然有"险"。排除体操训练与比赛中的"险"，靠的就是教练员、运动员保护帮助技能的不断提高，保护帮助设施的不断完善。反言之，也正是由于教练员、运动员保护帮助技能的不断提高，保护帮助设施的不断完善，避免或减少了伤害事故的发生，才使得体操运动技术不断向前发展。

四、保护与帮助有助于提高学生的思想觉悟，增进同学间的友谊

在体操教学中，教师所面对的学生不是一名，而是十多名或更多。因而，教师很难做到对每个学生都进行逐一保护与帮助，这就要求学生之间互相帮助。有计划、有目的地培养学生掌握保护与帮助的技能，成为了体操教学的特点之一。

学生互相保护与帮助的过程，往往亦是自身人文素质提高的过程。如，自己练习完下器械后，已经很累了，这时是考虑自己休息，还是去帮助同学，是为他人考虑还是只为自己着想，这就需要自己进行思考、进行选择。又如，当你所帮助的同学，在做动作中从器械上掉下来时有可能伤及到你，那么你是顾全自己而躲开，还是奋不顾身，舍己救他人，这也需要你进行选择。这里就涉及到一个思想觉悟的问题及人文素质高低的问题。

另外，在一个班集体中，有的同学身体素质好，运动能力强，掌握动作较快，而有的同学身体素质差，运动能力相对较弱，掌握动作也慢。那么在体操教学中，运动能力强的同学主动给予运动能力相对较弱的同学帮助，使他们在掌握动作技术水平上有了明显提高，在这一过程中，很自然地就增进了同学间的友谊。

第二节 保护与帮助的分类概念及相互关系

一、保护与帮助的分类

根据保护与帮助在体操教学、训练中实际操作的不同形式与不同目的，可将保护与帮助分类如下（图 9－1）。

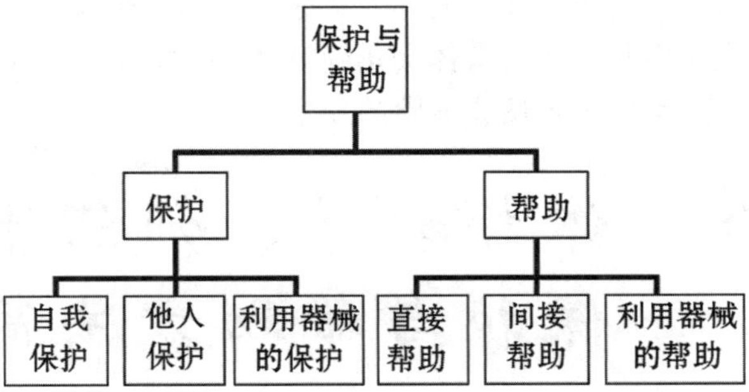

图 9－1 保护与帮助分类图

二、保护与帮助的概念

（一）保 护

保护：练习者在练习中出现危险时，借助外力或独立运用技巧或利用器械来摆脱危险的措施。

1. 自我保护：练习者在练习中出现危险时，独立运用技巧来摆脱危险的措施。
2. 他人保护：练习者在练习中出现危险时，借助外力来摆脱危险的措施。
3. 利用器械的保护：练习者在练习中出现危险时，保护者利用器械使之摆脱危险的措施。

（二）帮 助

帮助：为帮助练习者尽快地掌握动作、提高动作质量，直接给练习者施加助力，或通过器械来施加助力、设置限制、设置标志，或通过视听提示的一种教学手段。

1. 直接帮助：为帮助练习者尽快地掌握动作、提高动作质量，直接给练习者施加助力的一种教学手段。
2. 间接帮助：为帮助练习者尽快地掌握动作、提高动作质量，不直接给练习者施加助力而是采用信号、标志物和限制物来进行教学的一种手段。

3. 利用器械的帮助：为帮助练习者尽快地掌握动作、提高动作质量，利用器械来施加助力的一种教学手段。

三、保护与帮助的关系

从定义上看，保护与帮助是有明显区别的。保护是在练习者发生危险时摆脱危险的措施。由于练习者发生危险是一种不确定因素，所以从这个角度来讲，保护具有被动意味。而帮助是教师在备课时就要考虑到的一种教学手段，具有主动意味。

但是在实际的运用中，保护与帮助二者又是不可分割的。即保护中有帮助，帮助中有保护，也就是人们常说的“帮中有保，保中有帮”。因为可靠的保护能帮助练习者消除恐惧心理，增强信心，集中精力思考动作要领，掌握正确的动作技术。而正确的帮助本身就是一种可靠的保护，它不但帮助练习者体会正确的动作技术要领，使之顺利完成动作，而且给练习者以安全感，最大限度地防止危险的发生。

第三节 体操教学、训练中常用保护与帮助方法简介

一、自我保护方法

自我保护方法归纳起来有以下几种。

（一）停止练习法

练习者在上器械后或在练习中，出现手滑、护掌断裂、器械不牢固、突感身体不适、做动作前犹豫不决等情况，应及时停止练习或主动跳下器械。

（二）紧握器械法

在做鞍马和单杠回环练习时，动作失败或用力过大、过小，不能使身体处于正撑位置时采用紧握器械的方法，以免跌下发生危险。

（三）改变身体姿势法

在动作过程中，由于用力过大或过小，不能正常完成动作而将出现危险时，可采用改变身体姿势的方法来摆脱危险。如：做技巧直体后空翻，由于翻转速度不够，头朝下身体不翻转了，眼看就要发生危险，有经验的运动员，很快就会采用团身姿势，来缩短转动半径，加大角速度，使身体继续翻转，避免头朝下摔下的危险。

（四）缓冲惯性法

练习者从器械上跌下、摔倒或冲力过大向前或向后跌倒时，可采用滚动、滚翻、下

蹲、向前或向后迈出一大步等动作来缓冲惯性，减少冲击力造成的危险。如，在做跳马分腿腾越动作中，出现提臀、推手晚的错误动作，造成进入第二腾空时上体不能够抬起，手脚同时落地，此时顺势做前滚翻动作，就可避免头朝下撞的危险。

二、他人保护的方法

常用的他人保护的方法有以下几种。

（一）接、抱

练习者动作中失去重心或脱手，由高向下跌下时，可采用接或抱的方法来使之摆脱危险。例如：练习者在做单杠特卡切夫腾越、空翻下等动作失误时，通常保护者迅速采用接、抱的方法使练习者摆脱危险。

（二）拨

练习者发生危险时采用接、抱已来不及时，这时可用拨的方法以防头部直接撞击地面。如，练习者头向下从器械上摔下时，通常保护者都迅速采用拨的方法来使其摆脱危险。

（三）拦、挡

练习者在做技巧的翻腾动作落地后失去重心；在做单杠、吊环的回环动作失败后回落时，可采用拦、挡的方法来使其摆脱危险。

三、直接帮助的方法

直接帮助的方法，是体操教学中最基本、最常用、最重要的帮助方法。直接帮助是一种教学能力和技巧，是体操教师必备的基本技能。而这种技能，只有在实践中不断地钻研和反复操作才能够获得。直接帮助的方法有很多种，这里重点概括了以下几种常用方法。

（一）托

通过托练习者的腰、腿、背、臀、腹、胸等部位，使其重心升高或靠近器械轴，帮助其完成动作的手法。体操各项目的大多数动作都可能用托的手法。如：单杠的翻上成支撑、屈伸上；双杠的前、后摆上等（图 9 -2）。

（二）送

使练习者身体重心远离器械轴，增大身体的位能，获得较大摆动动能的手法。
如：高单杠的起摆；低单杠的弧形下、长振屈伸上等（图 9 -3）。

图 9－2

图 9－3

（三）顶

通过顶练习者肩、背部使其重心升高或使其拉开肩角，提高支撑推手效能，使动作腾空高度增高的手法。如：双杠的前空翻下；技巧的前手翻；肩肘倒立等（图 9－4）。

（四）挡

是一种明显的阻力性助力。在完成动作力量过大、翻转过快时采用。如：单杠的支撑后回环，回环力量过大挡其腿（图 9－5）。

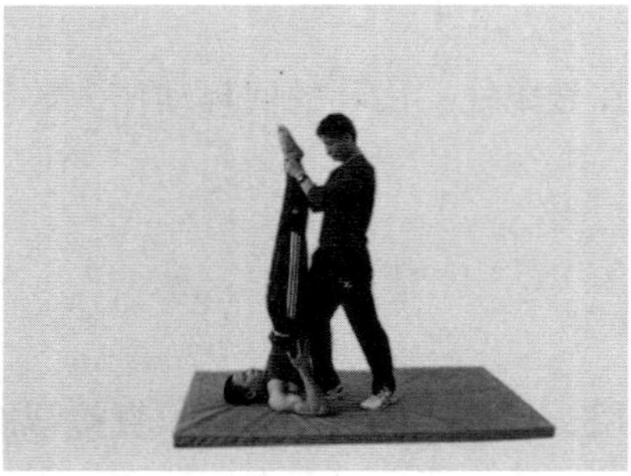

图 9－4

图 9－5

（五）拨

帮助练习者加快回环和翻转动作速度的手法。如单杠的骑撑前、后回环；技巧的前空翻等（图 9－6）。

（六）搓

两手在练习者髋部相向用力，帮助其完成绕纵轴转体的手法。如：跳转 360 度；双杠的后摆倒立转体 180 度、支撑后摆转体 180 度成分腿坐等（图 9－7）。

图9-6

图9-7

（七）扶

帮助练习者维持平衡状态的手法。

如：手倒立，燕式平衡，下法落地等（图9-8、图9-9）。

（八）提　拉

通过提拉练习者腿、踝、臂、髋等部位，帮助其提高身体重心，增大推伸力量的手法。如：技巧的后滚翻；后滚翻成倒立；山羊的分腿腾越等（图9-10）。

图9-8

图9-9

图9-10

四、间接帮助的方法

间接帮助的方法主要有以下几种。

（一）信号法

信号法是用语言、呼声、击掌、手势的方式，来提示练习者动作发力的时机，帮助练习者掌握动作节奏的方法。如：做头手翻时，帮助者发出“打腿”的信号，帮助练习者掌握正确的发力时机；做鞍马支撑左右挥摆时，帮助者发出“1-2-1-2”的信号，帮助练习者掌握正确的节奏。

（二）标志物法

标志物法是用醒目的物品来标识出动作的方向，帮助练习者掌握正确的动作发力方向的方法。如：做单杠骑撑前回环时，可在正前方 1～2 米的地方站一人，此人将手掌心向外置于胸前，作为让练习撑起身体后，向前伸腿的方向标志。

（三）限制物法

限制物法是用绳、球、竿等物品来限制动作范围、增大动作幅度的方法。如：做低单杠的弧形下时，在杠前 1 米处拉一根平行杠面的绳子，让练习者从绳子上面越过，因限制了动作范围，使得下法的动作幅度能有明显提高。

五、利用器械法

利用器械的保护与帮助，对竞技体操技术的不断发展，难、新动作的不断涌现起到了十分重要的作用。因为使用专门的保护器械，最大的特点是安全、可靠，更能达到保护与帮助的目的。目前常见的保护器械主要有以下几种。

（一）护 掌

利用大护掌、小护掌保护手掌，增大磨擦力及握力。

（二）手 套

用于初学单杠大回环，防止脱手。

（三）手提腰带

用于技巧的后手翻和后空翻，双杠的后上成倒立等。

（四）滑 车

用于单杠、双杠、高低杠的空翻、腾越、下法动作。

（五）保护凳

用于不利于杠下保护的动作。如：双杠倒立转体；单杠大回环等动作。

（六）海绵坑、包、垫

用于缓冲落地时的冲力。

第四节 保护与帮助在实际操作中必须考虑的要素

上述的各种方法，在实际运用中要真正发挥有效的作用，必须考虑以下要素。

一、明确所用的——手法

特别是对直接帮助手法的操作，明确所用手法是十分重要的。因为不同的动作有不同的技术要求，那么进行帮助时也要求用不同的手法。这就要求帮助者必须了解动作技术，并在此基础上明确所要选用的帮助手法，只有这样才能使保护帮助真正起作用，否则就会适得其反。

如：单杠的翻上成支撑，主要的帮助手法应是“托”和“扶”，如果用“送”就很难让练习者完成动作了。

二、选择合理的——站位

保护者所处的位置合理与否，关系到保护帮助能否起作用。如站位选择不当，不但不能起到帮助的作用，反而会成为一种障碍。如：技巧的侧手翻，应站在前侧，练习者经倒立时的背面。如果位置站反了，就会影响初学者做动作，还有可能被练习者的腿打倒。因此选择合理的站位是非常必要的，站位的选择应根据项目特点和动作结构来选择。

（一）单杠、吊环、高低杠站位选择

特点：动作以摆动、回环为主。从力学分析中得知，摆动、回环动作在垂直部位的动量最大。据资料报导，在做大回环时，身体在垂直部位的垂直负荷是人体自身重的4～5倍，因而在垂直部位容易造成脱手现象。根据这一特点，这三项的保护位置一般在杠下两侧。

向前摆动的动作站前侧，向后摆动的动作站后侧，而回环动作却与摆动动作站位相反，即：向前回环动的动作站后侧，向后回环的动作站前侧。

（二）双杠站位选择

特点：动作由悬垂、挂臂、支撑三个部位组成，可分为杠上和杠下动作。如：屈伸上、摆倒立等。根据这一特点，杠下动作站在杠下两侧进行保护为简便。如前摆上、后摆上等。杠上动作可利用保护凳在高位置进行保护为简便。如前空翻下、倒立转体180度等。

（三）技巧站位选择

特点：动作由各个方向的单个或成串的手翻、空翻、空翻转体组成，大部分动作需借

助跑动来完成。因而下手、起跳、落地点是不固定的，要求在移动中来选择位置。如：踺子小翻，连续侧手翻等。

一般来说，向前翻的动作站前侧，向后翻的动作站在后侧，向侧翻的动作站在侧前（背面），如前手翻、原地后手翻、侧手翻等。

（四）跳马站位选择

特点：由助跑、上板起跳、第一腾空、撑手、第二腾空、落地几个环节组成，大部分动作要求有明显的第一和第二腾空，而且落地要求稳如泰山。依据这一特点，如需改进第一腾空技术，站马后侧帮助摆腿；如是改进第二腾空技术，站马前侧帮助顶肩；对落地的保护，站在落地点的两侧，防止前倒后仰。

（五）平衡木站位选择

特点：要求运动员在10厘米宽的器械上完成各种翻腾动作，因而对运动员的稳定性和准确性要求很高，一般来说在进行高木练习之前都要进行低木练习，故保护位置的选择与技巧相同，在进行高木练习时位于木的两侧进行保护。

三、选择合理的——抄手部位

抄手的部位不合理，虽然站位正确，也不能发挥保护帮助的作用。如：双杠的支撑摆动，初学者往往因上肢力量弱，在身体后摆过高时向前、向下翻下来。但，只要帮助者顶住其上臂，就可以避免初学者在身体后摆过高时，向前、向下翻下来的危险。如果帮助者顶的不是上臂而是前臂，那么由于抄手部位的不正确，再用多大的力也无济与事。

四、选择合理的——抄手时机

抄手的时机不合理，虽然站位、抄手部位都正确了，仍然也不能发挥保护帮助的作用。如：技巧向后带臂的团身前空翻，正确的抄手时机应在练习者的两臂向后带过身体时，再将手臂贴在练习者的腹部上。如果抄手时机早了，就会影响练习者的两臂向后带起的动作，而妨碍其动作的完成。

五、选择合理的——发力时机、大小、方向

正确的发力时机、大小、方向，对帮助练习者体会动作要领、建立正确的本体感觉，有着十分重要的作用。如：倒立顶肩推手练习时，帮助者发力时机不对，不仅在帮助时费力，而且也不利于练习者体会正确的动作。要掌握好发力的时机、大小、方向，就应做到：与练习者“同心、同力、同气”，默契配合。也就是做到：与练习者心往一处想，力往一处使，形成统一、一致的节奏感。

六、正确处理保护帮助与独立完成动作的关系——掌握脱保时机

保护与帮助不是目的而是手段和措施，目的在于迅速、准确、安全地使练习者完成动作。而只有练习者独立完成了动作，才标志着他已掌握所学动作。在教学中，如果处理不好保护帮助与独立完成的关系，一方面会使练习者产生依赖思想，另一方面还会造成急于求成的想法，这些都不利于达到尽快掌握动作的目的。应怎样来处理好这一关系呢？在实际运用中可从以下方面来进行。

（一）根据动作技能形成三个阶段来处理

初学阶段（泛化）——主要建立概念，获得感性知识。这时，以帮助为主。

掌握动作阶段（分化）——主要改进技术。这时保护与帮助交替使用，保、脱结合。

提高巩固阶段——主要提高质量，完善技术。这时，以独立完成为主，通过反复练习，达到动力定型。

（二）根据空保的情况下成功完成动作次数的多少来处理

一般在空保的情况下，成功完成动作次数较多时，就可进行脱保。

（三）根据个人特点来处理

根据每个人的体力、情绪、意志力、自我保护能力、自信心、身体素质、技术等情况来处理。

第五节　对保护者的几点要求

一、要有高度的责任感

保护者站在器械旁不是做样子的，而是对练习者的安全、生命负完全责任的。一定要树立起宁可自己受伤，也不让被保护者摔倒的观念。只有在思想上提高到这个高度来认识保护帮助，才能建立起高度的责任感，才能做到在实际操作中注意力集中，当练习者出危险时，发扬舍己为人的精神。

二、要了解被保护者的特点

在运用保护帮助时，对于不同的对象和不同的情况要加以区别，采用区别对待的方法。只有对练习者的技术、素质、意志力等因素做到心中有数，才能使保护帮助的方法有效地发挥作用。

三、要了解动作技术，钻研保护与帮助的方法

动作技术都有一定规律，只有熟悉动作技术，才能了解动作规格、发力时间、方向，以及易发生危险的地方，从而选择正确的位置、抄手部位、时机，真正发挥保护帮助的作用。

另外，保护与帮助的方法是来源于实践而又服务于实践的，随着技术不断的发展，难新动作不断出现，也要求保护帮助的方法有所发展变化，这就要求我们从事体操教学、训练的人员，在实践中不断总结经验、钻研新的方法，以适应发展的需要。

四、注重培养学生保护帮助的能力及自我保护能力

在体操教学中，由于受体力、时间限制，教师很难做到对班级中每一名学生都逐一进行保护帮助，这就要求学生必须具备保护帮助能力及自我保护的能力。

只有在教学中，重视对学生保护帮助能力及自我保护能力的培养，才能做到师生密切配合，最大限度地发挥保护与帮助的作用，加快学习进程。

第六节　体操创伤的预防

在体操教学训练中，除采取积极的保护帮助措施之外，还应做好以下几方面的预防工作。

一、贯彻预防为主的思想

在体操的教学与训练中，要加强防伤教育，提高学生的认识水平，树立起“积极预防，防重于治”的观念。在教学中及时抓住致伤的苗头，进行防伤教育。并做到“三不做”即：

（一）没有检查器械，不做动作。

（二）没有做准备活动，不做动作。

（三）没有把握，不做动作。

二、严密课的组织

要结合教学对象的实际，合理安排教材内容。做到课堂教学组织有条不紊；队伍调动合理；器械位置安排得当；避免学生练习时出现相互干扰、碰撞。

三、防止局部肌肉负荷过大

如在一次课中，过多地安排某一项目的学习，过多地重复某些练习，忽视肌肉工作性质，造成局部肌肉负荷过大，就会使局部肌肉过度疲劳而造成伤害。因此，应做到：上、下肢动作交替进行，悬垂、支撑动作交替进行，防止局部肌肉负荷过大。

思考题：

1. 如何理解保护与帮助之间的关系？
2. 自我保护的意义是什么？
3. 保护与帮助在实际操作中必须考虑哪些要素、为什么？

第十章 器械体操

内容提要

器械体操是体操类型之一。器械体操是一个内容极为庞大的体系，本章结合最新颁布的体操运动员等级大纲的动作，选择了较为适合体育院系学生的项目和动作。每一个动作都按照动作名称、动作过程、动作规格、动作教学步骤与方法、注意事项五方面进行描述。

其中动作的教学步骤与方法及注意事项，是北京体育大学在一线从事体操教学30多年的教师，根据多年的教学经验总结出来的，因此具有很强的实用性，学生根据教科书中的提示进行实践，可在实践中少走弯路。

关键词： 动作名称　动作过程　动作规格　教法步骤与方法

器械体操是体操类型之一。竞技体操是器械体操的高级形式，是奥林匹克运动竞赛中的金牌大户，共设有14枚金牌。即：男、女团体；男、女全能；男子单杠、双杠、吊环、鞍马、跳马、自由体操；女子高低杠、平衡木、跳马和自由体操。因而，竞技体操在国际上受到各个国家的高度重视，特别是在欧美国家中，竞技体操在大众中具有雄厚的基础，体操人口基数也相当可观。

我国竞技体操，在国际上具有较强的竞争实力。2008年北京奥运会体操比赛中，我国获得9枚金牌，1枚银牌和4枚铜牌，共计14块奖牌的好成绩，在国际体坛上充分显示了我国竞技体操的实力。

器械体操的高级形式的发展，带动着基础形式的发展，而基础形式在大众中的广泛开展，又为器械体操的高级形式可持续发展奠定了群众基础。所以器械体操不仅是体育院校学生的必修课程内容，亦是中、小学体育教学中的主要教材内容。

本章根据体育院系学生的入学水平和培养目标的要求，选择了技巧、跳跃、双杠、单杠、平衡木（女子）等项目中的基础动作，作为体操教学中器械体操练习的基础练习内容。

第一节　技　巧

一、技巧的特点与功能

技巧动作的特点是在垫子上，利用人体局部环节组成的生物链，完成滚翻、手翻、空翻等动作。其动作内容丰富，动作有简有繁、有易有难，适用于不同水平的练习者练习。

技巧练习的器械有：12×12 米的自由体操垫子、长方形垫子等。技巧练习对培养练习者神经系统、肌肉骨骼、内脏器官、前庭分析器以及灵巧、协调、耐力、美感都有特殊的功能。

二、技巧动作与教法

（一）前滚翻

【动作过程】由蹲立开始，两手体前撑地，重心前移，提臀，两脚蹬地，同时屈臂，低头，含胸屈体前滚。当背腰着垫时，屈膝团身，两手迅速抱腿，起上体成站立姿势（图 10－1）。

【动作规格】腿蹬直，方向正，滚翻圆滑。

【动作教学步骤与方法】

（1）示范（完整动作示范，重点技术示范，分解示范）。

（2）讲解动作要点

①两脚要充分蹬地，两腿伸直，获得向前翻转的动力。

②经头后部、颈、肩、背、腰、臀依次着垫前滚。

③跟上体及时，屈膝团身紧。

（3）保护与帮助：帮助者跪于练习者侧前方，当练习者头部将要着地时，一手托颈，当滚翻至臀部着地时，另一手顺势推背部。

（4）练习

①分解练习：仰卧屈体前翻团身滚动，同时两手抱踝关节成蹲。

②做完整动作练习。

【注意事项】练习前要充分活动颈部，防止受伤；此动作最容易出现身体松散，滚动不圆滑，应多做辅助练习（仰卧屈体前翻团身滚动，同时两手抱踝关节成蹲）。

（二）后滚翻

【动作过程】由蹲撑开始，身体稍向前移，随即两手推地、含胸低头、团身后倒，屈臂夹肘两手放在肩上。后滚至肩、头着地时，臂部继续上翻，顺势推地经蹲撑成站立（图 10－2）。

【动作规格】团身紧，方向正，滚翻圆滑。

【动作教学步骤与方法】

（1）示范（完整动作示范，重点技术示范，分解示范）。

（2）讲解动作要点

①开始低头、含胸，团身滚动。

②积极翻臀和推手。

（3）保护与帮助：帮助者站于练习者后侧方，当滚至肩、头着地时，两手扶其髋两侧向上提拉，帮助其推手和翻转。

（4）练习

①分解练习：两手放在肩上（翻掌手指向后）作团身前后滚动。

②做完整动作练习。

【注意事项】练习前要充分活动颈部，防止受伤；此动作最容易出现：推手不及时，两手支撑不正确，造成完成动作困难；后倒时仰头，翻臀不够。解决方法是多做辅助练习（两手放在肩上作团身前后滚动）。

图 10－1

图 10－2

（三）屈体后滚翻

【动作过程】由直立开始，上体前屈，两腿伸直臀部后坐，两手靠近大腿中部两侧撑地，接着上体顺势后倒，同时向后举腿翻臀，屈体后滚翻两手反撑于肩上。当滚到肩部时，两手用力推地，尽量收腹屈体，经屈体立撑站立（图 10－3）。

【动作规格】腿直，滚翻圆滑。

【动作教学步骤与方法】

（1）示范（完整动作示范，重点技术示范，分解示范）。

（2）讲解动作要点

①前屈后坐时，屈体要充分，两手靠近大腿中部先于臀部着地。

②臀部着地的同时，上体及时、快速后倒，同时快速、充分屈体翻臀。

③动作结束时，两脚尽量靠近两手着地。

（3）保护与帮助：帮助者站于练习者侧后方，当练习者举腿翻臀后，两手提拉其髋两侧，助其翻转。

（4）练习

①分解练习：身后放双层垫子，站于地上练习屈体后坐动作。

②做完整动作练习。

【注意事项】完成此动作的关键技术是充分屈髋与顺势推手。“屈”是此动作的特点，若前半部屈体不足会导致臀部落地“沉重”；若后半部屈髋不紧脚落地距手太远，会造成推手困难以至动作的失败。因此后半部的充分屈髋是此动作的技术关键。

(四) 鱼跃前滚翻

【动作过程】由直立开始，屈膝半蹲同时两臂后引，重心前移，两臂前摆，同时两脚用力蹬地向前上方跃起，两手撑地，顺势屈臂缓冲、低头、含胸屈体前滚，随即屈膝团身前滚翻成站立（图 10－4）。

【动作规格】有明显腾空，腾空时髋角大于 120 度，滚翻圆滑。

【动作教学步骤与方法】

（1）示范（完整动作示范，重点技术示范，分解示范）。

（2）讲解动作要点

①蹬地充分有力，蹬地摆臂配合协调。

②腾空时留腿控髋。

③滚至背部着地时，屈膝团身。

（3）保护与帮助：帮助者站于练习者侧前方，当练习者腾空时，一手托胸腹，另一手托腿，帮助缓冲落地和向前滚动。

（4）练习

①分解练习：做远撑前滚翻。

②保护帮助下做完整动作练习。

③做完整动作练习。

【注意事项】

（1）练习鱼跃前滚翻容易发生伤害，教学中要合理运用教法，循序渐进，克服学生恐惧心理。同时要加强保护帮助，掌握脱保时机。

（2）教学难点是动作高度和控髋留腿。教学中多采用限制物和障碍物，也可以利用助跑进行练习。

图 10－3

图 10－4

(五) 前滚翻分腿起

【动作过程】由蹲立开始，两臂体前撑地，同时两腿用力蹬地，顺势低头、含胸、屈臂。经屈体前滚翻，然后分腿，两手在两腿内侧撑地快速推起成开立（图 10－5）。

【动作规格】两腿直，方向正，滚翻圆滑。

【动作教学步骤与方法】

（1）示范（完整动作示范，重点技术示范，分解示范）。

（2）讲解动作要点

①蹬地要有力，形成快速滚动。

②及时撑手推地跟上体。

（3）保护与帮助：分解练习时帮助者可站于练习者体后提拉其腰部。完整练习时，保护者要站在练习者的侧前方臀落地的位置。

（4）练习

①分解练习：身前放双层垫子从高处向低处做分腿坐，上体前屈，两手大腿内侧撑地推手提臀，双腿放于垫子两侧。

②做完整动作练习。

【注意事项】当臀部着地时，充分分腿，两手及时撑地是此动作的关键技术。

（六）前滚翻直腿起

【动作过程】由蹲立开始，两臂体前撑地，同时两腿用力蹬地，顺势低头、含胸、屈臂，当滚至臀部时，上体迅速向前压叠，同时两手在膝部外侧快速向后撑地，经躯体成直立姿势（图 10－6）。

【动作规格】脚离地后保持直腿姿势直到成直立姿势，滚动圆滑。

【动作教学步骤与方法】

（1）示范（完整动作示范，重点技术示范，分解示范）。

（2）讲解动作要点

①蹬地要有力，形成快速摆动。

②滚动过程稍展髋于 135 度左右。

③及时撑手推地跟上体。

（3）保护与帮助：保护者跪或站立于练习者侧前方，当练习者折叠推撑时，提拉其腰部或推其背部帮助完成动作。

（4）练习

①分解练习：仰卧高举腿前滚后折叠推撑练习，由高处向低处做完整动作练习。

②做完整动作练习。

【注意事项】

（1）脚离地后要保持直腿姿势直到成直立姿势。

（2）当臀部着地时，两手及时撑地并跟上体是此动作的关键技术。

图 10－5

图 10－6

（七）肩肘倒立

【动作过程】由直角坐开始，上体前屈，接着向后滚动，收腹举腿翻臀，两臂在体后用力下压，当膝部至头上方时向上伸髋。至倒立部位时，髋关节充分挺开，收紧腰、臀。屈肘内压，两手掌心向内、虎口向上撑于背部两侧成肘、颈肩支撑的倒立姿势（图 10－7）。

【动作规格】一次倒位，身体与地面垂直，稳定。

【动作教学步骤与方法】

（1）示范（完整动作示范，重点技术示范，分解示范）。

（2）讲解动作要点

①举腿、翻臀、压臂协调配合。

②垂直向上伸髋，至倒立部位时，髋关节充分打开，臀部收紧。

③屈肘内夹形成稳固的两肘和肩颈部支撑的倒立姿势。

（3）保护与帮助：帮助者可以站于练习者体侧提拉其小腿，必要时可用膝顶练习者髋部帮助展髋。

（4）练习

①分解练习：仰卧举腿、翻臀，髋关节反复屈伸。

②做完整动作练习。

【注意事项】要达到此动作的规格要求，除正确掌握动作技术外，必须具有较好的腰腹力量和柔韧素质。因此教学中既要注意正确的技术，又必须注意发展身体素质。

（八）屈体慢起头手倒立

【动作过程】由蹲立开始，上体前倾，两手体前撑地与肩同宽。两腿伸直，屈臂提臀，重心前移，头前额在两手前着地。两手用力推撑，重心继续前移，脚离地后展髋成头手倒立（图 10－8）。

【动作规格】腿直、匀速、倒立直、稳定。

【动作教学步骤与方法】

（1）示范（完整动作示范，重点技术示范，分解示范）。

（2）讲解动作要点

①两手和前额上部成等腰三角形支撑，颈部紧张，两肘内夹，形成稳固的三角支撑。

②动作过程中，展髋时要伴随着髋的回移，始终保持重心投影点落在支撑面内。

（3）保护与帮助：保护者站于练习者前方，两手扶其髋部，成倒立时换扶腿部。

（4）练习：首先在帮助下做慢起头手倒立，在对动作逐渐掌握后再独自做完整动作练习。

【注意事项】练习前要充分活动颈部，防止受伤；初学者多在保护帮助下体会如何控制身体的平衡，所以，教学中要多组织学生互相保护帮助，反复练习。

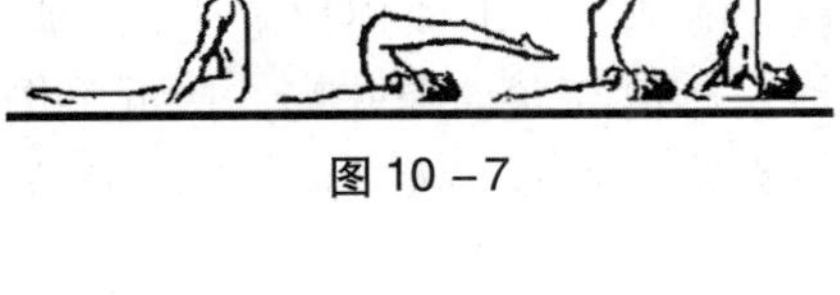

图 10－7

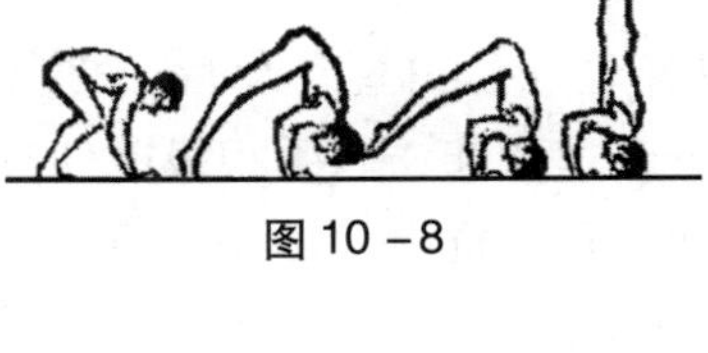

图 10－8

（九）侧手翻

【动作过程】（正下侧起，以左侧为例）由直立开始，左脚前跨一步同时两臂上举，上体前倾，手撑地前顺势向左转体90度，右腿后摆。左右手前伸依次在左脚的延长线上撑地，左脚蹬地后经倒立姿势，顶肩、立腰。两手依次推地，两脚依次落地（图10－9）。

【动作规格】身体与地面垂直，手脚在一条直线上。

【动作教学步骤与方法】

（1）示范（完整动作示范，重点技术示范，分解示范）。

（2）讲解动作要点

①充分蹬地摆腿，左右手前伸依次在左脚的延长线上撑地。

②经分腿倒立时，要顶肩、立腰，动作过程中两脚开度要大。

③后半部两手依次推地，两脚依次落地。

（3）保护与帮助：帮助者站于练习者侧前方（倒立时的背面），两手交叉扶其腰部两侧，帮助翻转。

（4）练习：在标志线上练习，要求手脚在一条直线上，由站立姿势开始做手倒立，初练者可以先“爬行”（建立手脚位置的概念），然后逐渐过渡到“手脚一线身体一面”。

图10－9

【注意事项】

（1）侧手翻的关键技术是上体正前倒（手撑地顺势转体），两手依次正前撑，腿正后摆，“正”是决定侧手翻运动路线和方向以及动作质量的关键，“正”字也是此动作的难点。

（2）顶肩，拉开肩角是侧手翻的重要技术，“冲肩”是练习侧手翻过程中的常见错误，短时间内难以改正。造成“冲肩”的直接原因一是撑手太近，二是撑手前未及时顺势转体。

（3）侧手翻分正下侧起和侧下侧起两种，侧下侧起一般用于连续侧手翻。

（十）前手翻

【动作过程】由直立开始，助跑（亦可原地）趋步落地后，上体积极下压。一腿用力向后上方迅速摆起，两手积极前伸撑地，另一脚蹬地，迅速与摆动腿并拢，接近手倒立部位制动腿、顶肩推手。腾空后稍抬头，保持挺身，落地缓冲成两臂侧上举的直立姿势（图10－10）。

【动作规格】有明显腾空，落地站稳。

【动作教学步骤与方法】

（1）示范（完整动作示范，重点技术示范，分解示范）。

（2）讲解动作要点

①身体快速下压，两手积极前伸撑地，两脚蹬摆快速有力。

②接近手倒立部位并腿，顶肩推手快速有力。

③腾空后保持挺身。

（3）保护与帮助

在保护帮助下，由高处向低处做前手翻。保护者（单人或双人）站于练习者前侧方，一手顶肩，另一手托背或一手顶肩，另一手拨其蹬地腿，帮助翻转。

（4）练习

①分解练习：练习趋步；两脚前后站立，两臂前举，手心向前，做顶肩推手动作，两臂上举同时抬头挺胸，眼睛看手，身体充分挺开；在保护帮助下做不推手的蹬摆练习，最后以“下桥”姿势结束。

②在保护帮助下做完整动作练习。

【注意事项】

（1）练习趋步（节奏跳），是学习前手翻的前提。趋步摆手倒立必须要求做到协调、自然。

（2）摆腿蹬地后的并腿与推手的协调配合是决定动作质量的关键技术。因此在做这类辅助性练习时，必须掌握推手的时机与身体各部分协调配合的技术。特别对低头、冲肩、不会推手的学生，应反复帮助做好摆手倒立和推手的动作。

（3）要正确掌握保护的时机与手法，在学生基本完成动作时，应该采用脱与帮相结合的方法进行练习，不能急于求成。

（十一）燕式平衡

【动作过程】由一脚站立，另一脚尖前点地，两臂上举开始，重心移至前脚，后腿向上举，上体挺胸抬头前倒，同时两臂侧举，成燕式平衡（图 10－11）。

【动作规格】动作舒展、髋正、后举腿的膝高于臀水平面。

【动作教学步骤与方法】

（1）示范（完整动作示范，重点技术示范，分解示范）。

（2）讲解动作要点

①上体挺胸抬头下压，向后上方举腿。

②支撑腿绷直，用全脚掌控制平衡。

（3）保护与帮助

在帮助下练习。帮助者站于练习者侧方，一手拖肩，另一手扶后举腿。

（4）练习

①手扶器械练习，或在他人帮助下多次练习。

②独自完整动作练习。

【注意事项】此动作质量的高低取决于髋、腰关节的柔韧性，动作的稳定性取决于身体各部位与支点之间力矩保持平衡的相对位置，以及运动员控制平衡的能力，所以练习中要及时调整身体各部位之间的相对位置。

图 10－10

图 10－11

（十二）跪跳起

【动作过程】由跪立，两臂上举开始，上体稍前倾，屈髋后坐，同时两臂后引，接着迅速向前上摆臂，同时展髋立腰，脚背和小腿用力压地。当身体向上腾起时，迅速制动两臂同时收腹提膝成蹲立（图 10－12）。

【动作规格】动作协调，有腾空，落地稳。

【动作教学步骤与方法】

（1）示范（完整动作示范，重点技术示范，分解示范）。

（2）讲解动作要点

①向前上摆臂、展髋、立腰与脚背、小脚用力压地配合协调。

②身体向上腾起时，及时地制动两臂和收腹提膝。

（3）保护与帮助：帮助者站于练习者侧方或后方，当练习者臂前摆时，顺势提拉其上臂助其腾起。

（4）练习

①分解练习：由跪立开始，做摆臂展髋、压小腿上弹的协调练习。

②做完整动作练习。

【注意事项】摆臂、展髋、立腰与脚背、小腿用力压地配合协调以及腾起时，及时地制动两臂和收腹提膝是完整动作的关键。教学中重点抓身体各部位的协调配合。

（十三）俯撑单腿经侧向前摆越转体 180 度成仰撑

【动作过程】（以右脚摆越为例）俯撑开始，腹稍下压，随即提臀，右脚经侧向前摆越，经过两手交替推起右手换撑左手处。当摆越过两手支撑后，迅速转体 180 度，左手经上至背后撑地，挺胸抬头成仰撑（图 10－13）。

【动作规格】腿直，不擦地，摆越腿脚尖要经过两手支点前方，方向正。

【动作教学步骤与方法】

（1）示范（完整动作示范，重点技术示范，分解示范）。

（2）讲解动作要点

①摆越腿经过两手支点时，两手要有主动推离动作。

②当摆越过两手支撑后，迅速转体 180 度，挺胸抬头成仰撑。

（3）保护与帮助：帮助者站于练习者左侧双手扶髋，左手在下，右手在上，帮助初学者托、转髋关节。

（4）练习

①分解练习：做纵劈腿的练习。

②做完整动作练习。

【注意事项】此动作要求髋关节具有一定的柔韧性，教此动作之前，必须事先安排发展髋关节灵活性的练习。在具备一定柔韧素质之后，采用由模仿至正式练习的方法，学生就能很快掌握此动作。

图 10－12

图 10－13

（十四）手倒立

【动作过程】由直立开始，前跨一步，同时两臂前举，上体前倾，两手前伸在体前撑地，接着前脚蹬地，后腿向后上方摆起，至倒立部位两脚并拢，身体伸直（图 10－14）。

【动作规格】身体伸直，稳定。

【动作教学步骤与方法】

（1）示范（完整动作示范，重点技术示范，分解示范）。

（2）讲解动作要点

①两手撑地与肩同宽，手指弯曲自然打开。

②含胸、顶肩、收紧腰腹。保持身体重心落在支撑面内。

图 10－14

（3）保护与帮助

①靠墙蹬摆手倒立，保护帮助者站于练习者一侧，一手扶肩，另一手托腿，助其成倒立。

②从无墙的直立蹬摆成手倒立。帮助者站于练习者侧前方，拨腿助其成倒立并扶稳。亦可站于练习者前方，当练习者手撑地时，两手扶其髋部，助其成倒立，然后换扶腿部。对冲肩者，可用膝顶其肩。

③独立练习的自我保护方法：倒立前翻时，顺势屈臂、低头、含胸团身做前滚翻。也可放开一手顺势转体屈髋成站立。

（4）练习

①分解练习：在保护帮助下初学时练习者可以靠墙蹬摆手倒立。

②在保护帮助下做无墙的完整动作练习。

③过渡到独立完成。

【注意事项】

（1）手倒立属于平衡类动作，要独立完成此动作，需要较长的时间才能建立动力定型。因此手倒立应经常安排在准备活动和身体素质练习中进行。

（2）在初步掌握手倒立以后，应加强做两手靠近墙撑地手倒立，要求身体尽量伸直，以发展腰腹的控制力和纠正蹋腰的错误。

（3）要注意培养学生的自我保护能力，介绍自我保护的方法，这样有利于学生自我练习和避免伤害事故。

第二节 跳 跃

一、跳跃的特点与功能

跳跃动作是通过助跑、踏跳以及两臂的推撑，在腾越器械的过程中完成。跳跃动作的特点是经过两臂支撑，翻越障碍完成的。它使用的器械有跳马、山羊、跳箱、跳桌等。跳跃动作有简有繁，易于练习者选择。

跳跃练习起源于古代的马术，当时为了训练士兵和提高劳动技能，制作了与真马相似的木马，在演变过程中相继去掉马头、马尾、马鞍，并蒙上了牛皮，后来又在马面牛皮下垫上有弹性的物质。

由于跳跃练习，要求练习者必须在克服障碍的过程中完成动作，因此能培养练习者勇敢顽强自信的意志力和良好的心理品质。

通过跳跃练习，能够全面地影响人体，增强人体的运动器官、内脏器官、前庭分析器等各器官的功能。

二、跳跃动作与教法

（一）挺身跳

【动作过程】轻松助跑“单跳双落”上板，跳起后，空中微挺胸、立腰、梗头、尽量保持挺身姿势，缓冲落地（图 10－15）。

【动作规格】腾空高，空中伸展。

【动作教学步骤与方法】

（1）示范（完整动作示范，重点技术示范，分解示范）。

（2）讲解动作要点

①起跳时要立腰、梗头上顶，两臂同时积极上摆。

②空中要短暂憋气，固定躯干、微挺胸。

③落地时踝关节、膝关节微屈缓冲至全脚掌立稳为止。

（3）保护与帮助：保护帮助者站在弹跳板前练习者落点一侧，一手在前，另一手在后挡扶，防止前后跌倒。

（4）练习

①分解练习：助跑上板练习。垫上练习和由高向低挺身跳下练习。踏跳板上连续起跳接挺身下。

②在保护帮助下做完整动作练习。

【注意事项】（1）起跳是技术的关键。初学者必须加强练习，打下较好的基础。助跑逐步加速，上板踏跳要求（最后一步）大、（速度）快、（重心）低、（踏板）狠。

（2）在腾空阶段，身体要充分伸展。

（二）屈腿跳

【动作过程】直立，快速助跑，积极上板，用力摆臂起肩和充分蹬伸相结合，使身体向上伸直跳起，接近最高点时用力屈腿上提，两手抱膝团身，随即迅速展体缓冲落地(图 10－16)。

【动作规格】腾空高，团身紧，落地前明显展体。

【动作教学步骤与方法】

（1）示范（完整动作示范，重点技术示范，分解示范）。

（2）讲解动作要点

①起跳和落地技术同挺身跳。

②腾空至最高点的瞬间要固定上体，同时迅速屈膝上提、抱腿。

③伸展时两臂要积极上举，头部上顶，同时两腿用力下伸。

（3）保护与帮助：保护帮助者站在弹跳板前练习者落点一侧，一手在前，另一手在后挡扶，防止前后跌倒。

（4）练习

①分解练习：垫上一人在练习者身后扶腰帮助其向上跳起完成团身练习。由高处向低处做团身跳下。

②在保护帮助下做完整动作练习。

【注意事项】

（1）强调踏板和腾空高度。

（2）在腾空过程中强调团身紧和展体好这两个技术要点。

图 10－15

图 10－16

（三）分腿击足跳

【动作过程】助跑积极上板，当身体腾起接近最高点时，迅速收腹屈体，两腿外分，同时上体前倾，两手主动击足背，接着两腿下压，臂上摆，并腿挺身，缓冲落地（图 10－17)。

【动作规格】腾空高，屈体、分腿、展体充分。

【动作教学步骤与方法】

（1）示范（完整动作示范，重点技术示范，分解示范）。

（2）讲解动作要点

①起跳和落地技术同挺身跳。

②腾空至最高点前的瞬间要固定上体，由脚面发力带动下肢迅速向上屈髋，同时两手击足。

③伸展时两臂要积极上举，头部上顶，同时两腿用力下伸。

（3）保护与帮助：保护帮助者站在弹跳板前练习者落点一侧，一手在前，另一手在后挡扶，防止前后跌倒。

（4）练习

①分解练习：垫上一人在练习者身后扶腰帮助其向上跳起完成分腿击足跳。由高处向低处做分腿击足跳下。

②在保护帮助下做完整动作练习。

【注意事项】

（1）强调踏板和腾空高度。

（2）在腾空过程中强调收腹屈体和展体好这两个技术要点。

（四）纵箱前滚翻

【动作过程】直立，助跑，上板踏跳，两臂前摆撑跳箱近端两侧箱沿，同时用力提臀使臀部高于肩部，及时屈臂，顺势低头圆背屈体向前滚翻，前滚至臀部在跳箱远端着箱时，抬上体展髋落地（图 10－18）。

【动作规格】滚动圆滑、两腿并拢伸直、经伸展落地。

【动作教学步骤与方法】

（1）示范（完整动作示范，重点技术示范，分解示范）。

（2）讲解动作要点

①两手撑于跳箱近端两侧箱沿。

②滚翻技术同技巧鱼跃前滚翻。

③臀部在跳箱远端着箱时，借助展髋压箱伸展。

（3）保护与帮助

①原地鱼跃前滚翻成并腿坐或向低处直腿起。帮助者站于练习者前侧，两手托送腿。

②完整动作练习时保护帮助者站于跳箱近端一侧，待练习者跳起后，一手握上臂，一手托、送腿，帮助提臀前滚，及时向前跟进。两手扶腹背部或提拉手臂，保护落地。

（4）练习

①分解练习：保护帮助下练习原地由低向高（适当高度的垫子或跳箱）鱼跃前滚翻成并腿坐或向低处直腿起。在前面的基础上增加高度，助跑起跳练习鱼跃前滚翻。

②在保护帮助下做完整动作练习。

【注意事项】

（1）此动作是将垫上的鱼跃前滚翻搬上跳箱，腾空高，空间滞留时间长，难以维持平衡。教学中一定要循序渐进，器械高度由低到高，距离（助跑和跳板）由近及远，起跳方式有原地过渡到助跑，保护帮助由双人过渡到单人。

（2）教学中重点强调近端支撑，同时要根据练习者身高调整支撑点，否则，易造成腰背砸伤。

图 10－17

图 10－18

（五）侧腾跃

【动作过程】（以右脚起跳，向左腾跃为例）直立，助跑，上板踏跳。两手右侧撑器械，同时屈髋、提臀带动双腿向左侧上摆起。当腿侧摆接近极点时，左手迅速推离侧举，同时抬头、伸腿展髋，经单臂侧撑展体，下落时顶肩推右手保持挺身落下成后正立（图10－19）。

【动作规格】脚高于肩，落地前有充分挺身。

【动作教学步骤与方法】

（1）示范（完整动作示范，重点技术示范，分解示范）。

（2）讲解动作要点

①助跑水平速度不要过快，起跳点要稍靠向左。

②起跳动作必须侧倒肩、侧提臀和侧摆越。

③顶肩、推手和展体，经单臂侧撑过程。

（3）保护与帮助：保护帮助者站在板前的右侧，当练习者撑器械时，右手握其右臂，左手托送其右髋，顺势帮助左侧摆越挺身下。

（4）练习

①分解练习：垫上俯撑弹起提臀侧摆至右侧撑。跳板上手撑器械连续起跳提臀向左侧上高摆。在横鞍马上或在加高支撑点的横器械上练习。在左侧器械上放置限制物或在左侧上方设置标志物，使练习者向左侧上方高摆。

②在保护帮助下做完整动作练习。

【注意事项】

（1）技术的关键是“三侧”，即侧倒肩、侧提臀和侧摆越。

（2）有力的推手顶肩是侧摆和展体的支点，从上手撑器械到两手推离，始终要推顶。不能冲肩和过分侧倒。

（3）展体时，侧摆接近极点时推手展体，推手展体结束时，侧摆至极点，这样动作看起来更加舒展、飘逸。

（六）斜进直角腾跃

【动作过程】（以右脚起跳，向左腾跃为例）助跳板与器械约成30度夹角放置。斜向助跑，右脚上板踏跳时，左手撑在器械近端左侧，同时左腿带动髋部迅速向前上方摆起，上体稍后仰留肩。右手在体后撑器械，右腿踏跳后快速并向左腿。经直角仰撑高举腿，左手推离跳箱，右手快速支撑（左手换右手撑箱），身体越过器械，同时两腿向前伸压展髋，挺身落下成站立（图10－20）。

【动作规格】经并腿直角高举腿姿势，臀部至肘，脚高于头，落地前有充分挺身。

【动作教学步骤与方法】

（1）示范（完整动作示范，重点技术示范，分解示范）。

（2）讲解动作要点

①上体后仰留肩，快速蹬摆，及时并腿。

②两手依次支撑左手推离。

③两腿下落前积极前伸下压，充分展髋。

（3）保护与帮助：帮助者站于器械近端左侧方，左手握上臂，右手托臀部。

（4）练习

①分解练习：起跳练习，体会踏、摆、撑的配合。跳起成箱上并腿坐撑。

②在保护帮助下做完整动作练习。

【注意事项】

（1）斜进角度约 30 度，宜小不宜大。过大会造成腾空再撑器械，增大了动作的难度，并容易诱发不敢留肩和屈膝摆腿的错误。

（2）关键技术有两点：一是留肩，只有留肩，腿才能摆得高，臀部才能前送，才能更好地挺身。二是摆腿方向必须是前上方，正确的方向，使腿摆得更高。

（3）两臂的有力支撑和顺惯性及时推手移重心是提高动作质量不可忽视的技术因素。左手推离晚是常见的错误，会影响身体的侧移和展髋，及时的推离使动作更高、更舒展。

（4）此动作水平速度要求不高，速度不宜太快，故助跑距离不宜太长，一般 3 ~ 5 步即可。

图 10－19

图 10－20

（七）分腿腾跃

【动作过程】直立，快速助跑，积极（两脚赶过肩）上板，踏板快速有力，充分蹬直踝、膝。同时含胸摆臂，上体稍前倾，向前上方腾起。两臂前伸撑器械，两腿稍后摆，空中紧腰、固髋，上体下探，两臂向前下方顶肩推手。推手同时，两腿侧分，立即制动腿，同时上体急振上抬，展髋挺身落地（图 10－21）。

【动作规格】第一腾空脚高于器械水平面。动作过程腿直，第二腾空明显，充分展体。

【动作教学步骤与方法】

（1）示范（完整动作示范，重点技术示范，分解示范）。

（2）讲解动作要点

①两腿积极后摆，两手前伸，推手顶肩。

②推离器械瞬间，两脚制动侧分，同时上体急振上抬。

（3）保护与帮助

①近板做不后摆的山羊分腿腾跃。帮助者在器械前两腿前后开立。两手握上臂，顶肩上提，同时顺势后退。

②稍有后摆的分腿腾跃。保护者站于落点侧方，必要时扶腹背，防止跌倒。

（4）练习

①分解练习：做踏板起跳练习。做踏板推手不过马的练习，在保护下做近板不后摆的山羊分腿腾跃。在原地做跳起挺身收腹练习。

②在保护帮助下做完整动作练习。

【注意事项】

（1）起跳是技术的关键。初学者必须加强练习，打下较好的基础。助跑逐步加速，上板踏跳要求（最后一步）大、（速度）快、（重心）低、（踏板）狠。

（2）推手是动作难点。练习推手应从近距离（板距和助跑）、慢速度、低后摆开始。初学者技术和能力较差，速度越快，后摆越高，越不利于推手。

（八）屈腿腾跃

【动作过程】助跑、上板、踏跳，第一腾空，推手的技术与分腿腾跃相同。推手时迅速屈腿、提膝团身，推手后，两腿迅速下伸，同时抬上体，两臂侧上摆，充分挺身落地（图 10－22）。

【动作规格】第一腾空脚高于器械水平面。第二腾空经屈腿团身姿势后有充分的展体。

【动作教学步骤与方法】

（1）示范（完整动作示范，重点技术示范，分解示范）。

（2）讲解动作要点

①积极摆臂前伸，推手顶肩。

②推离器械时肩不过支点垂面。

③推手后，两腿迅速下伸，抬上体，挺身落地。

（3）保护与帮助：保护帮助者站在马前一侧，当练习者撑马时，一手握其上臂，落地时转为一手扶背、另一手挡扶腹部以维持平衡。

（4）练习

①分解练习：立卧撑接挺身跳。技巧垫上“兔跳”练习，即向前跃起远撑推手撑蹲立。纵箱（马或高台）跳上（经推手）成蹲立，向前跳下。保护下由高处跳下做团身再挺身练习。

②在保护帮助下做完整动作练习。

【注意事项】

（1）推手是技术的关键。教学中要强调积极摆臂前伸，推手顶肩。初学者必须加强练习，常见的错误是冲肩和中穿腿，主要的原因是推手无力或推手不及时。

（2）推手后，强调两腿迅速下伸，抬上体，挺身落地。

（3）在练习中由于后摆高度掌握不好，容易发生过度翻转或脚绊器械等情况，要加强保护和帮助。

图 10－21

图 10－22

第三节 双 杠

一、双杠的特点与功能

双杠练习的特点是，练习者可在正面、侧面、杠两端做支撑和悬垂，及其在变换中做各种动作，但多以两杠支撑动作和各种变化动作为主。双杠练习可以发展练习者上肢、躯干和肩带肌肉群的力量与柔韧性，提高身体的灵敏和协调能力，培养勇敢、果断、坚毅和克服困难的精神。

二、双杠动作与教法

（一）分腿坐前进

【动作过程】由分腿坐撑开始，用力推手，身体经挺身骑杠姿势前移，两手经侧举至体前稍远处撑杠，同时两腿用力压杠顺势后摆并腿进杠。前摆过杠面，迅速分腿成分腿坐。

【动作规格】臂腿伸直，动作连贯，落杠轻（图 10－23）。

【动作教学步骤与方法】

（1）示范（完整动作示范，重点技术示范，分解示范）。

（2）讲解动作要点

①两手握杠时，应在体前稍远处撑杠。

②撑杠摆腿同步进行。

③后摆并腿进杠时，两腿要伸直压杠。

（3）保护与帮助：帮助者靠杠站于练习者前侧方，一手握上臂，另一手托送膝部，帮助后摆。前摆时，托膝手换托臀部。

（4）练习

①在保护帮助下直接练习。

②独自做完整动作练习。

【注意事项】此动作较易掌握，提高动作质量主要注意改进后摆。技术的关键在于上体前移撑杠必须要与腿的后摆同步进行，特别是在撑杠的同时，腿必须主动用力顺势后摆。

（二）外侧坐前摆越两杠下

【动作过程】（以左侧下为例）由右侧坐撑开始，上体稍后移，两臂用力撑杠，两腿向左侧上摆起并拢，重心左移。上摆接近极点时，顶肩、推手、展髋，右手换握左杠，左臂侧举，越两杠跳下成外侧立（图 10－24）。

【动作规格】前摆时臀部高于肘，脚高于头；经直角，充分挺身落地。

【动作教学步骤与方法】

（1）示范（完整动作示范，重点技术示范，分解示范）。

（2）讲解动作要点

①快速用力弹杠，向侧上摆腿，举腿翻臀。

②主动推手侧移重心越两杠，及时换握杠。

（3）保护与帮助：帮助者站于落地一侧，一手握上臂，一手托送臀部，助其越杠。

（4）练习

①分解练习：外侧坐，腿上摆，还原成外侧坐。外侧坐摆起越两杠成另一杠外侧坐。

②在保护帮助下做完整动作练习。

【注意事项】

（1）练习时要充分利用杠的弹力，在杠中部练习为好，摆腿动作要快速有力。

（2）为了高举腿而过分倒肩是不可取的，重点强调弹腿摆动。

（3）推手移肩换握要及时，否则会造成擦杠或坐杠。

图 10－23

图 10－24

（三）支撑摆动

【动作过程】直臂支撑，以肩为轴前后摆动。前摆时，直体自然下摆，摆过杠下垂直部位后，向前上方摆起，顺势顶肩含胸，拉开肩角。回摆时，脚尖远伸，身体自然下摆，摆过杠下垂直部位后，用力向后上方摆腿，含胸、紧腰，直臂顶肩，逐渐拉开肩角（图 10－25）。

【动作规格】前摆时臀部高于肘，后摆达肩水平 45 度以上。

【动作教学步骤与方法】

（1）示范（完整动作示范，重点技术示范，分解示范）。

（2）讲解动作要点

①直臂顶肩、紧腰，以肩为轴摆动。

②尽量减少肩的移动。

③整个摆动过程中，下摆属自然摆动，过垂直部位后加速摆腿。

（3）保护与帮助：帮助者站于杠侧方，一手握上臂，另一手前摆时托背部，后摆时托腿部。

（4）练习

①辅助练习：支撑姿势练习及发展肩臂力量的练习。

②逐步加大摆动幅度的练习。

【注意事项】

（1）学习此动作必须具备一定的支撑力量素质。所以素质较差者在学习前和学习后应该注意安排一些发展肩臂力量的练习。

（2）初学者最易犯的错误是

①肩前、后移动过多（前冲后倒）。

②打不开肩角，前摆夹角屈髋举腿，后摆挺胸蹋腰。

③加速摆动发力过早。开始学习时多做小幅度摆动练习，体会正确的摆动技术。另外，可采用将脚置于高位的仰撑或俯撑姿势，体会前后摆结束时的支撑感觉。

④在摆动中强调学生体会用顶肩发力。

图 10－25

图 10－26

（四）支撑前摆下

【动作过程】（以左侧下为例）由支撑摆动开始，前摆过垂直部位后，迅速向前上方摆腿，重心顺势左移。前摆接近极点时，脚立即制动下压展髋，两手用力推杠，右手换握左杠，挺身落下成外侧立（图 10－26）。

【动作规格】前摆臂部高于肘，充分挺身，落地正。

【动作教学步骤与方法】

（1）示范（完整动作示范，重点技术示范，分解示范）。

（2）讲解动作要点

①前摆过垂直面后，迅速向前上方摆腿。

②前摆至极点时，制动腿下压展髋。

（3）保护与帮助：帮助者站于落地一侧，一手握上臂，一手托送臀或背，帮助出杠。

（4）练习

①分解练习：在低杠做跳起前摆下。小幅摆动练习前摆下。做徒手的推手，腿下压展髋动作。

②在保护帮助下做完整动作练习。

③采用限制物进行练习，提高动作的幅度。

【注意事项】

（1）此动作的基础是支撑摆动，因此学前必须基本掌握好支撑摆动动作，并边学边改进支撑摆动技术。

（2）动作的难点是充分挺身，这也是衡量动作质量的主要标志，充分挺身除以平稳的支撑摆动为基础外，前摆的同时举腿翻臀是挺身的前提。

（五）支撑后摆转体 180 度成分腿坐

【动作过程】（以向右转为例）由支撑摆动开始，当腿后摆过杠面后，含胸顶肩，以脚尖带动髋部向右转体 180 度，两手依次推离换握杠，同时分腿成体后握杠的分腿坐（图 10－27）。

【动作规格】后摆高度平肘，动作连贯，转体正，落杠轻。

【动作教学步骤与方法】

（1）示范（完整动作示范，重点技术示范，分解示范）。

（2）讲解动作要点

①小幅度摆动，后摆过杠面，以脚带动髋部转体。

②转体后控制两腿轻轻落杠。

（3）保护与帮助：帮助者站于练习者的左侧，两手搓髋，帮助转体。

（4）练习

①分解练习：垫上俯撑开始，蹬地后摆转体 180 度成分腿坐。

②保护帮助下在杠上做完整动作练习。

【注意事项】

（1）学习此动作易出现的错误是：

①碰杠，主要原因是后摆不够、屈髋转体或转体过晚、分腿过早。

②砸杠，原因是后摆过高，无控制下落。

③方向偏移，原因是屈髋后坐转体。

（2）此动作换握的方法有两种：一种是转体后换握，换握方法是先右手换握左杠，再左手换握右杠，此方法适合于初学者；第二种是边换握边转体，方法是先左手换握右杠，再右手换握左杠。

图 10－27

图 10－28

（六）分腿坐，单腿杠中后摆转体 180 度成分腿坐

【动作过程】（以向右转为例）由分腿坐撑开始，右腿前举，左臂前举。右腿杠中后摆顺势向右转体，左手握右杠，上体稍前移，重心移至左臂，以左大腿下部撑杠。当右腿

摆过杠下垂直部位后加速侧上摆，摆过杠面后，推离右手，身体继续右转，同时左腿弹起从右腿下摆越两杠成两手体后握杠的分腿坐（图 10－28）。

【动作规格】后摆腿高于肩，分腿有开度，方向正，落杠轻。

【动作教学步骤与方法】

（1）示范（完整动作示范，重点技术示范，分解示范）。

（2）讲解动作要点

①右腿摆动要充分，左臂撑杠重心移至左臂，转体经俯撑时，要加速腿的摆动。

②右腿摆动、左腿摆越过程中有滑杠动作、两手的换握杠及转体动作要连贯，配合要协调，在动作过程中摆越腿要主动找摆动腿并拢同时身体要远伸。

（3）保护与帮助：保护帮助者站于练习者的右侧，当转成正撑时，一手握左上臂，一手从杠下托髋或背部，助其摆越。

（4）练习

①分解练习：慢动作体会动作过程。从左手撑一杠、双手正握另一杠的俯撑开始，右腿杠中侧摆 2～3 次做后半部动作。

②保护帮助下在杠上做完整动作练习。

【注意事项】

（1）摆腿转体不充分、摆越腿过早越杠是常犯的技术错误。学习中可通过反复慢动作（分解或完整动作）逐步掌握。

（2）动作前半部转体时的肩前移是不可忽视的技术细节，它有利于形成以一大腿下部撑杠的合理姿势，为下半部动作创造有利的条件。

（七）支撑后摆下

【动作过程】（以左侧下为例）由支撑摆动开始，后摆过垂直部位后，两脚顺势向上方加速运动，同时顶肩、拉开肩角。当后摆接近极点时，身体向左平移，右手推离杠于左手前握杠，左手推离摆至侧上举，保持挺身姿势落下成外侧立（图 10－29）。

【动作规格】身体后摆高于肩水平。

【动作教学步骤与方法】

（1）示范（完整动作示范，重点技术示范，分解示范）。

（2）讲解动作要点

①后摆时含胸、直臂顶肩。

②当摆后接近极点时，平移重心，及时推手换握杠。

（3）保护与帮助：保护帮助者站于练习者的异侧方，一手推肩，另一手托送髋或腿部，帮助出杠。或站于练习者的同侧方，一手握上臂，一手托拨腹部，帮助出杠。

（4）练习

①分解练习：支撑摆动练习。杠端面向内支撑，做小幅度后摆下。

②保护帮助下在杠上做完整动作练习。

【注意事项】

（1）此动作的基础是支撑摆动，因此学前必须基本掌握好支撑摆动动作。

（2）“怕打杠”往往是初学者的心理障碍。因此，在学习开始阶段，加强帮助，建立安全感，消除害怕心理是十分重要的。

图 10－29

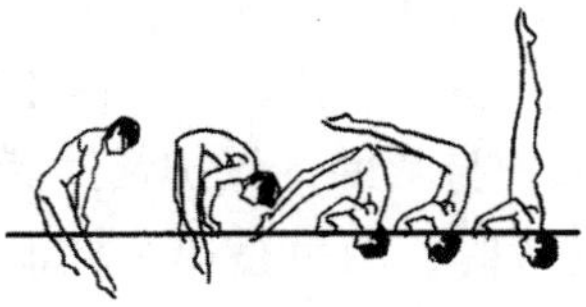

图 10－30

（八）分腿坐慢起肩倒立

【动作过程】由分腿坐撑开始，两手靠近大腿握杠，上体前倒，屈臂提臀，两肩在手前 20～30 厘米处顶杠。两腕外转，两肘外展，稍抬头。当臀部提至肩上方（或稍前）时，两腿经侧匀速上举并拢，举腿同时，臀部稍回移，展髋、紧腰成肩倒立。

【动作规格】直腿经两侧匀速慢起，倒立直，稳定（图 10－30）。

【动作教学步骤与方法】

（1）示范（完整动作示范，重点技术示范，分解示范）。

（2）讲解动作要点

①两手靠近大腿内侧握杠，上体前倒时要屈体、含胸、提臀。

②肩与手的距离 20～30 厘米，两肘外展。

③两腿经侧匀速上举并拢。

（3）保护与帮助：保护帮助者站于练习者的前侧方一手杠下托肩，另一手托膝，帮助提臀。伸髋后，一手抵背，另一手扶腹部或大腿。若倒立失去平衡前翻，两手在杠下托臀背部。

（4）练习

①分解练习：在低双杠（高约 30～40 厘米）上，在帮助下或蹬地做分腿慢起肩倒立。

②保护帮助下在杠上做完整动作练习。

【注意事项】掌握此动作，主要解决两个问题：一是“提得起”；二是“立得稳”。臀部能否提得起，主要是身体素质问题。倒立能否立得稳主要是适应问题。学习中应从“提得起”着手，逐步提高身体素质。“立得稳”的另一个重要问题是要有一个牢固的支撑面，为此，要适当增大肩、手的距离，提高肩倒立稳定性。

（九）分腿坐前滚翻成分腿坐

【动作过程】由分腿坐撑开始，两手靠近大腿握杠，低头含胸，上体前倒，同时屈臂顶杠、收腹提臀，两肩在手前撑杠。臀部前翻过肩上方时，两手迅速向前换握杠。两腿分开下压，同时两臂压杠，跟上体成分腿坐（图 10－31）。

【动作规格】连贯、圆滑，有并腿过程，不漏臀。

【动作教学步骤与方法】

（1）示范（完整动作示范，重点技术示范，分解示范）。

（2）讲解动作要点

①两手靠近大腿握杠，屈臂顶杠提臀，低头、含胸、屈体要充分。

②臀部前翻过肩上方时，两手迅速向前换握杠。

③及时伸髋、分腿、压杠跟上体。

（3）保护与帮助：保护帮助者站于杠侧方，一手杠下托肩，另一手托膝，帮助提臀。当练习者前滚时，两手迅速至杠下托背和臀部。

（4）练习

①分解练习：垫上前滚翻成分腿坐。低双杠上放一个垫子，做前滚翻成垫上分腿坐（开始时可以蹬杠做）。

②保护帮助下在杠上做完整动作练习。

【注意事项】

（1）前滚翻的难点是提臀前翻。最易出现的错误是抬头、挺胸、伸髋。可在垫上做分腿立撑开始，不借助蹬力的分腿前滚翻，体会低头、含胸、推手、屈体、提臀的动作要领。练习时首先要建立翻转概念。

（2）换握时机的掌握是一个难点，换手早易造成身体回落，换手晚会造成漏臀。

（3）动作最后阶段的分腿时机也是保证动作圆滑，提高动作质量的重要技术。

图 10－31

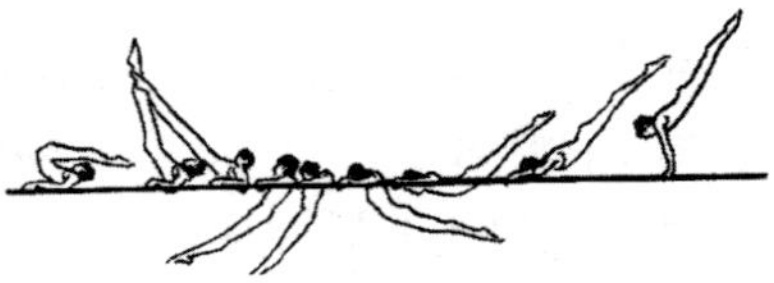

图 10－32

（十）后摆上

【动作过程】由挂臂摆动开始，前摆收腹举腿经屈体挂臂后两腿向前上方远伸，展髋送臀，同时顺势屈臂向前引肩靠近握点。当身体下摆接近杠下垂直部位时，屈髋留腿，稍沉肩。当身体摆过垂直部位后，加速向后上方甩腿。两腿摆过杠面后，同时紧腰。两臂用力压杠，同时肩部稍前移，含胸、紧腰，随着身体继续上摆推直两臂成支撑（图 10－32）。

【动作规格】成支撑时身体不低于肩水平。

【动作教学步骤与方法】

（1）示范（完整动作示范，重点技术示范，分解示范）。

（2）讲解动作要点

①弧形放浪、引肩要充分。

②杠下的“鞭打”动作要充分、有力、准确。

③后摆与压杠要协调配合。

（3）保护与帮助：保护帮助者站于杠侧方，弧形前摆时，一手托臀，一手推肩，助其移肩远送；后摆时，顺势托其腹、腿助其上成支撑。

（4）练习

①分解练习：挂臂摆动。反复练习挂臂后摆压肩（肩离杠，但不成支撑）。在斜双杠

上（前低后高）做后摆上。

②保护帮助下在杠上做完整动作练习。

【注意事项】

（1）挂臂撑摆动是基础，必须提前安排学习。

（2）关键技术有两点：一是前摆的移肩技术，它为后摆上时缩短摆动半径创造了有利的条件，移肩主要由伸腿送臀动作带动；二是后摆的甩腿技术，掌握甩腿时机是难点，而甩腿前的屈髋留腿动作则是适时甩腿和使用甩腿发挥较大效果的重要保障。

（3）甩腿与压臂同步以及紧腰动作是提高动作质量的重要环节，只有“同步”、“紧腰”才能发挥力的最大效应。

（4）挂臂后摆上要求力量素质相对较高，所以在学习动作前和过程中应该常安排增强肩带、臂和腹背的力量练习。

第四节 单 杠

一、单杠的特点与功能

单杠动作的特点是，人体围绕器械轴做各种悬垂或短暂支撑的动作。单杠练习的方式主要是靠双臂、肩带、腰背和髋关节的协调配合来完成各种形式的动作。

经常从事单杠练习，能发展上肢、肩带、腹背肌的力量和柔韧性；提高身体的协调性以及前庭分析器官的机能；培养勇敢、果断、顽强的意志品质。

由于单杠器械高，动作摆幅大，旋转速度快，腾越、空翻、换握、脱手再握的动作多，因此对于初学者而言，在教学中通常是由低单杠过渡到高单杠练习。在高单杠练习时，必须正确掌握摆动技术，以便为学习各种动作打下良好的基础。而对于大学生的初学者来说，则要选择适合于大学生的器械高度和动作。

根据目前大学生入学的身体素质状况和体操基础，我们选择了低单杠作为练习的器械。

二、单杠动作与教法

（一）低杠前正立正握跳上成支撑

【动作过程】由前正立正握开始，屈膝蹬地向前方跳起，同时两臂压杠成支撑（图 10－33）。

【动作规格】直臂支撑，腿与杠下垂直面夹角在 45 度以上。

【动作教学步骤与方法】

（1）示范（完整动作示范，重点技术示范，分解示范）。

（2）讲解动作要点

①向前方跳起，同时两臂压杠。

②支撑时顶肩，上体稍前倾。

（3）保护与帮助：帮助者站于练习者侧后方，两手托腰，助其上成支撑。或站于练习者前侧方，一手扶上臂，一手掌心向上扶膝关节部位，帮助练习者维持支撑时的平衡。

（4）练习

①分解练习：在平衡木或较低的低杠上学习跳上成支撑。

②做完整动作练习。

【注意事项】此动作是单杠练习的基本动作，对支撑姿势必须严格要求。

（二）支撑单腿摆越成骑撑及还原

【动作过程】（以右腿摆越为例）由支撑开始，右手推杠，向左倒肩，右腿向侧摆越，接着右手推离杠，右腿越杠后，肩回移抬上体，同时右手重新握杠成骑撑姿势。还原时，做法相同，但腿向后摆越（图10－34）。

【动作规格】直腿摆越。骑撑时，上体正直，两腿间夹角大于90度。

【动作教学步骤与方法】

（1）示范（完整动作示范，重点技术示范，分解示范）。

（2）讲解动作要点

①推手倒肩几乎同时进行。重心左移，同时右手推杠，右腿向侧摆越，接着右手迅速握杠。

②腿摆越杠后使大腿根部靠杠。右手快速重新握杠，同时肩回位抬上体。

（3）保护与帮助：帮助者站于练习者摆越腿的异侧杠前，一手扶上臂，另一手托腿，帮助完成动作。

（4）练习

①分解练习：手持体操棍做模仿练习；支撑左右摆动做推手移重心练习。

②在保护帮助下做完整动作练习。

③独立完成练习。

【注意事项】此动作虽然简单，往往由于动作不协调而造成脚碰杠或掉下现象，因此初学者既要注意正确技术、安全保护，又要克服害怕的心理。

图10－33

图10－34

（三）骑撑后腿向前摆越同时转体90度下

【动作过程】（以右转为例）由右腿在前骑撑开始，右手在距离身体20～30厘米处反握。上体右倒，同时两腿向左侧上方摆起，左手推离杠，重心移至右臂，右腿压杠向左侧上方弹起。右臂直臂顶杠，以头和肩带动身体向右转体90度，左腿摆越后，右腿随即向左腿并拢挺身下（图 10－35）。

【动作规格】身体明显弹起，并腿，充分挺身。

【动作教学步骤与方法】

（1）示范（完整动作示范，重点技术示范，分解示范）。

（2）讲解动作要点

①转体一侧手反握，距身体 20～30 厘米距离。

②倒肩、摆腿、弹杠、转体动作连贯协调。

③以头和肩带动身体转体 90 度。左腿摆越后，右腿主动向左腿并拢。

（3）保护与帮助：帮助者站于练习者右前方，左手托握练习者左手帮助其支撑，右手拨前腿帮助右腿侧上摆、并腿挺身。

（4）练习

①分解练习：在平衡木上做骑撑后腿摆越转体 90 度下。

②在保护帮助下做完整动作练习。

③独立完成练习。

【注意事项】

（1）完成好此动作的关键技术，在于肩的移动与后腿的摆越紧密配合。当肩向侧移动的同时，后腿必须相应地向侧上方摆越以获得相应的平衡。

（2）此动作弹起的高度，决定于动作的连贯和摆越的速度、大腿压杠的力量以及顶肩撑杠的技术。必须在改进与提高动作技术时加以强调，对大腿压杠动作技术体会差的学生，采用“教法 1”体会技术要点效果好。

（3）挺身动作的好坏，主要取决于转体的方法（以头、肩带动上体和腿）以及前腿能否积极向异侧摆动与后腿并拢。

图 10－35

图 10－36

（四）骑撑后腿向前摆越转体 180 度成支撑

【动作过程】（以右转为例）由右腿骑撑开始，右手反握，上体右侧后倒，挺身控腿。左手推离杠，以右臂为轴，用上体带动身体向右转体 180 度，左手握杠，并拢两腿成支撑（图 10－36）。

【动作规格】直体转体，成支撑时保持挺身后举腿。

【动作教学步骤与方法】

（1）示范（完整动作示范，重点技术示范，分解示范）。

（2）讲解动作要点

①上体侧后倒（先侧再后），挺身控腿。

②用上体带动身体转体。

（3）保护与帮助：帮助者站于杠前方，一手握其前脚掌，助其维持平衡，完成转体动作。或站于杠后练习者转体异侧方，一手扶上臂，另一手托后腿，助其转体。

（4）练习

①分解练习：在双杠上或平衡木上做模仿练习。

②在保护帮助下做完整动作练习。

③独立完成练习。

【注意事项】此动作的特点是保持平衡状态下来完成的，其关键技术是向侧后倒肩和后腿的控制，必须注意身体重心的调节，克服害怕心理，转体果断，动作要连贯。在帮助下体会动作技术要领后，再过渡到独立完成。

（五）支撑后摆下

【动作过程】由支撑开始，腿稍前摆，肩稍前移，接着两腿用力后摆，两臂伸直撑杠。后摆接近极点时稍含胸并制动腿，紧接着直臂用力顶肩推杠抬上体，空中挺身，缓冲落下（图 10－37）。

【动作规格】腿后摆高于肩水平（女生高于杠水平）。推手后挺身，落地站稳。

【动作教学步骤与方法】

（1）示范（完整动作示范，重点技术示范，分解示范）。

（2）讲解动作要点

①两腿用力向后上方摆起，后摆时不要猛抬上体，两臂伸直撑杠。

②制动腿与直臂用力顶肩推杠，抬上体挺身动作的配合。

（3）保护与帮助：帮助者站于练习者侧后方，一手扶上臂，另一手托腿帮助后摆。落地时两手前后扶腹背部（逐步提高后摆高度）。

（4）练习

①分解练习：支撑后摆，落下成站立悬垂。支撑后摆落下还原成支撑。

②做完整动作练习。

【注意事项】

（1）此动作是协调性要求较高的动作，具有学会容易，学好难的特点。其难点在于腿的制动与推手技术协调的配合，做“后摆不高的后摆下”，其主要目的就是为了掌握制动腿、推手的时机，因为摆幅小易于控制身体，利于掌握动作技术，也可避免因后摆力量太大而造成跌倒的现象。

（2）后摆高度与挺身技术是衡量此动作质量的主要标志，学习应该从掌握后摆技术入手，然后再掌握推手、挺身技术。后摆高度也不宜太高，太高不利于推手、抬上体，一般在肩水平以上 20～45 度为宜。

（3）后摆撤肩是初学者最容易犯的错误，应采用“教法 2”纠正，强调后腿高度与支撑的技术。

（六）低杠后正立正握跳起成屈体悬垂

【动作过程】后正立正握开始，体前屈，屈膝下蹲，蹬地跳起，同时低头、含胸、提臀。当臀部摆过杠下垂直部位后，两臂夹紧成屈体悬垂（图 10－38）。

【动作规格】屈体悬垂时，臀部高于肩，两腿伸直。

【动作教学步骤与方法】

（1）示范（完整动作示范，重点技术示范，分解示范）。

（2）讲解动作要点：跳起的同时低头、含胸、提臀。

（3）保护与帮助：帮助者站于杠前侧方，一手托肩，另一手托大腿前部，助其成屈体悬垂。当成屈体悬垂后，换成托臀部。

（4）练习

①分解练习：在低双杠上由后正立掌握跳起成屈体悬垂。

②做完整动作练习。

【注意事项】对素质差的学生，可先降低杠的高度（可采用垫高垫子的方法）进行练习。

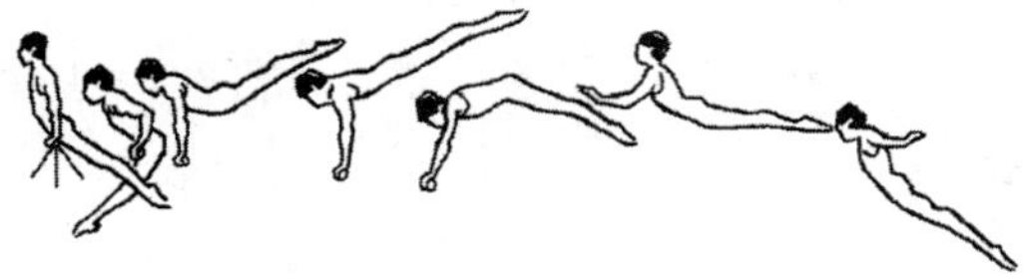

图 10－37

图 10－38

（七）骑撑后倒挂膝上

【动作过程】由正握骑撑开始，重心后倒，后腿后下伸，直臂后倒挂膝，后腿前摆至杠水平面时做制动式的前伸动作。回摆时，后腿充分伸直后摆，后摆接近极点时，前腿膝窝用力勾杠，同时顺势屈臂翻腕压杠，起上体成骑撑（图 10－39）。

【动作规格】连贯圆滑，屈臂翻腕压杠，成骑撑时两腿开度大。

【动作教学步骤与方法】

（1）示范（完整动作示范，重点技术示范，分解示范）。

（2）讲解动作要点

①后腿后下伸直臂后倒挂膝。

②前摆接近杠水平位置时，摆动腿制动式前伸。

③回摆时，后腿充分伸直后摆，屈臂翻腕压杠跟上体。

（3）保护与帮助

①帮助下做单挂膝摆动上。帮助者站于杠下前侧方，一手压摆动腿膝部，另一手托背部，摆动 1～3 次助其上成骑撑。然后一手托前腿，另一手扶背部助其维持平衡。

②帮助下做骑撑后倒挂膝上。帮助手法同上。

（4）练习

①分解练习：单挂膝摆动。

②在保护帮助下做完整动作练习。

③独立完成练习。

【注意事项】

（1）直臂后倒是骑撑后倒挂膝上的难点，一是有害怕心理，二是难于控制身体，特别难以控制腿，因此，初学者往往做成屈臂后坐的动作，可在保护帮助下慢动作体会后倒。

（2）直臂后倒因半径长，摆幅较大，为了能控制好身体，必须做好后腿下伸与前摆时的制动动作，如果配合的好，既省力，动作质量又高。

（3）练习时必须充分利用摆动，压杠动作不宜早。

（4）学习此动作易发生膝关节后部磨伤，教学中要掌握好练习量和练习间隔。同时也要采用相应的保护措施，如带上护膝练习或在单杠上缠一层海绵练习。

图 10－39

图 10－40

（八）一脚蹬地，一推摆动翻上成支撑

【动作过程】前正立正握开始，一腿经前向后上方摆起，另一腿蹬地。同时屈臂引体倒肩使腹部靠杠，蹬起腿迅速向摆动腿并拢。当身体翻至杠水平面时制动腿、翻腕、展髋、抬上体成支撑（图 10－40）。

【动作规格】动作连贯，成支撑时臂直，充分挺身，腿与杠下垂直面的夹角约 45 度。

【动作教学步骤与方法】

（1）示范（完整动作示范；重点技术；分解示范）。

（2）讲解动作要点：

①摆腿蹬地充分，屈臂引体倒肩，使腹部靠杠。

②及时制动腿，翻腕，抬上体。

（3）保护与帮助：帮助者站于杠下前侧方，一手托臀，另一手拨肩，当成支撑时换成一手握上臂，另一手托腿。

（4）练习

①分解练习：杠前设置低器械（低山羊或跳箱），用蹬地脚踏器械做翻上。

②做完整动作练习。

【注意事项】

（1）完成翻上须具备一定的上肢拉引力量和腰腹的力量素质，教学中应首先发展这类素质。

（2）腹部贴杠是完成动作的关键技术。蹬摆无力、摆腿方向偏前、引体倒肩与蹬摆动作的配合失调、蹬地腿并腿不及时都会引起贴不上或贴不紧杠。对于摆腿方向错误，可采用标志物引导摆腿方向。

（3）制动腿和抬上体的时机掌握对动作的成败有较大影响。可在帮助下练习从杠上支撑开始（帮助者压住练习者双腿），上体前屈至杠水平面以下，再抬头、翻腕、抬上体还原成支撑。

（4）学会摆蹬地翻上后，可以学习双脚蹬地翻上和不蹬地慢翻上。

（九）骑撑前回环

【动作过程】由反握骑撑开始，直臂顶肩，重心上提前腿举起前跨，上体挺直前倒。回环时后腿贴杠。回环过杠下垂直面后，前腿伸直下压，使大腿根部靠杠。回环至上体超过水平面后，直臂压杠跟上体，翻腕控制握杠还原成骑撑（图 10－41）。

【动作规格】动作连贯，两臂伸直，腿充分分开。

【动作教学步骤与方法】

（1）示范（完整动作示范，重点技术示范，分解示范）。

（2）讲解动作要点

①重心上提，举腿向前远跨，尽量使身体重心远离握点。

②回环时后腿贴紧杠。

③回环过杠水平面后，直臂压杠跟上体，翻腕控制握杠。

（3）保护与帮助

①帮助下做骑撑重心上提，举腿前跨，上体前倒动作。帮助者站于杠前侧方，一手握踝关节，另一手托小腿顺势前送。

②帮助下做完整动作。帮助者站于杠下后侧方，一手从杠下翻握（掌心向外，虎口向下）其手腕，当练习者回环过杠下垂直部位后，另一手顺势托上臂，帮助上成骑撑，然后换成一手扶上臂，另一手托腿。初学时可双人帮助。

③在杠前设一标志物（距前脚 20 厘米左右），让练习者前腿前跨时触及标志物做前回环。

（4）练习

①分解练习。

②做完整动作练习。

【注意事项】

（1）提、跨、倒是动作的关键技术，充分前跨是此动作的难点，初学者易产生害怕心理，影响动作的学习。因此，在学习动作技术的过程中，应注意解决影响学习的心理因素。

（2）“教法 1”的目的，是体会动作的前半部技术，前半部技术正确与否，是此动作能否完成的决定因素，因此，采用“教法 1”时，必须帮助练习者掌握好前半部技术，对不敢前倒者也可以采用两手托肩的方法，帮助做前倒动作。

图 10－41

图 10－42

（十）支撑后回环

【动作过程】由支撑开始，腿稍前摆，肩稍前移，接着两腿用力后摆，两臂伸直撑杠。下摆至腹部触杠时上体后倒，腿继续前摆，身体保持伸直（可稍屈髋）。当回环至四分之三时，制动腿挺身抬上体，翻腕成支撑（图 10－42）。

【动作规格】后摆身体高于肩水平面，直臂直体，动作连贯。

【动作教学步骤与方法】

（1）示范（完整动作示范，重点技术示范，分解示范）。

（2）讲解动作要点

①下摆至腹部触杠时上体后倒，身体保持伸直。

②当回环至四分之三时，制动腿挺身抬上体。

（3）保护与帮助：帮助者站于杠前侧方，一手按压臀部使腹部靠杠，另一手拨腿助其回环。回环至四分之三时，一手托腿，另一手托肩，帮助控腿抬上体，维持平衡（后摆幅度由小到大）。

（4）练习

①分解练习：快速翻上成支撑。支撑后摆落下成支撑。

②做完整动作练习。

【注意事项】

（1）腹部触杠时上体顺势后倒是支撑后回环的关键技术，在讲解动作要点时，必须使学生明确后倒的时机与掌握控制身体姿势的能力。

（2）倒肩过晚容易造成腹部碰杠，并产生害怕心理，影响学习情绪，纠正这种现象的方法有三：一是后摆的幅度由小到大，有利于控制身体，即使腹部碰杠也不会太重；二是帮助者注意正确运用帮助方法，帮助练习者腹部靠杠与防止成支撑时两腿前踢的现象；三是采用辅助性练习（两手握肋木或体操棍做倒肩、腹部压杠的模仿练习），使学生体会腹部触杠，上体后倒的技术。

（3）此动作是利用力偶原理完成动作的。因此，必须使上体和下肢的速度基本相等，保持相对平衡的状态下进行回环。

第五节　平衡木

一、平衡木的特点与功能

平衡木动作的特点是人体支撑面小，练习时人体重心时刻在变化，支撑点也不断改变，对练习者控制身体平衡有较高的要求，因此能培养练习者的平衡能力。

平衡木源于 18 世纪。原始的平衡木器械只是一根长而光滑的圆木，平放在地上。后来被附在不同高度的支撑物上供练习者练习。主要训练练习者的平衡能力与勇敢精神。且以男子参加练习为主。19 世纪后期，欧洲一些国家女子体操盛行，在一些条件较好的女子学校里都增添了平衡木的活动内容，借以达到健身与娱乐的目的。

通过平衡木的练习可以改善练习者平衡器官的功能，提高动作的准确性以及培养练习者沉着、冷静、勇敢、果断的意志品质，也是培养练习者具有良好心理素质的有效项目之一。

二、平衡木动作与教法

（一）起踵立

【动作过程】两脚前后站立，两手叉腰，以前脚掌着木，尽量起踵（图 10－43）。

【动作规格】起踵高，姿态优美，重心稳。

【动作教学步骤与方法】

（1）示范（完整动作示范，重点技术示范）。

（2）讲解动作要点

①起踵时尽量立踝，并保持高度紧张。起落时干脆有力。

②上体和头保持正直，挺胸、收腹、立腰，臀部内收，两腿伸直夹紧。

（3）练习

①扶把杆起踵立练习。

②地上两手叉腰起踵立练习。

③木上起踵立练习，可加各种手臂动作。

【注意事项】起踵立是平衡木上的基础动作，需扎实。可先在地上练习后再上木练习。

图 10－43

图 10－44

图 10－45

（二）燕式平衡

【动作过程】右腿站立，左腿伸直后举，上体挺胸、抬头前倾，同时两臂侧举成燕式平衡（图 10－44）。

【动作规格】两腿伸直、动作舒展、髋正、后举腿的膝高于臀水平面、脚高于头。

【动作教学步骤与方法】

（1）示范（完整动作示范，重点技术示范）。

（2）讲解动作要点

①平衡时，站立腿伸直背肌及大腿肌保持高度紧张。

②随着上体前倒重心逐渐后移，以维持平衡。

（3）练习

①双手或单手扶把杆做燕式平衡练习。

②地上，帮助者站于练习者侧面，一手托肩，一手托后腿，帮助练习者完成燕式平衡。

③地上独立完成。

④木上练习。

【注意事项】初学者控制自身身体平衡的能力较差，应强调练习者背肌的用力。

（三）柔软步

【动作过程】站立姿势开始，左脚前伸，脚面绷直并稍向外侧翻，以脚尖着木，经前脚掌过渡到全脚掌着木，同时重心前移，向前行走。右腿以同样的动作继续前进，两臂自然柔和地摆动（图 10－45）。

【动作教学步骤与方法】

（1）示范（完整动作示范，重点技术示范）。

（2）讲解动作要点

①重心及时前移。

②身体和头保持正直挺胸、收腹、立腰，用眼睛的余光看木。

（3）练习

①地上双手叉腰，将动作分为两步。a. 一脚前伸，脚尖点地；b. 经前脚掌过渡至全脚掌，重心及时前移。

②加上各种手臂和身体动作进行练习。

③木上练习。

【注意事项】柔软步在练习时，要注意保持身体姿势，行走时注意绷直脚尖。

（四）变换步

【动作过程】右脚站立，左脚脚尖前点地，两臂侧举开始，左脚向前做柔软步，重心随之前移，右脚并于左脚后，两臂落至体前成一位手，左脚再向前做柔软步，重心继续前移，成左腿站立，右脚尖后点地（脚面稍向外侧翻并且绷直），右臂前举，左臂侧举（图 10－46）。

【动作规格】动作与动作之间相互连贯，自然协调有美感。

【动作教学步骤与方法】

（1）示范（完整动作示范，重点技术示范，分解示范）。

（2）讲解动作要点

①身体姿势始终要保持正直、挺胸、立腰、收腹。

②重心及时前移。

③手脚协调配合。

（3）练习

①地上双手叉腰做腿部的分解动作练习。右脚站立，左脚脚尖前点地开始；第一拍左脚向前做柔软步，重心随之前移，右脚并于左脚后；第二拍左脚再向前做柔软步，重心继续前移，成左腿站立，右脚尖后点地；第三、第四拍同第一、第二拍，但方向相反。

②地上手臂练习。侧举开始；第一拍一位手；第二拍六位手（手心向下）；第三、第

四拍同第一、第二拍，但方向相反。

③地上完整动作练习。

④木上练习。

【注意事项】此动作是平衡木上的基本动作，应熟练掌握。

图 10－46

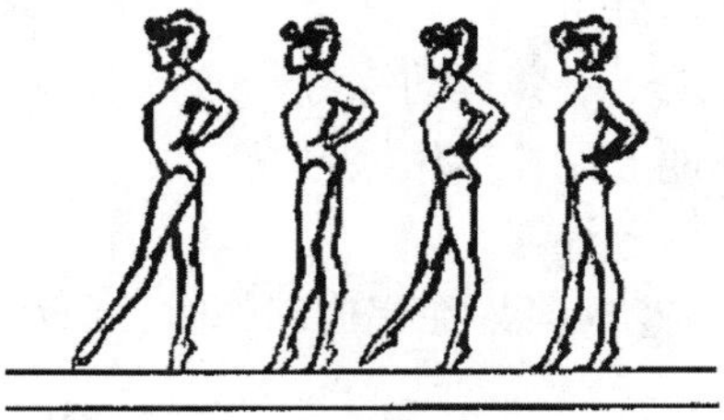

图 10－47

（五）足尖步

【动作过程】双脚起踵立，两手叉腰开始，左脚前伸，脚面绷直稍向外，接着以脚尖着木过渡到前脚掌着木，同时重心前移，右腿继续向前，动作不变（图 10－47）。

【动作规格】起踵高，重心平稳，动作自然协调。

【动作教学步骤与方法】

（1）示范（完整动作示范，重点技术示范）。

（2）讲解动作要点

①头部和上体保持正直、抬头挺胸、收腹、立腰、臀部夹紧。

②步幅可小些。

③保持脚踝和腿的紧张。

（3）练习

①起踵立练习。

②起踵立压脚跟练习。

③叉腰足尖步练习。

④配合各种手臂和身体动作进行练习。

【注意事项】木上行进时，脚离开木，都应直腿、绷脚尖。

（六）弹簧步屈膝前举腿

【动作过程】左脚站立，右脚脚尖前点地，两臂侧举开始，右脚向做柔软步，着地时稍屈膝，重心移至右腿，两臂摆至体侧，接着右腿成起踵立，左腿膝关节外展，弯曲 120 度～130 度，成屈膝前举，右臂前下举，左臂侧上举。然后左腿继续前进，动作相同方向相反（图 10－48）。

【动作规格】动作自然连贯，柔和有美感，起伏稳定，有弹性。

【动作教学步骤与方法】

（1）示范（完整动作示范，重点技术示范，分解示范）。

（2）讲解动作要点

①主力腿应将髋、膝充分顶直，高起踵。

②摆动腿膝关节外展，弯曲 120 度～130 度。

（3）练习

①地上两手叉腰，进行弹簧步练习，在熟练掌握弹簧步的基础上，进行弹簧步屈膝前举腿动作练习。

②地上手臂摆动练习。

③地上完整动作练习。

④木上练习。

【注意事项】在完成动作时，应注意手脚的配合，不要做成同手同脚。

图 10－48

图 10－49

（七）小步跑（柔软跑）

【动作过程】右脚站立，左脚脚尖前点地，两臂侧举开始，左脚蹬地，右脚绷脚尖向前迈步，经过短暂的腾空后，以前脚掌着木，然后过渡到全脚掌（图 10－49）。

【动作规格】跑动时自然轻松，富有弹性。

【动作教学步骤与方法】

（1）示范（完整动作示范，重点技术示范）。

（2）讲解动作要点

①步幅不宜过大，重心应及时前移。

②脚着木时应柔和，富有弹性。

③注意保持身体和头部的基本姿势。

（3）练习

①慢节奏小步跑练习。

②熟练后加快跑动速度。

【注意事项】初学者“木感”不好，应注意其跑动速度，避免踩空等情况发生。

（八）原地双脚跳

【动作过程】双腿前后站立，两臂侧举开始，两腿稍屈膝后迅速蹬地，向上跳起，脚面绷直，两腿夹紧，然后落木成半蹲（图 10－50）。

【动作规格】动作轻巧，腾空高度高，空中绷脚尖，身体保持正直。

【动作教学步骤与方法】

（1）示范（完整动作示范，重点技术示范）。

（2）讲解动作要点

①起跳前膝盖稍稍弯曲用力蹬木。

②起跳时用力主动提气、立腰，肩部放松下沉，两腿和臀部夹紧，脚面绷直。

③着木时前脚掌先着木，然后过渡到前脚全脚掌着木。

（3）练习

①扶把杆进行原地双脚跳练习。

②地上原地双脚跳练习。

③上木原地双脚跳练习。

【注意事项】练习者在初次上木练习时，不要跳得过高，保证落木时的准确性，防止踩空等情况发生。

（九）原地直膝交换腿跳

【动作过程】原地两脚前后站木，经半蹲向上跳起，当身体腾至最高点两腿伸直在空中前后交换后落木成半蹲，两臂侧举（图 10－51）。

【动作规格】腾空高，在空中完成交换腿动作，落木轻且有弹性。

【动作教学步骤与方法】

（1）示范（完整动作示范，重点技术示范，分解示范）。

（2）讲解动作要点

①用蹬地加内力的力量向上跳起。

②两腿在空中完成交换动作。

③腾空时上体正直，髋关节伸直，脚尖绷直。

④着木时前脚掌先着木，然后过渡到全脚掌着木。

（3）练习

①分解练习：地上或低木，两腿前后站立，做原地跳起后还原成前后站立动作。

②地上或低木做完整动作练习。

③高木练习。

【注意事项】

（1）不要急于上高木。

（2）在高木练习初期，腾空可以稍低一些。

图 10－50

图 10－51

（十）踏点跳

【动作过程】左脚站立，右脚脚尖前点地，两臂侧举开始，右脚向前一步，稍屈膝，左脚在右脚后点地，两臂落下，接着两脚同时蹬木起跳，腾空时，腿前后分开，右脚稍低，左脚稍高，左臂前举，右臂侧举，右脚落木，左腿后举（图 10－52）。

【动作规格】动作轻巧，分腿大于 90 度。

【动作教学步骤与方法】

（1）示范（完整动作示范，重点技术示范，分解示范）。

（2）讲解动作要点

①起跳时身体应保持正直，提气、立腰。

②两脚蹬离木面后，以脚尖带动做前后分腿。

③落木时右脚由前脚掌过渡至全脚掌成半蹲，左腿伸肌紧张，保持后举腿姿势。

（3）练习

①地上，保护者位于练习者前方，一手手心向上托练习者手心向下的一手，当练习者向上跳起时，保护者用力将其向上提拉，同时保护者向后退一步，让练习者体会空中姿态。

②木上踏点跳练习。

【注意事项】在地上熟练掌握踏点跳动作后，再上木进行踏点跳练习。

（十一）单腿前摆向前跳成蹲立

【动作过程】右脚站立，左脚脚尖前点地，两臂侧举开始，左脚向前一步，立即蹬木，右腿前摆，向前上方跳起，左脚离木后迅速跟上右脚，两脚同时落木成半蹲（图 10－53）。

【动作规格】摆动腿伸直，要有一定的高度和远度。

【动作教学步骤与方法】

（1）示范（完整动作示范，重点技术示范，分解示范）。

（2）讲解动作要点

①右腿向前上方摆带动身体腾起。

②左脚蹬地后迅速跟上右腿。

③跳起时，注意提气、立腰、保持头和身体的基本姿态。

（3）练习

①地上单腿前摆向前跳成半蹲练习。

②上木单腿前摆向前跳成半蹲练习。

【注意事项】逐渐增加跳跃的高度和远度。

图 10－52

图 10－53

（十二）大跨跳

【动作过程】助跑 1～2 步，（以左脚蹬地为例）左脚向前一步蹬木向上跳起，同时右腿向前上方跨出，左腿随即向后摆起，两腿在空中劈叉，接着右脚落木稍屈膝，左腿后举，右臂侧举，左臂前举或两臂侧平举（图 10－54）。

【动作规格】腾空高，空中两腿绷直，前后分腿 180 度，上体保持正直。

【动作教学步骤与方法】

（1）示范（完整动作示范，重点技术示范，分解示范）。

（2）讲解动作要点

①用力向前上方蹬起。

②起跳后，前腿前跨，后腿用力后摆，上体保持正直。

③脚前掌落木。

（3）练习

①地上练习过渡到低木练习。

②高木练习。

【注意事项】

（1）在低木上反复练习。

（2）在低木上熟练掌握落地技术后再上高木。

（3）初次上高木练习，腾空不要过高。

（十三）双脚起踵立转体 180 度

【动作过程】双脚起踵立（前后开立，右脚在前），两臂侧平举开始，两臂上举，以双脚前脚掌为轴，向左转体 180 度（图 10－55）。

【动作规格】高起踵立，身体正直，转体干净利索。

【动作教学步骤与方法】

（1）示范（完整动作示范，重点技术示范）。

（2）讲解动作要点

①必须起踵，重心落在两脚之间。

②身体保持正直，收腹、立腰、两腿伸直。

③以肩带动转体。

（3）练习

①起踵立练习。

②地上双脚起踵立转体 180 度练习。

③木上双脚起踵立转体 180 度练习。

【注意事项】在转体时要高立踵。

图 10－54

图 10－55

（十四）蹲立转体 180 度

【动作过程】两臂侧举成蹲立开始，以双脚前脚掌为轴，两臂落于体侧同时向左转体 180 度成蹲立（图 10－56）。

【动作规格】上体直，转体干净利索。

【动作教学步骤与方法】

（1）示范（完整动作示范，重点技术示范）。

（2）讲解动作要点

①起踵立，重心落在两脚上。

②上体保持正直，立腰。

③以肩部带动转体。

（3）练习

①先掌握正确的蹲立姿势。

②在初次上木练习时转体可稍慢些。

【注意事项】在转体时要高起踵立，上体不要前倾。

图 10－56

图 10－57

（十五）单腿蹲转 180 度

【动作过程】横木（以右腿转体为例）右腿蹲立，左脚侧点木，右臂胸前平屈掌心向内，左臂侧平举，以右脚掌为轴向右转体 180 度，成开始姿势（图 10－57）。

【动作规格】转体时身体保持正直。

【动作教学步骤与方法】

（1）示范（完整动作示范，重点技术示范，分解示范）。

（2）讲解动作要点

①开始姿势要稳定。

②重心在蹲立脚的脚前掌上。

③蹲立脚稍外开。

（3）保护与帮助：站在练习者前方，当练习者做动作时让开摆动腿，接着向前扶练习者的腰。

（4）练习

①简单动作练习：双腿蹲立转体 180 度，然后过渡到单腿蹲立转体 180 度。

②低木做完整动作练习。

③高木练习。

【注意事项】

（1）先在低木上进行练习。

（2）保护者一定要及时让开练习者的摆动腿。

（十六）单足前摆转体 180 度

【动作过程】（以左腿转体为例）左脚向前一步，右腿前摆向左转体 180 度成后举，同时两臂侧举经体侧向上摆至上举（图 10－58）。

【动作规格】右腿前摆至 90 度，转体后右腿后举高于水平，两臂上举。

【动作教学步骤与方法】

（1）示范（完整动作示范，重点技术示范，分解示范）。

（2）讲解动作要点

①右腿前摆转体时，以脚尖带动。

②左脚应高起踵。

③两臂协调配合。

（3）练习

①把杆练习：在地上扶把体会转体动作，然后过渡离把练习。

②低木做完整动作练习。

③高木练习。

【注意事项】

（1）地上或低木上熟练掌握动作后再上高木练习。

（2）转体时重心一定要在主力腿的前脚掌上。

（十七）身体向前波浪

【动作过程】低头、含胸、弓身半蹲，两臂前举开始，做经膝、髋、腰、胸、颈等各关节的依次向前上方伸动作，同时两臂经下向后绕至上举，成抬头挺胸成提踵站立姿势（图 10－59）。

【动作规格】关节的挺伸动作应柔和连贯地依次推移。

【动作教学步骤与方法】

（1）示范（完整动作示范，重点技术示范，分解示范）。

（2）讲解动作要点

膝、髋、腰、胸、颈等各关节的依次向前上方伸动作要有节奏，同时必须是依次连贯的。

（3）练习

①扶把杆体会慢动作，再稍快进行练习。

②离把做完整动作练习。

【注意事项】

（1）在地上熟练掌握。

（2）上木练习。

图 10－58

图 10－59

（十八）身体向后波浪

【动作过程】挺身起踵立，两臂上举开始，从膝关节开始做髋、腰、胸、颈等各关节的依次前屈动作，至低头含胸的弓身半蹲，同时两臂经后下绕向前至前举（图 10－60）。

【动作规格】关节的挺伸动作应柔和连贯地依次推移。

【动作教学步骤与方法】

（1）示范（完整动作示范，重点技术示范，分解示范）。

（2）讲解动作要点

从膝关节开始做髋、腰、胸、颈等各关节的依次前屈动作，要有节奏同时必须是依次连贯的。

（3）练习

①扶把杆体会慢动作，再稍快进行练习。

②离把做完整动作练习。

【注意事项】

（1）在地上熟练掌握。

（2）上木练习。

（十九）身体侧波浪

【动作过程】（以左侧为例）重心在右腿上、左腿伸直点地、上体稍左屈、右臂上举、左臂前举开始。右腿半蹲依次左腿半蹲，身体重心逐渐左移，同时向左侧上方依次伸展髋、腰、胸各关节，右腿侧伸点地，两臂依次经下摆至左侧上举（图 10－61）。

【动作规格】关节的挺伸动作应柔和连贯地依次推移。

【动作教学步骤与方法】

（1）示范（完整动作示范，重点技术示范，分解示范）。

（2）讲解动作要点

屈膝向左移重心要依次连贯，接着髋、腰、胸等各关节的依次伸展动作要有节奏。

（3）练习

①扶把杆体会慢动作，再稍快进行练习。

②离把做完整动作练习。

【注意事项】

（1）在地上熟练掌握。

（2）上木练习。

图 10－60

图 10－61

（二十）仰卧经单肩后滚翻成单腿跪撑

【动作过程】仰卧，头偏于木侧，两手于头后抱木开始，两肘夹紧抱木，收腹、举腿，充分翻臀至臀部接近垂直面后，左腿向上，右腿以脚尖点木后滑成跪，同时双手推木，换至木上单腿跪撑。成左腿后举，抬头、挺胸成单腿跪撑平衡（图 10－62）。

【动作规格】翻滚圆滑，成跪撑时，后举腿脚高于头部。

【动作教学步骤与方法】

（1）示范（完整动作示范，重点技术示范）。

（2）讲解动作要点

①在仰卧经单肩后滚翻时两肘应时刻夹紧。

②右腿后滑至跪撑时，左腿保持后举，并往后上方伸，两手及时推木。

（3）练习

①帮助下完成仰卧经单肩后滚翻成单腿跪撑动作（帮助者站于练习者侧面，后滚时两手托髋，翻转后即换至一手托肩，一手托后腿）。

②保护下完成仰卧经单肩后滚翻成单腿跪撑动作（保护者站于练习者侧面，观测练习者的动作，根据练习者完成的情况随时注意调整练习者的重心，保护练习者完成动作）。

【注意事项】在完成动作时，时刻要抱紧木，翻臀要充分，翻转过后用力推木。

图 10－62

（二十一）挺身跳下

【动作过程】木中横木前脚掌正立，两臂侧平举开始，两腿稍弯曲，上体稍前倾，同时两臂后举，两脚用力蹬木，向前上方跳起，两臂侧上举，挺身、充分展髋、收腹，落下经半蹲成站立（图 10－63）。

【动作规格】向前上方腾起，空中挺身充分，身体姿态好，落地稳。

【动作教学步骤与方法】

（1）示范（完整动作示范，重点技术示范）。

（2）讲解动作要点

①起跳时，前脚掌用力蹬木，向前上方跳起。

②空中眼睛向前下方看，挺胸，收腹，髋关节充分伸直。

（3）练习

①地上进行挺身跳练习。

②木上保护和帮助下完成挺身跳下动作（帮助者站在落地点侧面，一手扶腹，一手扶腰帮助练习者维持平衡）。

③木上独立完成挺身跳下动作。

【注意事项】跳下时，注意落地缓冲。

图 10－63

图 10－64

（二十二）斜进助跑单腿摆越成分腿坐

【动作过程】木侧站立开始，斜进助跑，右手撑木，左腿踏跳，右腿向前摆越成分腿坐同时两手体后撑木，展髋、挺胸、抬头（图 10－64）。

【动作规格】上木轻巧，分腿坐姿正确。

【动作教学步骤与方法】

（1）示范（完整动作示范，重点技术示范）。

（2）讲解动作要点

①踏跳和摆腿配合协调，并且充分起跳。

②起跳时，身体稍后倾，摆动腿伸直向前上方摆动。

③成分腿坐时要展髋、挺胸、抬头。

（3）练习

①先做斜进助跑，左腿踏跳，右腿前摆。

②帮助下进行斜进助跑单腿摆越成分腿坐动作练习（帮助者站于木的另一侧，一手扶右臂，另一手托臀，助其上木）。

③保护下进行斜进助跑单腿摆越成分腿坐动作练习（保护者站于木的另一侧，观测练习者完成的动作，当练习者用力过大时，保护者顶住练习者的肩部或身体，帮助练习者完成动作）。

④独立完成斜进助跑单腿摆越成分腿坐动作。

【注意事项】

（1）如果练习者身材比较高大，可不用踏跳板。

（2）摆动腿，向侧摆动的幅度不宜过大，主要是向上摆腿。

思考题：

1. 在器械体操教学中“动作规格”表示的意义？
2. 哪些动作还可以继续分解成更细致的步骤进行教学？
3. 为什么器械体操练习能培养学生勇敢果断的品质？

第十一章 体操活动性游戏

内容提要

体操活动性游戏常作为体操教学中准备部分的一项内容，既是提高练习者神经中枢兴奋性的手段，又是提高和培养学生团结、协助、守纪等人文素质不可缺少的内容。

本章在对体操活动性游戏的概念、分类、构成要素、作用、功能和使用范围进行详细论述的基础上，重点讨论了体操活动性游戏的类型。

按照游戏的空间形式、时间形式和组织形式，将体操活动性游戏分为：反应类游戏、接力类游戏和协同类游戏三类。完成反应类游戏、接力类游戏和协同类的动作形式有跑、跳、滚翻、手翻等动作。

在反应类游戏和接力类游戏中，根据使用器械的方式不同可分为：不使用器械的游戏，即“徒手游戏”；将器械作为障碍物的游戏，即“过障碍物游戏”；将器械作为限制物的游戏，即“限制物游戏”；用手持轻器械的游戏，即“持轻器械游戏”。

本章用案例的形式对每类游戏的练习名称、方法和规则进行了详细的阐述，最后提出了制定体操活动性游戏的规则和组织体操活动性游戏时应注意的事项。力图为练习者进行体操活动性游戏时提供理论及方法上的指导。

关键词：活动性游戏　反应类游戏　接力类游戏　协同类游戏

第一节 体操活动性游戏概述

一、体操活动性游戏的定义

“游”字在《汉字源流字典》（语文出版社）中的本义为：古代缀于旗帜正幅下沿的垂饰，后引申为在陆地上行走、游玩。“戏”字本义为：“比武角力”，引申泛指比赛、玩耍。游戏是指游玩、玩耍、比赛。

体操活动性游戏是指，以走、跑和各种人为设计的动作为基础，采用徒手或利用体操器械进行的娱乐性比赛。

体操活动性游戏，在体操教学中主要用于准备部分，它不仅作为提高练习者神经中枢兴奋性的手段，而且具有增强人体体质，提高学生团结协作的精神，培养学生集体主义观念和遵守纪律、遵守规则、诚信守约等人文素质的功能。

二、体操活动性游戏的构成

（一）体操活动性游戏实施的构成要素

构成体操活动性游戏的基本要素是：练习者、裁判员、游戏措施。

1. 练习者

练习者是指游戏练习的主体。通常是指进行体操课学习的学生。

2. 裁判员

裁判员是指游戏的主导者。通常是由课堂教师担任，他的主要任务是组织、发令和评判等。

3. 游戏措施

游戏措施是实现游戏目的所采用的办法。它包括游戏的内容、形式、手段、规则及场地、器械的运用等。

（二）体操活动性游戏设计的构成要素

体操活动性游戏通常是由：游戏名称、游戏准备、游戏做法和游戏规则四部分组成。

1. 游戏名称

游戏的名称，是根据游戏动作的特征和形象来命名的，它通常能反映出游戏的本质特性，所以人们可以根据游戏的名称判断出游戏的做法。例如“反口令练习”，这里的“口令”是裁判员所发出的，而“反口令”则是指练习者所完成的动作与裁判员所发出的口令相反。又如“蛙跳接力游戏”、“螃蟹接力赛跑”等都是根据动作的象形特征而命名的。

2. 游戏准备

游戏准备是指：游戏正式进行前应做好的准备工作。通常包括：场地器械的准备、队伍的准备、预备动作的准备等。

3. 游戏做法

游戏做法是指：完成游戏的方法。是对裁判员发出口令后，练习者开始做动作到游戏结束全过程动作做法的描述。

4. 游戏规则

游戏规则是裁判员评判游戏结果的依据，是练习者在游戏过程必须遵守的准则。

三、体操活动性游戏的形式与类型

（一）体操活动性游戏的形式

体操活动性游戏的形式包括：游戏的空间形式、游戏的时间形式和游戏的组织形式。

1. 游戏的空间形式

体操活动性游戏根据游戏的空间形式可分为：徒手动作、持轻器械动作和在器械上的动作。它是游戏的基础，是游戏的动作内容。

2. 游戏的时间形式

体操活动性游戏根据游戏的不同做法所体现的时间形式可分为：接力（速度）游戏、反应（速度）游戏、协同性（速度）游戏等。

3. 游戏的组织形式

体操活动性游戏根据游戏的组织形式可分为：分组和不分组两种形式。

（二）体操活动性游戏的类型

游戏通常是由空间形式、时间形式和组织形式构成。体操活动性游戏中，空间形式主要是指游戏的动作表现形式。而娱乐性比赛的本质主要体现在时间形式和组织形式上，也可以说主要体现在速度的对抗性上。因而我们根据游戏的不同做法所体现的时间形式，将体操活动性游戏分为：反应类游戏、接力类游戏、协同类游戏三类。

上述三类游戏均是在采用跑、跳、滚翻、手翻等动作的基础上实现的，根据使用器械方式的不同又可分为：

不使用器械的游戏，即“徒手游戏”；将器械作为障碍物的游戏，即“过障碍物游戏”；用手持轻器械的游戏，即“持轻器械游戏”。

反应类游戏、接力类游戏、协同类游戏可徒手进行，也可以采用不同的器械相互搭配完成，因而形成了丰富多彩的游戏形式。

第二节 反应类游戏

反应：泛指有机体对刺激的回答。反应类游戏是指：人们对裁判员下达的“指令”所作出的回答，通过回答的快慢决定比赛的胜负。通常反应类游戏包括：原地反应类游戏和跑跳反应类游戏两种。

一、原地反应类游戏

原地反应类游戏：练习者通过身体各关节的屈伸或方向的变化等原地动作，对裁判员的“指令”进行快速反应。

这类游戏的特点：游戏的规则是用专门的指令，或采用与生活习惯相反的用语下达口令，练习者按照规定的口令完成练习，它要求练习者注意力要高度集中。是能快速将学生的注意力集中起来的游戏形式，但运动强度和运动量较小，适用于准备部分中的开始部分。

案例：11.1

游戏名称："反口令练习"

准备：练习者成一列横队、二列横队或多列横队。

做法：裁判员发出向左转口令，练习者必须向右转；裁判员发出站立的口令，练习者则蹲下等。

规则：练习者做出的动作与裁判员发出口令相同时，则算违规。

案例：11.2

游戏名称："抓逃游戏"

准备：练习者成一列横队、二列横队或多列横队，左臂肩侧屈，掌心向上，右臂肩侧屈用食指点在右侧同伴的左手心上。

做法：裁判员发出数字口令，听到裁判员发出的数字口令是奇数时，练习者右手迅速逃离，左手迅速抓同伴的食指；听到裁判员发出的数字口令是偶数时，则保持原姿势不动。

规则：抓住同伴的食指者即获胜，判断错误或被同伴抓住食指者即为输。

二、跑跳反应类游戏

跑、跳反应类游戏：练习者采用跑、跳等动作，对裁判员的口令进行快速反应。通常可采用徒手动作或持轻器械动作作为游戏的内容。

这类游戏的特点：运用跑跳动作对裁判员的口令作出快速反应，它的运动强度和运动量比静止反应类游戏大，能有效地提高练习者快速反应能力和快速跑动能力。

（一）徒手反应类游戏

徒手反应类游戏：练习者以徒手跑、跳的动作，对裁判员的口令进行快速反应。

案例：11.3

游戏名称："叫号赛跑"

准备：练习者分为人数相等的两个组，成二列横队站立，然后各组报数，每位练习者记住自己的数字。

做法：裁判员发出某个数字时，那么报这个数字的练习者要作出快速反应，然后绕着自己所在的队伍跑一圈回到原位。

规则：1. 首先回到原位者（组）获胜。

2. 必须从队伍的后面出发，先绕过大排头再绕过小排头回到原位。

3. 三局两胜。

（二）持轻器械反应类游戏

持轻器械反应类游戏：练习者对裁判员的口令进行快速反应，在跑跳动作中拿、放轻器械的一类游戏。

案例：11.4

游戏名称："抢球"

准备：将少于练习者数量的实心球放于场地上成一圈。

做法：练习者成一路纵队绕场地上的实心球慢跑，当听到裁判员发出"抢球"的口令时，练习者迅速弯腰拣球，拿到实心球的练习者为胜。

规则：1. 练习者必须慢跑，不能站在某个实心球旁等待。

2. 在裁判没有下达口令时，练习者不许动实心球。

3. 只有裁判员发出"抢球"的口令，练习者才能拿球，而其他干扰性口令都不能拿球。

4. 连续两次拿到实心球的练习者获胜。

案例：11.5

游戏名称："叫号接球"

准备：练习者在场地上围成一个圈，然后报数，根据人数的多少指定一名或多名练习者持实心球站在圈中间。

做法：练习者在场地上绕圆圈行进，持实心球者向上抛球，同时喊出一个数字（这一数字必须是所报数字），拥有这一数字的人迅速去接球，接到球后再喊数字，拥有被叫数字的人再迅速去接球，依此类推，直到接球者未接到球为止。

规则：1. 实心球必须垂直向上抛起，并要求有一定的高度。

2. 绕场地行进的练习者，必须在行进间进行判断。

3. 没有接到球者为输。

（三）过障碍反应类游戏

过障碍反应类游戏：练习者越过、绕过或钻过所阻碍练习者行动的障碍物而进行的快速反应。

案例：11.6

游戏名称："该跳越时再跳越"

准备：练习者成二列或多列横队一臂间隔站立，将棍横放于脚前的地面上。

做法：当裁判员发出单数数字时，练习者保持原地不动，当裁判员发出双数数字时，则迅速跳过横放在脚前的棍。

规则：1. 不该跳时身体有动作者为输。

2. 该跳时没有跳过者为输。

第三节　接力类游戏

接力类游戏：两组或两组以上相同的人员组成两路或两路以上的纵队，纵队中的每位练习者依次连续交接进行比赛。

一、徒手接力游戏

（一）跑、跳接力游戏

跑、跳接力游戏：每组中的每位练习者采用相同的各种跑（如前踢腿跑、后踢腿跑、高抬腿跑、侧跑、跑步等）、跳（如兔跳、蛙跳、单足跳等）和跑跳混合动作进行接力比赛。

案例：11.7

游戏名称："蛙跳接力游戏"

准备：空场地一块，在场地两端各画一条线或用标志物做记号。将学生分为人数相同的两组，成二路纵队站在场地的一端。

做法：当裁判员发出"开始"的口令后，每组排头蛙跳至场地另一端，跑步从左绕过标志物，然后跑步回来，击下一位同学的手掌。下一位同学继续上一位同学的动作，依此类推。

规则：1. 蛙跳必须双腿跳。
2. 必须从左绕过标志物。
3. 击掌时，准备起跑的学生脚不许超越起跑线。
4. 三局两胜。

（二）滚翻、跑、跳接力游戏

滚翻跑跳接力游戏：每组中的每位练习者采用滚翻和跑、跳等动作进行接力比赛。

案例：11.8

游戏名称："前滚翻接力游戏"

准备：空场地一块，在场地中间放两块体操垫，同时在场地两端各画一条线或用标志物做记号。将学生分为人数相同的两组，成二路纵队站在场地的一端。

做法：当裁判员发出"跑"的口令后，每组排头跑至场地中间的体操垫子上做一个前滚翻，然后再跑到场地另一端，从左绕过标志物，然后跑步回来，击下一位同学的手掌。下一位同学继续上一位同学的动作，依此类推。

规则：1. 必须是双手撑地的前滚翻。
2. 必须从左绕过标志物。

3. 击掌时，准备起跑的学生脚不许越过起跑线。

4. 三局两胜。

（三）手翻、跑、跳接力游戏

手翻接力游戏：每组中的每位练习者采用手翻和跑、跳等动作进行接力比赛。

案例：11.9

游戏名称："侧手翻、单腿跳接力游戏"

准备：空场地一块，在场地中间放两块体操垫，同时在场地两端各画一条线或用标志物做记号。将学生分为人数相同的两组，成二路纵队站在场地的一端。

做法：当裁判员发出"跑"的口令后，每组排头跑至场地中间的体操垫子上做一个侧手翻，然后再跑到场地另一端，从左绕过标志物，然后单腿跳回来，击下一位同学的手掌。下一位同学继续上一位同学的动作，依此类推。

规则：1. 单腿跳时摆动腿不许落地。

2. 必须从左绕过标志物。

3. 击掌时，准备起跑的学生，脚不许越过起跑线。

4. 三局两胜。

（四）滚翻、手翻、跑、跳混合接力游戏

滚翻、手翻、跑跳混合接力游戏：每组中的每位练习者采用滚翻、手翻和跑、跳等动作进行接力比赛。

案例：11.10

游戏名称："侧手翻、前滚翻、跑混合接力游戏"

准备：空场地一块，在场地中间放两块体操垫，同时在场地两端各画一条线或用标志物做记号。将学生分为人数相同的两组，成二路纵队站在场地的一端。

做法：当裁判员发出"跑"的口令后，每组排头跑至场地中间的体操垫子上做一个侧手翻，再跑到场地另一端，从左绕过标志物，然后跑回来再在体操垫子上做一个前滚翻，再跑回到起跑点，击下一位同学的手掌。下一位同学继续上一位同学的动作，依此类推。

规则：1. 必须从左绕过标志物。

2. 击掌时，准备起跑的学生，脚不许越过起跑线。

3. 三局两胜。

注：案例8、案例9和案例10的游戏必须是在同学熟练掌握了前滚翻和侧手翻的基础上方可采用。

二、过障碍接力游戏

过障碍接力游戏：每组中的每位练习者采用跑、跳、爬等动作越过、绕过或钻过阻碍练习者行动的障碍物而进行的接力比赛。

（一）过人接力游戏

越过人游戏是指每组中的每位练习者，越过由人组成的阻止练习者行动的障碍，而进行的接力比赛。

案例：11.11

游戏名称："跳过人"

准备：空场地一块。将学生分为人数相同的两组，成两臂间隔二列横队站在场地的中间，排尾的最后一位同学面向队伍站立，其他同学体前屈。

做法：当裁判员发出"跑"的口令后，排尾同学双臂支撑前面同学的腰背部，做分腿支撑跳动作越过前面的同学，被跳过的同学迅速站起，再跳过前面的同学，跳过排头的同学后，迅速做体前屈姿势，依此类推，到排头同学跳过每一位同学为止。

规则：1. 做体前屈的同学，不许在同学跳过时下蹲。

2. 三局两胜。

（二）过器械接力游戏

过器械游戏：每组中的每位练习者，越过、绕过或钻过由器械组成的阻止练习者行动的障碍，而进行接力的比赛。

通常采用轻器械或器械作为障碍物。目前体操教学中常用的轻器械有：体操棍、实心球和绳。每种器械可以单独使用，也可以混合搭配使用。

1. 过体操棍（障碍物）接力游戏

通常是将体操棍平放到地上，摆成等距离或不等距离的几何图案，练习者采用跑、跳等动作越过图案，进行接力的比赛。

案例 12

游戏名称："跳过棍游戏"

准备：空场地一块，在场地中间，将体操棍间隔相等的，横向平放到地面上，同时在场地两端各画一条线或用标志物做记号。将学生分为人数相同的两组，成二路纵队站在场地的一端。

做法：当裁判员发出"跑"的口令后，每组排头单腿跳过体操棍，再跑到场地另一端，从左绕过标志物，然后换腿单腿跳过体操棍到起跑点，击下一位同学的手掌。下一位同学继续上一位同学的动作，依此类推。

规则：1. 单腿跳时摆动腿不许落地。

2. 必须跳过体操棍。

3. 必须从左绕过标志物。

4. 击掌时，准备起跑的学生，脚不许越过起跑线。

5. 三局两胜。

2. 过实心球（障碍物）接力游戏

通常是将实心球放到地上，摆成等距离或不等距离的直线，练习者采用跑、跳等动作越过或绕过实心球，进行接力的比赛。

案例：11. 13

游戏名称："绕过实心球游戏"

准备：空场地一块，在场地中间将实心球间隔相等的放到地面上成一直线，同时在场地两端各画一条线或用标志物做记号。将学生分为人数相同的两组，成二路纵队站在场地的一端。

做法：当裁判员发出"跑"的口令后，每组排头用蛇形跑的动作绕过每一个实心球，再跑到场地另一端，从左绕过标志物，用相同的方法跑回到起跑点，击下一位同学的手掌，下一位同学继续上一位同学的动作，依此类推。

规则：1. 不得碰实心球。

2. 必须从左绕过标志物。

3. 击掌时，准备起跑的学生，脚不许越过起跑线。

4. 三局两胜。

3. 过绳（障碍物）接力游戏

通常是将绳平放到地上或系在其他器械上，成等距离或不等距离，练习者采用跑、跳、爬等动作越过或钻过绳，进行接力的比赛。

案例：11. 14

游戏名称："跳、钻过绳游戏"

准备：空场地一块，在场地中间将四条绳分为二组，每组两条绳按照要求系在两侧的体操凳上，同时在场地两端各画一条线或用标志物做记号。将学生分为人数相同的两组，成二路纵队站在场地的一端。

做法：当裁判员发出"跑"的口令后，每组排头跑步到第一根绳前匍匐前进过绳，站起来跑到第二根绳前双腿跳过绳，再跑到场地另一端，从左绕过标志物，用相同的方法跑回到起跑点，击下一位同学的手掌。下一位同学继续上一位同学的动作，依此类推。

规则：1. 必须从左绕过标志物。

2. 击掌时，准备起跑的学生，脚不许越过起跑线。

3. 三局两胜。

4. 过器械（障碍物）接力游戏

通常将两个相同的器械排列成两组，如两个跳马分成两组。或在一组中将两种不同的器械前后排列。将练习者分为两组，两组练习者采用相同的动作，越过、绕过或钻过器械进行的接力比赛。

案例：11.15

游戏名称："跳钻山羊游戏"

准备：空场地一块，在场地中间放两个山羊，同时在场地两端各画一条线或用标志物做记号。将学生分为人数相同的两组，成二路纵队站在场地的一端。

做法：当裁判员发出"跑"的口令后，每组排头跑步到山羊前分腿跳过山羊，再跑到场地另一端，从左绕过标志物，再跑步到山羊前钻过山羊，跑回到起跑点，击下一位同学的手掌。下一位同学继续上一位同学的动作，依此类推。

规则：1. 钻山羊时不能碰山羊。
2. 必须从左绕过标志物。
3. 击掌时，准备起跑的学生，脚不许越过起跑线。
4. 三局两胜。

案例：11.16

游戏名称："跳越山羊和换握过双杠游戏"

准备：空场地一块，在场地中间将山羊和双杠相隔一定距离放一直线上成两组，同时在场地两端各画一条线或用标志物做记号。将学生分为人数相同的两组，成二路纵队站在场地的一端。

做法：当裁判员发出"跑"的口令后，每组排头跑步到山羊前分腿跳过山羊，跑到双杠前悬垂换握过双杠，再跑到场地另一端，从左绕过标志物，再跑步回到起跑点，击下一位同学的手掌。下一位同学继续上一位同学的动作，依此类推。

规则：1. 过山羊时脚不能碰山羊。
2. 换握过双杠时脚不能碰地。
3. 必须从左绕过标志物。
4. 击掌时，准备起跑的学生，脚不许越过起跑线。
5. 三局两胜。

注：案例15"跳钻山羊游戏"及案例16"跳越山羊和换握过双杠游戏"中的山羊分腿腾越有一定难度，器械布置也较为繁琐，这类游戏对学生的身体素质提出了较高的要求，因此这类游戏的准备工作要做充分，应在学生身体素质达到一定的要求后，才能开展此类游戏。

三、持轻器械接力游戏

持轻器械接力游戏：每组中的每位练习者可手持、脚夹轻器械进行的接力比赛。下面我们主要介绍持体操棍、持实心球和持绳接力游戏。

（一）持体操棍接力游戏

持体操棍游戏：练习者单手或双手持体操棍进行接力比赛。

案例：11.17

游戏名称："摆井字接力游戏"

准备：空场地一块，在两端各画一条线或用标志物做记号。每位学生手持体操棍分为人数相同的两组，成二路纵队站在场地的一端。

做法：当裁判员发出"跑"的口令后，每组排头手持体操棍跑步到场地另一端，将体操棍放在地面指定的点上成"井"的第一笔画，然后跑回到起跑点，击下一位同学的手掌。下一位同学继续上一位同学的动作，摆"井"字的第二笔画，第四人完成第一个"井"字，第五人再在原有的"井"字上垒第二个"井"字，依此类推。

规则：1. 体操棍摆放的"井"字要端正。

2. 击掌时，准备起跑的学生，脚不许越过起跑线。

3. 三局两胜。

（二）持实心球游戏

持实心球游戏：练习者单手或双手持实心球或用双脚夹住实心球进行接力比赛。

案例：11.18

游戏名称："头上传递实心球游戏"

准备：空场地一块，将学生分为人数相同的两组，成二路纵队分腿站立，排头学生手持实心球。

做法：当裁判员发出"开始"的口令后，排头双手将实心球举过头顶向后传递，传到最后一位同学手中后，该生迅速从队伍的左侧跑到排头，继续以上动作，直到排头再次回到排头位置。

规则：1. 必须从头上依次传递实心球。

2. 必须从队伍的左侧跑动。

3. 三局两胜。

（三）跳绳接力游戏

跳绳游戏：练习者单手或双手摇绳进行跳绳接力比赛。

案例：11.19

游戏名称："跳绳接力游戏"

准备：空场地一块，在两端各画一条线或用标志物做记号。将学生分为人数相同的两组，排头学生手持短绳，成二路纵队站在场地的一端。

做法：当裁判员发出"跑"的口令后，每组排头跳绳跑跳到场地另一端，从左绕过标志物，再跳绳跑跳回到起跑点，将绳传递给下一位同学，下一位同学继续上一位同学的动作，依此类推。

规则：1. 每位同学必须跑跳绳来回各5次以上。

2. 接绳时，准备起跑的学生应在一侧接应，脚不许越过起跑线。

3. 三局两胜。

四、混合利用轻器械接力游戏

混合利用轻器械接力游戏：练习者利用两种或两种以上的轻器械进行接力比赛。

案例：11.20

游戏名称："赶猪"

准备：空场地一块，在两端各画一条线或用标志物做记号。将学生分为人数相同的两组，排头学生手持体操棍，成二路纵队站在场地的一端，在每组排头前的地上放一个实心球。

做法：当听到"开始"的口令后，练习者用体操棍，做赶"猪"（实心球）的动作到场地另一端，从左绕过标志物，用相同的方法跑回到起跑点，将棍交给下一位同学，下一位同学继续上一位同学的动作，依此类推。

规则：1. 不能用手和脚碰实心球。

2. 必须要绕过指定的地点。

3. 三局两胜。

第四节　协同类游戏

一、徒手协同类游戏

徒手协同类游戏：徒手将两人或两人以上练习者限制在一起，采用左、右肢体协同配合动作或混合动作进行的游戏。这类游戏主要强调的是与同伴之间的协调配合。

案例：11.21

游戏名称："螃蟹赛跑"

准备：空场地一块，在场地两端各画一条线或用标志物做记号。将学生分为人数相同的两组，成二路纵队站在场地的一端，每纵队中的两人组成一对，两人背对背，两臂相挽侧向站立。

做法：当裁判员发出"跑"的口令后，两路纵队中的排头两人同时半蹲协同前进，到场地另一端，从左绕过标志物，再半蹲协同前进回到起跑点队伍的左侧，下两位同学从队伍的右侧出发。继续上两位同学的动作，依此类推。

规则：1. 行进中两人不得分开。

2. 必须从左绕过标志物。

3. 必须回到队伍的左侧起跑点，准备起跑的学生必须从右侧出发。

4. 三局两胜。

案例：11.22

游戏名称："三条腿跑跳游戏"

准备：空场地一块，在场地两端各画一条线或用标志物做记号。将学生分为人数相同的两组，成二路纵队站在场地的一端，每纵队中的两人组成一对，两人前后站立，前面的人抓住后面人的一条腿，同时后面同学的异侧手搭在前面同学肩上。

做法：当裁判员发出"跑"的口令后，两路纵队的排头两人，前面一人跑步，后面一人单腿跳，到场地另一端，从左绕过标志物，两人交换动作，再回到起跑点队伍的左侧，击下一组同学的手掌。下两位同学从队伍的右侧出发，继续上两位同学的动作，依此类推。

规则：1. 行进中两人不得分开。

2. 必须从左绕过标志物。

3. 必须回到队伍的左侧起跑点，准备起跑的学生必须从右侧出发。

4. 击掌时，准备起跑的学生，脚不许越过起跑线。

5. 三局两胜。

案例：11.23

游戏名称："火车赛跑"

准备：空场地一块，在场地两端各画一条线或用标志物做记号。将学生分为人数相同的两组，成二路纵队站在场地的一端，每纵队成一组，排头站立抓住第二位学生的一条腿，第二位抓住第三位学生的一条腿，同时第二位学生的异侧手搭在第一位学生的肩上。第三位学生动作同第二位学生，依此类推，形成一列"火车"状。

做法：当裁判员发出"跑"的口令后，每组排头为火车头，拖拉队伍向前跑动，同时后面的学生单腿跳，到场地另一端。

规则：1. 行进中队伍不得分开。

2. 三局两胜。

二、器械协同类游戏

器械协同类游戏：用器械将两人或两人以上练习者限制在一起，采用左、右肢体协同配合动作或混合动作进行的游戏。这类游戏主要强调的是与同伴之间的协调配合。

（一）体操棍协同类游戏

每组中的人用体操棍将两人或两人以上限制在一起，采用左、右肢体协同配合动作或混合动作进行的游戏。

案例：11.24

游戏名称："骑棍单足跳游戏"

准备：空场地一块，在两端各画一条线或用标志物做记号。将学生分为人数相同的两组，成二路纵队，每组中每两位学生手持一根体操棍，排头两位同学并排相互搭肩、两人相近的两条腿抬起，体操棍从腿下穿过，两人的外侧手握棍，膝挂在棍上，单腿站立在场地的一端。

做法：当裁判员发出"跑"的口令后，每组排头单脚跳到场地另一端，从左绕过标志物，用相同的方法单脚跳回到起跑点，从队伍的左侧退场，下两位同学从队伍的右侧出发。继续上两位同学的动作，依此类推。

规则：1. 单脚跳的中途棍不得放开。
2. 必须要绕过指定的地点。
3. 准备起跑的学生，脚不许越过起跑线。
4. 三局两胜。

（二）实心球协同类游戏

用实心球将两人或两人以上限制在一起，采用左、右肢体协同配合动作或混合动作进行的游戏。

案例：11.25

游戏名称："双人背靠背夹球游戏"

准备：空场地一块，在两端各画一条线或用标志物做记号。将学生分为人数相同的两组，成二路纵队，每组准备一个实心球，排头两位同学背靠背将实心球夹在两人背中间，站立在场地的一端。

做法：当裁判员发出"跑"的口令后，每组排头侧并步跳到场地另一端，从左绕过标志物，用相同的方法侧并步跳回到起跑点，将实心球夹在下两位同学背中间。继续上两位同学的动作，依此类推。

规则：1. 中途球在什么地方掉下在什么地方再开始。
2. 必须要绕过指定的地点。
3. 准备起跑的学生，脚不许越过起跑线。
4. 三局两胜。

（三）绳协同类游戏

用绳将两人或两人以上限制在一起，采用左、右肢体协同配合动作或混合动作进行的游戏。

案例：11.26

游戏名称："双人三腿跑游戏"

准备：空场地一块，在两端各画一条线或用标志物做记号。将学生分为人数相同的两组，成二路纵队，每组每两人准备一个短绳，排头两位学生并排用绳将两人相近的两条腿在脚腕处捆绑，并相互搭肩站立在场地的一端。

做法：当裁判员发出“跑”的口令后，每组排头跑到场地另一端，从左绕过标志物，用相同的方法跑回到起跑点，从队伍的左侧退场，后两位学生从队伍的右侧出发，继续前两位学生的动作，依此类推。

规则：1. 中途绳在什么地方散开，须在什么地方系上再开始。

2. 必须要绕过指定的地点。

3. 准备起跑的学生，脚不许越过起跑线。

4. 三局两胜。

第五节　游戏组织教学的注意事项

一、规则制定

越合理的规则越能调动练习者的积极性，规则的制定要注意以下三方面。

（一）分组人员的人数要相等，男女混合班要考虑每组男女同学的人数比。如果人数不相等，可指定人数少的组中的某一位同学多做一次。

（二）提出要求要具体。例如：“不能用手碰实心球”、“两组都必须从右侧绕回来”等。

（三）利用见习生做辅助裁判员。对辅助裁判员要明确其职责。

二、游戏的组织

能否调动练习者参与游戏的积极性，提高练习者神经中枢兴奋性，组织是关键。良好的组织要注意以下几方面。

（一）课前将游戏所要用的器械整齐地摆放到场地某一位置。

（二）通常在游戏过程中，练习者的注意力基本上是集中在游戏上，很少注意周围的环境，因而周围环境的障碍物就有可能是潜在的危险，所以要首先对游戏场地周围环境进行清理，然后再按照游戏的需要进行场地布置。

（三）由于体操活动性游戏通常放在徒手操或持轻器械操后面，在游戏的组织上应注重组织的严谨性，做游戏的队伍最好与做操的队伍有较为密切的衔接，不要出现多余的调队，这样有利于减少组织所占用的时间，使学生有更多的时间进行练习。

（四）根据练习者的人数进行不同的分组，从对人员分组多少来控制运动负荷，人数较少时，可进行反应跑跳类游戏，人数较多时，可分为两组或多组进行反应类或接力类游戏。

（五）在游戏过程中，教师应要求学生严格遵守规则，注重培养学生良好的行为规范。

（六）根据学生掌握游戏的情况，适时增加游戏的难度。例如：喊“5”时，可将数字“5”改变成“2+3”或“1×5”等。

三、用游戏的内容和形式对游戏者行为进行规范

在教学实践中我们发现，在两组同时进行接力比赛时，当每组的一名同学在跑动中，其他同学处于观看状态，其表现形式是聚成一团喊加油，或者是坐在旁边观看，或者是分散站立聊天，使整个游戏处于涣散状态。在这种状态下所进行的游戏，往往达不到游戏组织者预期的效果。

用游戏的内容和形式对游戏者行为进行规范，是指在组织游戏过程中，运用不同类型的游戏进行混合搭配，使每一个游戏者在游戏过程中始终处于游戏的状态。换句话说，只要组织者能够充分调动游戏的每一个要素，用游戏的内容和形式就可以达到组织者预期的效果。

例如：

游戏名称：传球、跳绳接力游戏

做法：

1. 画出游戏区域。
2. 在游戏区域的另一端放一个实心球和一根跳绳。
3. 将游戏者分为两组，纵队两腿开立，排头站在游戏区域的一端，排尾手持实心球。
4. 当听到开始的口令后，排尾将实心球从队伍的胯下传到排头，排头抱起实心球跑到游戏区域的另一端将球放下，接着拿起跳绳跳3次，然后放下跳绳，拿起事先放在游戏区域另一端的实心球迅速跑回队尾，将实心球从队伍排尾的胯下传到排头以此类推，完成游戏。

实践证明，这种游戏的形式是能够让每一参与游戏的人，自始至终都处于完成游戏的状态中，在游戏的全过程中能够调动每一个人的积极性，使整个队伍都能保持高昂的热情和积极向上的态度，同时又能保持良好的组织纪律。

思考题：

1. 体操活动性游戏可分为哪几种类型？
2. 体操活动性游戏的意义和功能有哪些？
3. 在进行体操活动性游戏前，为什么要对周围环境进行清理？
4. 请根据体操活动性游戏设计的构成要素，设计一例游戏。

第十二章 身体素质训练

内容提要

身体素质训练是体操理论体系中的重要组成部分，本章节首先讨论了身体素质训练的概念、分类和意义。在重点讨论柔韧素质、速度素质、力量素质、耐力素质和灵敏素质概念的基础上，结合体操专项特点和体操项目的需要详细介绍了柔韧素质、速度素质、力量素质、耐力素质和灵敏素质的练习方法和注意事项，其内容对练习者进行身体素质练习有一定的指导意义。

关键词： 身体素质　训练　柔韧素质　速度素质　力量素质　耐力素质　灵敏素质

第一节 身体素质训练的概念

一、身体素质训练的概念

当今社会，身体素质已成为体育运动中的一个专门名词术语而被广泛运用。1984 年《体育词典》将其定义为：身体素质是指人体活动的一种能力。指人体在运动、劳动与生活中所表现出来的力量、速度、耐力、灵敏及柔韧性等机能能力。① 这一定义首先指出身体素质包涵了人体运动、劳动和生活三个方面的机能能力，其次指出身体素质是通过力量、速度、耐力、灵敏及柔韧性五个内容表现出来的。

体操课中的身体素质训练是指在体操教学训练过程中，教师、教练员运用各种练习手段和方法增进学生的身体健康，提高学生的机能水平，全面发展全能项目所需要的各种运动素质（力量、速度、耐力、灵敏及柔韧性）和基础能力的训练。

依据身体素质训练与专项的关系，体操课中的身体素质训练，通常分为一般身体素质训练和专项身体素质训练。

一般身体素质训练是指在训练中，采用其他项目中的各种各样的身体练习手段与方法，改善学生的身体形态、增进学生的健康，提高学生各器官系统的机能和全面发展其力

① 体育词典编辑委员会．体育词典［M］．上海：上海辞书出版社，1984.

量、速度、耐力、灵敏及柔韧等素质的训练。

一般身体素质训练通常在体操训练的启蒙阶段、全年的过渡期（如赛后恢复期、或学校开学初期）和伤病恢复期采用。

体操专项身体素质是指在运动训练中，根据体操动作的特点和所需要的素质，选择一些简单有效的和专项技术相似的动作，作为专项训练的手段与方法，或者选择某些基本动作而改变它们的负荷、强度、时间、次数，或者将这些动作编排成组，进行成套练习，充分发展和改善与专项运动有直接关系的专项力量、速度、耐力、灵敏及柔韧等素质的训练。

运动实践证明，体操专项身体素质是掌握体操动作的先决条件，因而在学习新动作中，体操专项身体素质训练也通常被当做辅助练习而被教师和教练员广泛采用。

尽管一般身体素质训练和专项身体素质训练的目的、手段及作用有所不同，但它们相辅相成，共同服务于运动成绩的提高。

二、身体素质训练的意义

（一）身体素质是人们生活和工作中不可缺少的基本活动能力

从人体解剖知识可知，人体是依靠心肌、呼吸肌、消化肌等肌肉力量完成循环、呼吸、消化等基本生命活动；依靠骨骼肌的力量完成走、跑、跳、提带东西、背扛重物等动作。一个人要持久地工作，需要心血管耐力和肌肉耐力；要搬动重物或对抗阻力，需要肌肉力量；要做幅度较大的动作时，需要关节的灵活性及肌肉韧带的伸展力。因此一个人要使自己保持健壮的身体，首先就应该让自身的全部肌肉都强壮有力，否则，他的身体就不易胜任工作、学习、劳动、娱乐等多方面的要求。

（二）身体素质训练可以改善和提高人体各器官系统的机能能力

身体素质训练可以改善和提高人体各器官系统的机能能力。体操拥有各种不同类型的基本动作，这些动作均可以作为身体素质的训练内容，如倒立、悬垂、支撑、滚翻、跳跃、转体等。这些动作对促进人体的全面发展，增进健康，改善因不良习惯造成的一些人体特殊机能的不足有着特殊的作用。

如，做倒立和滚翻类动作会使充分的血液降到头部，可以促进脑的发育，提高脑血管壁的弹性而减缓僵化，改善脑部营养成分的补充，从而有效降低脑血管病的发生率，对长时间从事脑力劳动和大脑供血不足产生的疲劳有积极的治疗作用。

滚翻、回环、转体等动作是人们生活中很少接触到的运动形式。而正是这些动作能有效地改进和提高前庭器官的生理机能，增强人的平衡能力和异常体位下的方向、时空概念的判断能力。如经常从事滚翻或倒立类动作可以增强位觉神经前庭器的敏感性和分析能力，从而提高中枢神经的工作能力，增强大脑对空间和时间的分析和辨别能力。

如，悬垂及支撑摆动动作，能使在日常生活中经常使用的下肢得到充分地放松，同时可增强上肢力量。而悬垂下的静止与摆动动作又能使躯干充分地伸直拉长，对放松下肢和防治腰椎疾患均有明显效果。

因为人们进行体操身体素质练习，实质上是在进行人为设计的动作锻炼。由于体操身体素质练习形成的外部环境干预，可具较强的针对性。因此，有针对性地选择体操身体素质内容和形式进行锻炼，能加快全身血液循环，使身体各器官的血液供应旺盛，使肌纤维变粗，肌肉强壮，骨骼的营养吸收充分，从而促进骨骼生长发育。

此外，由于运动中肌肉活动是在神经系统的直接指挥下进行的，肌肉有节奏地收缩和放松，也对神经系统产生良好的作用。由于神经系统与身体各组织、器官的联系加强了，因而改善和提高了彼此之间的协调能力。

（三）身体素质是专项训练的基础

身体素质训练是运动训练中不可分割的重要组成部分，是专项训练的基础。身体素质训练内容就是充分发展与专项运动密切相关的力量、速度、耐力、柔韧、灵敏等机能能力，为专项技术水平的不断发展奠定良好的基础。它对练习者掌握专项技术、承担大负荷的训练和激烈的比赛，延长运动寿命等具有非常重要的作用，同时专项素质的提高有利于练习者掌握复杂的技术。

（四）身体素质训练可以促进练习者的身体协调发展

练习者可以根据本人的需要，以关节为轴人为设计动作，这些动作可以是颈部动作、上下肢动作、躯干动作。每一部位的动作因其练习手段的不同，又可分为发展不同身体素质的练习。如，力量素质练习、柔韧素质练习、灵敏素质练习、速度素质练习等。这就为促进练习者各项身体素质的协调发展创造了条件。练习者既可以根据本人的体质状况，进行有针对性的练习，又可选择不同的练习手段，通过对运动强度、运动时间、运动频度的控制来调节运动量，从而达到促进各项身体素质的协调发展的目的。如，通过体操游戏中进行的移动、躲闪、急停、跳跃等的练习可发展学生动作的灵敏性；通过平衡木木上动作的练习，以及体操的各种平衡动作的练习，可发展学生的身体平衡能力；通过跳马练习可发展学生的速度素质及下肢的弹跳力；通过单杠、双杠、吊环的练习可发展学生的上肢肌肉及腰、腹肌力量；通过垫上练习可发展学生柔韧素质及动作的灵敏、协调能力等。

（五）身体素质训练可以改善形体，塑造形体美

练习者以正确合理的手段，对人体骨骼肌进行左右对称性练习，在指向性强的递进式练习中，有效地消耗多余脂肪，改善脊椎、肌肉的外形；改造人体及培养艺术型的气质，使身体平衡发展，从而达到塑造练习者形体美的目的。

第二节　柔韧素质训练

一、柔韧素质概念

（一）概　念

柔韧素质是体操练习者的主要素质之一。柔韧素质是指练习者关节活动幅度的大小以

及跨过关节的韧带、肌腱、肌肉、皮肤及其他组织的弹性和伸展能力。

以上概念包括两层含义：一个是关节活动幅度的大小，另一个是跨过关节的肌肉、肌腱、韧带等软组织的伸展性。关节的活动幅度主要取决于关节本身的装置结构。跨关节的肌肉、肌腱、韧带等软组织的伸展性，则主要通过合理的训练手段来加以改善。①

柔韧素质从其外部运动状态的表现看，可分为动力性柔韧性和静力性柔韧性。动力性柔韧性是指肌肉、肌腱、韧带根据动力性技术动作需要，拉伸到解剖学允许的最大限度，随即利用强有力的弹性回缩力来完成动作的能力。所有爆发力之前的拉伸均属于动力性柔韧性。如技巧中的空翻起跳动作、单杠、吊环中的振浪动作等。静力性柔韧性是指肌肉、肌腱、韧带根据静力性技术动作的需要，拉伸到动作所需要的位置角度，控制其停留一定时间所表现出来的能力。如“燕式平衡”、“桥”、“劈叉”等动作。

（二）作　用

柔韧素质对体操练习者具有以下作用。

1. 柔韧素质影响着体操动作的完成质量。柔韧素质水平的提高，能增加动作的协调性、动作的幅度和动作的美感。

2. 提高柔韧素质水平，有利于技术水平的提高，使技术动作显得轻巧、灵活和准确。

3. 提高柔韧素质水平能防止、减少伤害事故的发生，延长练习者运动寿命。

二、发展各关节柔韧素质常用的练习方法

发展柔韧素质的目的是为了提高跨关节的肌肉、肌腱、韧带等软组织的伸展性。其伸展能力的提高主要是由于“力”的拉伸作用的结果。这里的“力”主要是指对练习者自身某一关节周围的肌肉、肌腱、韧带等软组织施加压力、拉力、重力（悬吊靠自身身体的重力）、加速力（踢腿、摆臂、甩腰等）或关节转动力使其跨关节的肌肉、肌腱、韧带等软组织伸展。

柔韧素质的练习方法根据“力”的拉伸状态，分为静力拉伸法和动力拉伸法两种。根据“力”的拉伸方式，分为主动拉伸法和被动拉伸法两种。

静力性拉伸练习法，是指练习者将自身身体某一关节周围的肌肉、肌腱、韧带在力的作用下，拉伸到最大角度并控制其停留一定时间。

动力性拉伸练习法，是指练习者将自身身体某一关节周围的肌肉、肌腱、韧带在力的作用下，拉伸到最大角度，随即还原到原有位置并进行多次重复的练习。

这两种练习方法的特点，都是在“力”的拉伸作用下，有节奏地逐渐加大动作幅度或多次重复同一动作，是软组织逐渐地或持续地受到被拉长的刺激。

主动拉伸法练习，是指练习者依靠自身的力量所进行的静力性拉伸或动力性拉伸。这种方法使练习者承受的疼痛感较小，不易拉伤，但柔韧素质指标提高较慢。

被动拉伸法练习，是指练习者依靠外力的作用所进行的静力性拉伸或动力性拉伸。这种方法可使练习者柔韧素质指标迅速提高，但练习者承受的疼痛感较大，对年龄较大的练

---

① 体育院校成人教育协作组教材编写组．身体素质训练法［M］．北京：人民体育出版社，1999.6

习者来说也比较容易拉伤。

根据人体生理解剖特点，柔韧包括四肢和躯干各关节的柔韧。其主要关节有：肩、肘、腕、髋、膝、踝及脊柱（通常将脊柱分为胸和腰两部分）等各关节。根据体操运动的特点，男子应着重发展肩、腕、腰、髋、腿等部位的柔韧性；女子应着重发展肩、胸、腰、髋、腿、踝等部位的柔韧性。

（一）肩关节柔韧练习方法

1. 下蹲拉肩：背对器械（肋木、把杆、平衡木等），双手握器械（双手距离比肩窄），两臂伸直，双腿伸直稍向前站立，下蹲，使肩拉开（图 12－1）。

2. 悬垂拉肩：单杠翻握悬垂，利用身体重量拉肩，然后松开一手转体 360 度成悬垂（图 12－2）。

3. 转肩：双手握体操棍或绳等物（两手间的距离可因人而异，随着柔韧性提高逐渐缩短两手间的距离，直至两手交叉握），向后转肩，双手不离开所握器械，再转肩回原位。

（二）肩、胸关节柔韧练习方法

1. 压肩、胸：面对器械（肋木、把杆、平衡木、椅子背等），双手扶器械，两臂伸直，两腿伸直开立，体前屈，抬头或低头做上下振胸动作或由同伴稍加助力使肩、胸拉开（图 12－3）。

2. 双人配合压肩、胸：双人面对面站立，两臂前伸手搭肩，两人同时体前屈，抬头或低头做上下振胸动作（图 12－4）或向左、右两侧扭转上体（图 12－5）。

3. 双人配合拉肩、胸：双人背靠背站立，两臂上举，互握手，各自向前迈一步，挺胸，出背弓，使肩胸拉开（图 12－6）。

4. 助力拉肩、胸：俯卧，两臂上举，另一人在背后，握练习者两手腕向后牵引拉肩、胸（图 12－7）。

5. 跪撑压肩、胸：跪撑，两手向前伸，抬头压肩、胸（图 12－8）。

图 12－1

图 12－2

图 12－3

图 12－4

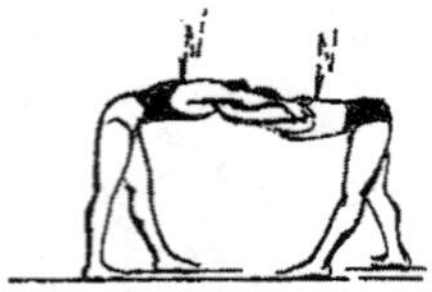
图 12－5

图 12－6

图 12－7

图 12－8

（三）胸、腰、髋关节柔韧练习方法

1. 仰卧成桥：仰卧，双手在头两侧撑地，双腿弯曲，两脚撑地，接着两臂、两腿伸直，抬头、肩角拉开使身体拱起成桥（图 12－9）。

2. 站立下桥：两脚开立，向后下腰成桥（图 12－10）或在帮助下向后下腰（图 12－11）。成桥时注意方向正，两腿伸直，肩拉开，手脚距离可以逐渐缩小。

3. 吊腰：练习者两腿伸直开立，向后吊腰（图 12－12）或帮助者固定练习者腰部（图 12－13），练习者向后下腰至半时，控制不动或者上体轻轻上下振动。

4. 甩腰：帮助者与练习者面对面，练习者两腿伸直开立，帮助者固定练习者腰部，练习者向后快速下腰手触地、迅速还原，反复做以上动作，速度可以逐渐加快（图 12－14）。

5. 前、后软翻：在帮助下进行单腿前软翻（图 12－15），单腿后软翻（图 12－16）或双腿的前、后软翻练习。

图 12－9

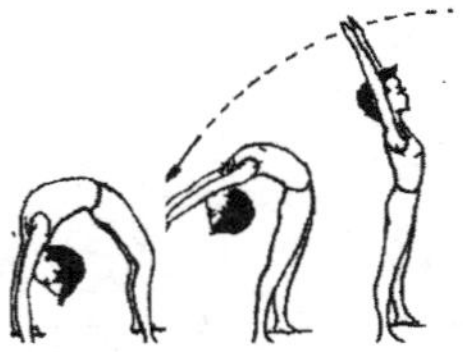

图 12－10

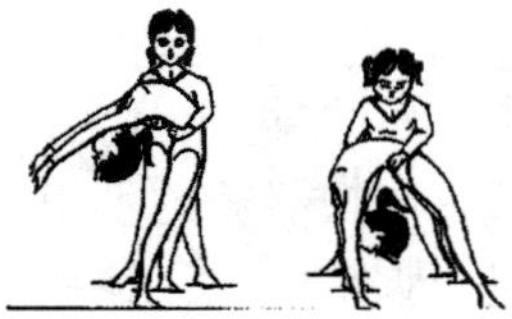

图 12－11

图 12－12

图 12－13

图 12－14

图 12－15

图 12－16

（四）髋关节及腿部肌群柔韧练习方法

1. 体前屈

（1）并腿体前屈：练习者两腿并拢直立体前屈，上体轻轻上下振动或两手手掌撑地控制不动（图 12－17）或两手触膝（图 12－18）。

(2) 分腿体前屈：练习者分腿开立，上体挺直、立腰体前屈（图 12－19），上体上下连续弹振，两手扶膝或向后伸。

图 12－17

图 12－18

图 12－19

(3) 并腿坐体前屈：练习者两腿并拢坐立，连续做向前屈体动作，两手触摸脚尖或抱腿控制不动（图 12－20）。

(4) 分腿坐体前屈：练习者分腿坐立，上体挺直、立腰连续做向前屈体动作，两手远伸触地或胸贴地面不动，停留一定的时间（图 12－21）。

(5) 高位站立体前屈：练习者站立在高出地面的物体上，连续做向前屈体动作，两手尽量下伸（图 12－22）。

图 12－20

图 12－21

图 12－22

(6) 低位坐立分腿体前屈：练习者坐于地上，两腿侧分置于 30 厘米～40 厘米高的长凳上，上体挺直、立腰尽量前屈，同伴可按其腰背部下压。

2. 压前腿、耗腿

练习者面对肋木、把杆、平衡木等器械，双手扶把或一手扶器械，与扶器械的手相反的腿向前伸直、稍外旋，脚后跟放到器械上，脚尖绷直。要求支撑腿全脚掌着地，膝关节伸直，髋正。然后上体挺胸抬头向前屈，胸贴大腿，经上体直立后，连续做压前腿动作。也可以上体向前屈，胸贴大腿停住不动（耗前腿）（图 12－23）。

3. 压侧腿、耗腿

练习者侧对肋木、把杆、平衡木等器械，一手扶器械，与扶器械的手相同方向的腿向侧伸直、稍外旋，脚后跟放到器械上，脚尖绷直。要求支撑腿全脚掌着地，膝关节伸直，髋正，上体挺胸抬头向腿的方向侧屈，同侧腰贴大腿，异侧手找异侧脚，然后直立，连续做压侧腿动作。也可以上体挺胸抬头向侧屈，同侧腰贴同侧腿，异侧手扶异侧脚，停住不动（耗侧腿）（图 12－24）。

4. 压后腿、耗后腿

练习者 45 度角度背对肋木、把杆、平衡木等器械，一手扶器械，与扶器械的手相反的腿向后伸直，脚背放到器械上，脚尖绷直。要求支撑腿全脚掌着地，膝关节伸直或半蹲，髋正，上体挺胸抬头向后屈，然后直立，连续做压后腿动作。也可以上体向后屈（图 12－25），或支撑腿半蹲向后屈（图 12－26），停住不动（耗后腿）。

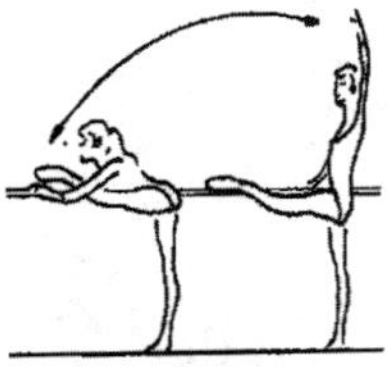
图 12 –23

图 12 –24

图 12 –25

图 12 –26

5. 掰前腿

（1）站立掰前腿：练习者背对墙，脚后跟贴墙站立，向前举起一条腿，帮助者将练习者举起的腿向头的方向掰。要求练习者腿伸直，上体背部紧贴墙。

（2）仰卧掰前腿：练习者仰卧在地面上，两臂侧平举，举起一条腿，一人将练习者举起的腿向头的方向掰，另一人按住地面上的腿。要求练习者腿伸直，上体背部紧贴墙。

6. 掰侧腿

（1）站立掰侧腿：练习者侧对墙站立，上体立直，向侧举起一条腿，帮助者将练习者举起的腿向头的方向掰。要求练习者腿伸直，上体保持不动。

（2）侧卧掰侧腿：练习者侧卧在地面上，举起一条腿，一人将练习者举起的腿向头的方向掰，另一人按住地面上的腿。要求练习者腿伸直，上体保持不动。

7. 掰后腿

练习者面对肋木、把杆、平衡木等器械站立，上体立直，双手扶把，向后举起一条腿，帮助者将练习者举起的腿向头的方向掰。要求练习者腿伸直，手不离开把。

8. 前后劈叉或左右劈叉

前后劈叉（图 12 –27）要求两腿伸直，臀部着地上体正直；左右劈叉（图 12 –28）（横劈叉）要求开胯，两腿在一条直线上，上体挺直，立腰。

图 12 –27

图 12 –28

9. 搬前腿

（1）扶把搬前腿：练习者侧对把杆，内侧手扶把，外侧手搬外侧腿的踝关节，对准练习者的额头，伸直腿用力向上搬（图 12 –29）。

（2）仰卧搬前腿：仰卧，抬起一条腿，双手用力向额头方向搬腿（图 12 –30）。

要求：立腰（扶把），腿伸直，方向要正。

10. 搬侧腿

（1）扶把搬侧腿：练习者侧对把杆，内侧手扶把，外侧手搬外侧腿的踝关节，对准外侧腿肩的方向，伸直腿用力向上搬（图 12 –31）。

（2）侧卧搬侧腿：侧卧，侧卧方向的肘关节撑地，另一手将腿向耳朵方向用力地搬腿（图 12 –32）。

要求：立腰（扶把），腿伸直，方向要正。

图 12－29

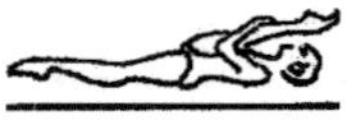

图 12－30

图 12－31

图 12－32

11. 踢前腿

踢腿分仰卧踢前腿、扶把踢前腿和行进间踢前腿三种。

（1）仰卧踢前腿：仰卧在地面上，两臂伸直，手掌心贴地，一腿（摆动腿）伸直向前踢，然后还原成仰卧姿势，连续做 4×8 或 8×8 个八拍（图 12－33）。

（2）扶把踢前腿：侧对把杆，丁字步或五位站立，一手扶把，另一臂侧平举（外侧手），外侧腿（摆动腿）伸直向前踢，接着腿落下还原成丁字步或五位站立，连续做 4×8 或 8×8 个八拍（图 12－34）。

（3）行进间踢前腿

预备姿势：正立。

前奏：5——8 拍立踵（图 12－35），同时两臂经二位至侧平举。

动作做法：起踵向前走三步，重心落在前腿上，接着后腿（摆动腿）伸直向前踢，腿落下时，重心移到下落腿上，起踵向前两步。换腿踢，方法同前。左右腿交替踢腿行进 20 米（图 12－36）。

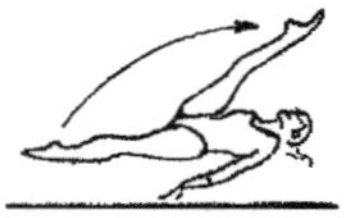

图 12－33

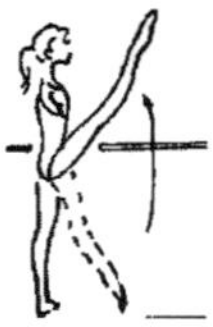

图 12－34

图 12－35

图 12－36

要求：扶把和行进间的踢腿，重心在支撑腿上，支撑腿要立直顶宽，上体挺胸、立腰。摆动腿用脚背带动，快速有力地对准额头的方向踢，然后有控制地、快速地、轻轻收回。整个踢腿过程上体要保持平稳，好像腿的运动与上体完全无关。

12. 踢侧腿

（1）侧卧踢侧腿：侧卧在地面上，一肘撑地，两手心贴地，一腿（摆动腿）伸直向侧踢，然后还原成侧卧姿势，连续做 4×8 或 8×8 个八拍（图 12－37）。

（2）扶把踢侧腿：侧对把杆，丁字步或五位站立，一手扶把，另一臂侧平举（外侧臂），外侧腿（摆动腿）伸直向侧踢，然后还原成丁字步或五位站立姿势，连续做 4×8 或 8×8 个八拍（图 12－38）。

（3）行进间踢侧腿

预备姿势：正立。

前奏：5——8 拍起踵立（图 12－35）同时两臂经二位至侧平举。

动作做法：起踵向前走三步，重心落在前腿上，接着后腿（摆动腿）伸直向侧踢，接着腿落下，重心移到下落腿上，向前两步。换腿踢，方法同前。左右腿交替踢行进 20 米（图 12－39）。

要求：扶把或行进间踢侧腿，重心在支撑腿上，支撑腿要立直顶宽，上体挺胸、立腰。摆动腿用脚背带动，快速有力地向摆动腿一侧耳朵方向踢，到最高处后，有控制地、快速地、轻轻收回。整个踢腿过程上体要保持平稳，好像腿的运动与上体完全无关。

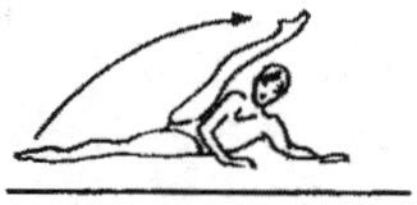
图 12－37

图 12－38

图 12－39

13. 踢后腿

（1）跪撑踢后腿：跪撑，一腿向后伸直（摆动腿），向后踢，然后还原成跪撑一腿后伸姿势，连续做 4×8 或 8×8 个八拍（图 12－40）。

（2）扶把踢后腿：侧对把杆，丁字步或五位站立，一手扶把，另一臂侧平举（外侧臂），外侧腿（摆动腿）向后踢，然后还原成丁字步或五位站立姿势，连续做 4×8 或 8×8 个八拍（图 12－41）。

（3）行进间踢后腿

预备姿势：正立。

前奏：5——8 拍立踵同时两臂经二位至侧平举。

动作做法：起踵向前走第三步成前后脚站立接着半蹲，同时两臂落下置于体后，重心落在前腿上，接着后腿（摆动腿）向后踢，同时两臂上举，接着腿落下，重心移到落下腿上，同时两臂还原成侧平举，向前两步，换腿踢，方法同前。左右腿交替踢行进 20 米（图 12－42）。

要求：扶把或行进间踢后腿，重心在支撑腿上，支撑腿要立直顶宽，摆动腿用脚背带动，快速有力地向后脑勺的方向踢至最高处，或同时抬头、下腰，然后有控制地、快速地、轻轻收回。

图 12－40

图 12－41

图 12－42

14. 行进间十字踢腿

预备姿势：正立。

前奏：5——8 拍立踵同时两臂经二位至侧平举。

动作做法：起踵向前走三步，重心落在前腿上，接着后腿（摆动腿）向前侧方踢（右腿向左前方踢腿；左腿向右前方踢腿），接着腿落下，重心移到落下腿上，向前两步。换腿踢，方法同前。左右腿交替踢进行 20 米（图 12 – 43）。

要求：上体挺胸、立腰，重心在支撑腿上，支撑腿要立直顶宽，用脚背带动快速有力地向异侧肩方向踢，到最高处后，有控制地、快速地、轻轻收回。整个踢腿过程上体要保持平稳，好像腿的运动与上体完全无关。

15. 行进间踢蹁腿

预备姿势：正立。

前奏：5——8 拍立踵同时两臂经二位至侧平举。

动作做法：以右腿为摆动腿为例：起踵向前走三步，重心落在前腿上，接着后腿（摆动腿）向前经十字腿向右绕至侧腿落下，接着重心移到落下腿上，向前两步。换腿踢，方法同前。左右腿交替踢行进 20 米（图 12 – 44）。

要求：上体挺胸、立腰，重心在支撑腿上，支撑腿要立直顶宽，右腿用脚背带动，快速有力地向前经十字腿向右绕至侧腿快速地、轻轻地落下。整个踢腿过程上体要保持平稳，好像腿的运动与上体完全无关。

16. 行进间踢盖腿

预备姿势：正立。

前奏：5——8 拍立踵同时两臂经二位至侧平举。

动作做法：以右腿为摆动腿为例：起踵向前走三步，重心落在前腿上，接着后腿（摆动腿）向侧绕至十字腿方向落下。接着重心移到落下腿上，向前两步。换腿踢，方法同前。左右腿交替踢行进 20 米（图 12 – 45）。

要求：上体挺胸、立腰，重心在支撑腿上，支撑腿要立直顶宽，右腿用脚背带动，快速有力地向侧绕至十字腿方向快速地、轻轻地落下。整个踢腿过程上体要保持平稳，好像腿的运动与上体完全无关。

注："十字踢腿"、"踢蹁腿" 和 "踢盖腿" 是中国传统舞蹈基本功练习中常采用的方法。20 世纪 50 年代初我国体操界将此方法引入体操柔韧素质训练中。

图 12 – 43

图 12 – 44

图 12 – 45

17. 向前控腿

动作做法：正立，收腹、立腰，一手扶把或不扶把，一腿支撑，另一腿对准举起腿的肩的方向举起，在一定的高度上停止不动（图 12－46）。

要求：支撑腿要伸直，骨盆保持正直，上体保持正立姿势，尽可能举腿。切忌举腿一侧伸髋，上体后仰或上体和骨盆向举腿方向转动。

18. 向侧控腿

动作做法：正立，收腹、立腰，一手扶把或不扶把，一腿支撑，另一腿对准举起腿的耳朵的方向举起，在一定的高度上停止不动（图 12－47）。

要求：支撑腿要伸直，臀部向前顶，开髋，上体保持正立姿势，尽可能举腿。切忌举腿一侧伸髋，上体侧倒或收髋。

19. 向后控腿

动作做法：正立，收腹、立腰，一手或双手扶把或不扶把，一腿支撑，另一腿从后向举起腿一侧的肩的方向举起，在一定的高度上停止不动（图 12－48）。

要求：支撑腿要伸直，抬头、挺胸、背肌紧张，尽可能举腿。切忌低头、弓背。

图 12－46

图 12－47

图 12－48

（五）踝关节柔韧练习方法

1. 直角坐绷、压脚面：直角坐，用力绷脚面或加外力下压脚面。
2. 跪坐压脚面：跪坐，上体后倒躺在地上，并保持一定时间。

三、发展柔韧素质注意事项

（一）柔韧练习要循序渐进，持之以恒

柔韧素质的发展，需要练习者具有一定的意志力。痛感强、见效慢，停止训练便有所消退，这是柔韧素质练习中的显著特点。因此应持之以恒才能见效。

在柔韧素质练习中，通常初次练习时易见效，第二天再练习痛感明显，第一次练习获得的效果全部消退，并差于第一次练习的效果。这是由于肌肉被拉长回缩力增加的原因，因此应继续将其慢慢拉开，经过一个时期的练习，使肌肉在进一步拉长牵拉肌腱，并进一步增强回缩力的过程中，消除痛感，适应牵拉伸直的长度。因为柔韧素质练习本身就是，由不适应到适应逐步提高的过程。

（二）合理安排柔韧素质练习的顺序，防止肌肉拉伤

柔韧素质练习主要是，运用各种方法拉长人体关节肌肉、韧带的长度。但如果不注意

科学的方法，非常容易发生肌肉拉伤事故。因此，要提高柔韧练习的最终效果，必须要防止练习时受伤。柔韧素质练习通常应包括以下步骤：

1. 热身。通过慢跑或跳跃提高大脑皮层神经细胞的兴奋性，协调各器官的工作，增强各器官系统的机能，消除其生理惰性。

2. “拉伸韧带”（通常称为压韧带）。拉伸韧带的动作力度由轻到重，频率由慢到快，幅度由小到大，切忌用力过猛，突然加大幅度。

3. “快速摆动压过的部位”。摆动的动作要由肢体的远端发力，快速摆动并有控制地快速还原。

4. 练习后要做肌肉的放松活动。具体做法是每个伸展练习之后，应做相反方向的练习，使供血机能加强，有助于伸展肌群的放松和恢复。如压腿之后做几次屈膝练习，下完腰后做几次体前屈或团身抱膝动作。

（三）柔韧素质应从小培养

我国体操界、武术界、技巧界、跳水界柔韧性练习都是从小开始的。实践证明，柔韧素质发展的敏感期是5~10岁，在人体自然生长发育过程中发展柔韧素质，有助于保持和巩固已获得的柔韧素质。因此，应提倡从小培养人体的柔韧素质，最好在10岁以前使柔韧素质得到较好发展。

第三节 速度素质训练

一、速度素质概念

速度素质是指人体或人体某部位快速运动的能力。其基本的表现形式有：反应速度、位移速度和动作速度。

在体操中，速度素质只有在跳马的助跑中是以周期性的方式表现的，在其他动作中只表现在身体各关节的运动速度上。根据以上认识我们将体操中的速度素质分为：位移速度素质和动作速度素质两种。

位移速度：在周期性运动中，单位时间内人体快速位移的能力。通常用，在一定的时间内所通过的距离来表示。

位移速度与人的神经过程的灵活性关系密切。神经兴奋与抑制过程灵活性越高，转换能力越强，人体两腿交换频率越高，位移速度也就越快。

动作速度：人体或人体某一部分完成单个动作或成套动作的快慢，以及单位时间内重复动作次数多少的能力。因此，动作速度又分为单个动作速度、成套动作速度以及动作速率三种。

根据体操动作的技术特点，我们认为体操技术动作中的动作速度，可分为瞬时速度（其速度产生于一瞬间，如，空翻起跳速度）和角速度（表现在运动时人体在单位时间内旋转的角度，如，空翻、回环动作的速度）。

位移速度和动作速度的共同特点，都是通过肌肉系统最大限度地快速收缩，在最短的时间内完成动作。由于人体肌肉活动的形式与质量受到形态、生理、心理、技术等方面的影响，所以位移速度、动作速度也受到多方面的影响。在运动实践中我们发现，人体形态、生理、心理受遗传因素的影响比较大，而力量的发展水平与技术因素是影响位移速度和动作速度的重要因素之一，所以我们可以通过发展力量和改进动作技术提高位移速度和动作速度。

二、发展速度素质常用的练习方法

（一）发展位移速度素质常用的练习方法

位移速度练习亦可称为跑的速度练习。跑的技术是：在跑动中，后蹬腿蹬地要有力，下肢关节要充分伸直，前蹬腿着地点应尽量靠近身体总重心投影点，减小阻力，上体稍向前倾 75 ~ 85 度。头部保持正直，两眼向前平视。两臂弯屈，与两腿协调配合，有节奏地前后摆动。

位移速度素质在某种意义上，可视人体综合运动能力。位移速度的快慢不仅和动作技术水平相关，而且和力量、柔韧、速度耐力以及协调性的发展也有着十分密切的关系。从另一个角度，也可把位移速度看成是动作速度、速度耐力与意志力的组合。所以位移速度练习可采用速度力量练习和重复训练法两种。

1. 速度力量练习

力量练习是提高位移速度的基本方法之一。在进行速度力量练习时应注意以下几点：

（1）进行速度力量练习时，以提高速度力量为主，通常强调负重力量练习的速度，力争快速完成。

（2）注意采用极限和次极限负荷强度，以提高快肌纤维的功能。练习次数与组数不宜过多。

（3）通过力量练习提高肌肉、韧带的坚韧性，防止在速度训练中受伤。

（4）力量练习后应有 2 ~ 6 周的减量练习阶段，以便通过“延缓转化”把所提高的力量能力转移到速度能力上去。

（5）多做一些超等长的力量练习（如跳深等），以提高肌肉收缩时的快速力量。

2. 重复练习

重复练习是指以一定的速度、多次重复一定距离的练习。这种方法对人体在快速移动中，克服各种内外阻力以及提高速度耐力十分重要。在进行重复练习时应注意以下几点：

（1）练习强度是提高练习者快速移动能力的主导因素。位移速度属于极限强度，所以在练习中应以高强度进行位移速度的练习。强度一般可控制在 90 ~ 95% 左右，在此之前要安排一些中等或是中等以上的强度的练习作为适应。在高强度练习中，练习者要高度集中注意力，最大限度地动员肌肉力量，并加大动作速度与幅度，发挥最高速度水平。

（2）高强度重复练习一般持续时间在 20 秒以内，距离在 30 米 ~ 60 米以内为宜。次数和组数的确定应根据练习者高速度出现与保持的时间，以及克服疲劳和机体恢复能力决定。通常，极限负荷时间短，一组 6 ~ 7 次，重复 5 ~ 6 组；非极限负荷时间长，重复次数与组数减少。

（3）间歇安排应以练习者机体相对得到恢复为标准。练习者在下一次练习开始前，中枢神经系统又再度兴奋，机体内物理化学变化在很大程度上已经中和，能保证下次练习的能量供应。间歇时间的长短主要和练习持续时间相关。通常，练习持续时间5~10秒钟，各次练习间休息1~2分钟，组间间歇2~5分钟；若练习持续时间10~15秒，各次练习间休息3~5分钟，组间间歇10~20分钟。

（4）重视提高肌肉的放松能力。在重复练习中，肌肉在极限强度负荷下完成最快的收缩功能，容易疲劳，恢复较慢。所以在练习中要重视提高肌肉的放松能力，也就是肌肉主动恢复疲劳的能力。大量的材料表明，放松能力对速度素质有较大的影响。①

3. 发展位移速度常用的手段

（1）小步跑变加速跑

方法：行进间快频率小步跑，听到信号后变为加速跑20~30米。

要求：启动快，在高速下完成练习。

练习次数和组数：每组2~3次，重复2~3组，组间歇5~7分钟。

（2）高抬腿跑变加速跑

方法：行进间快频率高抬腿跑，听到信号后变为加速跑。

要求：高抬腿，动作规范，频率逐渐加快，加速跑时频率不变。

练习次数和组数：每组2~3次，重复2~3组，组间歇5~7分钟。

（3）后蹬跑变加速跑

方法：进行间后蹬跑20米，听到信号后变加速跑20~30米。

要求：后蹬动作规范，用力方向正，加速跑速度越快越好。

练习次数和组数：每组2~3次，重复2~3组，组间歇7~10分钟。

（4）单足跳变加速跑

方法：开始做10~15米单足跳，听到信号后变加速跑20~30米。

要求：以左右脚各做一次练习后变换，加速跑要达到最快速度。

练习次数和组数：每组2~4次，重复2~3组，组间歇5~7分钟。

（5）加速跑

方法：逐渐加速至最高速度后保持一定距离，然后放松跑。

要求：加速跑要达到最快速度。

练习次数和组数：加速跑50米、80米、100米，每组3~5次，重复2~3组，组间歇5~10分钟。

（6）连续加速跑

方法：逐渐加速跑至最高速度，然后随惯性高速度跑3~4步后随惯性放松至慢跑，连续练习。

要求：加速跑要达到最快速度。

练习次数和组数：每组2~3次，重复2~3组，组间歇5~7分钟。

---

① 体育院校成人教育协作组教材编写组．体育院校函授教材——身体素质训练法［M］．北京：人民体育出版社，2002.6

（7）上坡跑

方法：在坡度 7～10 度的斜坡跑道上进行加速跑（30 米、60 米、80 米）。

要求：大腿高抬加强后蹬力量。

练习次数和组数：每组 3～5 次，重复 2～3 组，组间歇 5～7 分钟。

（8）顺风跑

方法：顺风全速跑（30 米、60 米）。

要求：积极加快步频。

练习次数和组数：每组 3～5 次，重复 2～3 组，组间歇 5～7 分钟。

（9）固定步数跑

方法：用事先规定的步数跑 30～50 米加速跑。

要求：步点准确。

练习次数和组数：每组 4～5 次，重复 2～3 组，组间歇 5 分钟。

（10）按标记快速助跑

方法：在助跑线上放置全程标记或最后几步标记，踏标记快速助跑。

要求：步点准确，发挥出最大速度。

练习次数和组数：每组 3 次，重复 2～3 组，组间歇 5 分钟。

（11）全速跑楼梯

方法：听信号起跑，全速往返跑 3～4 层楼的楼梯。

要求：不能拉扶手、上下翻越楼梯。

练习次数和组数：每组往返 2～3 次，重复 2～3 组，组间歇 5 分钟。

（二）动作速度素质常用的练习方法

动作速度寓于具体的动作之中，因此动作速度和动作技术的完善程度紧密联系在一起。另外动作速度直接受到力量、柔韧、灵敏等其他身体素质发展水平的制约，所以动作速度的练习与其他素质发展也紧密相关。动作速度的培养，必修通过技术水平的巩固与提高，以及有关身体素质的发展才能实现。

体操中的转体、翻转动作是围绕身体总重心的额状轴、矢状轴、垂直轴或固定支轴（如单杠、双杠、鞍马、高低杠等）实现的。根据体操动作的特点，体操动作速度素质的练习方法有以下两种。

1. 辅助动作练习

辅助动作练习是指，为学习较为复杂的动作前所进行的分解动作练习，或相似的较简单的动作练习。其目的是提高完成体操技术动作时，各关节之间、跨关节的肌肉群之间以及肌肉活动与内脏活动之间的协调性。这种练习将有利于最大限度地减少人体内部的阻力（如被动肌群的阻力，人体运动时内脏器官的阻力等），从而提高动作速度。

（1）纵跳转体（垂直轴动作）

方法：原地跳起围绕身体总重心的垂直轴做转体 360 度动作，落地后连续进行。

要求：身体与头部保持一直线，以肩带动转体。

练习次数和组数：每组 10～20 次，重复 2～3 组，组间歇 5 分钟。

（2）仰卧吸腿或仰卧举腿（额状轴动作）

方法：仰卧，双手握固定物，快速吸腿或举腿连续做（可在小腿处负重进行练习）。

要求：大腿快速贴胸翻臀或快速直腿举翻臀。

练习次数和组数：每组 20 ~ 30 次，重复 2 ~ 3 组，组间歇 2 ~ 5 分钟。

（3）俯卧举腿（额状轴动作）

方法：俯卧，双手握固定物，快速举腿连续做（可在小腿处负重进行练习）。

要求：双脚并拢直腿快速摆腿。

练习次数和组数：每组 20 ~ 30 次，重复 2 ~ 3 组，组间歇 2 ~ 5 分钟。

（4）前滚翻（额状轴）

方法：连续做前滚翻。

要求：滚动圆滑，速度快。

练习次数和组数：每组 3 ~ 5 次，重复 4 ~ 5 组，组间歇 1 ~ 2 分钟。

（5）侧手翻（矢状轴动作）

方法：连续做侧手翻。

要求：四点成一线（两手、两脚称为四点），速度快。

练习次数和组数：每组 3 ~ 5 次，重复 4 ~ 5 组，组间歇 1 ~ 2 分钟。

2. 利用助力练习

利用助力练习是指，在动作速度练习中，借助外力来发展动作速度的方法。依助力方式的不同，可分为机械助力和人为助力。机械助力是由专门机械设备的牵引形成的，如牵引机的牵引等。人为助力是由他人直接或间接施加给练习者顺运动方向的力，帮助练习者提高动作速率或完成某一技术环节的动作速度。这一方法，可使练习者在学习动作过程中，保持动作不变形。

（1）帮助下完成纵跳转体 360°

方法：教练员位于练习者身后，扶髋，练习者原地跳起围绕身体总重心的垂直轴，做转体 360 度的同时，教练员采用“搓”的手法帮助其完成转体动作。落地后连续进行。

要求：身体与头部保持一直线，以肩带动转体。

练习次数和组数：每组 10 ~ 20 次，重复 2 ~ 3 组，组间歇 5 分钟。

（2）帮助下完成侧手翻

方法：教练员位于练习者前侧方，练习者做侧手翻时，教练员给以助力，帮助其翻转连续进行。

要求：四点成一线（两手、两脚称为四点），速度快。

练习次数和组数：每组 3 ~ 5 次，重复 4 ~ 5 组，组间歇 1 ~ 2 分钟。

3. 进行动作速度素质练习时应注意的问题

（1）在动作速度练习时要注意动作的质量，如果动作变形应停止练习。

（2）动作速度素质练习中可规定较少动作次数，但要求练习者应以最快的速度完成。

（3）每组练习后应安排一定的休息时间，以使练习者的身体机能得到完全恢复。

三、发展速度素质注意事项

速度素质的发展受多种因素影响，为了有效地提高人体的快速运动能力，在教学中必须注意以下几点：

（一）发展速度素质应注意年龄特征

速度素质的发展水平，在相当程度上受到人体生长发育水平的制约。实践证明7～13岁的少年儿童处在速度素质的快速增长期（敏感期），其原因和神经系统、协调能力在这期间快速发展有关。抓住这一阶段的速度练习，有助于促进动作频率、单个动作速度及反应速度的快速发展。

（二）正确预防和消除“速度障碍”

速度素质发展到一定水平，常会出现提高缓慢，甚至停滞不前的现象，人们称之为“速度障碍”。这是由于神经——肌肉系统发展到一个高峰，而练习中手段单一、无变化，使训练量和训练强度对人体没有新的刺激作用，使频率节奏、技术等达到一个相对稳定的状态所致。其预防措施是，加强基础训练；提高全面身体素质水平；同时在一定阶段内减少速度练习，而增加速度力量练习及其他一般素质练习和专项素质练习的份量；避免采用单调枯燥的练习方法。

（三）发展速度素质应重视肌肉放松

肌肉放松对提高速度素质非常重要。肌肉放松，张弛有度，能够减少肌肉本身的内阻力，增多肌肉合力，使血液循环通畅。如肌肉紧张度达到60%～80%，血液流动就会严重受阻，时间稍长，动作就会失去协调性，已有的快速能力也无从发挥。肌肉放松时，肌肉中血液流动情况大为改善，比紧张时提高15～16倍。血液循环畅通，能给参加活动的肌肉输送大量氧气，加快ATP再合成速度，并能节省能量物质，使能量物质得到合理利用，还可以增加肌肉收缩的初长度，从而提高速度素质。

第四节　力量素质训练

一、力量素质概念

力量是肌肉紧张或缩短时所表现出来对抗重力或克服身体重量的能力。力量素质对人体运动有极大影响，是人体运动的基本素质，也是衡量练习者身体水平的重要指标。

根据力量表现的不同形式，力量素质可分为多种类型。例如，根据肌肉收缩的形式可将力量划分为静力性力量和动力性力量；根据力量和体重的关系，可将力量分为绝对力量和相对力量；根据力量的表现，又可以分为最大力量、速度力量和力量耐力；根据和专项的关系又可以分为一般力量和专项力量。

根据体操动作的特点，可将体操动作分为静力性动作和动作性动作两类。根据静力性动作特点和动力性动作特点，我们认为在体操训练中，应主要发展练习者的静力性力量和动力性力量。静力性力量主要是发展练习者的相对力量，动力性力量主要是发展练习者的动作速度力量。

静力性力量是指肌肉做等长收缩时产生的一种力。即肢体维持或固定于一定的位置和姿势，不产生明显的位移运动的力。如控倒立、燕式平衡、吊环的十字支撑等动作。

动力性力量是指肌肉做等张收缩时所产生的力。即肢体产生明显的位移，使人体或器械产生加速运动的力。动力性力量又常常通过两种不同形式的肌肉收缩而产生，即向心的克制性收缩和离心的退让性收缩。体操中的大多数动作，如跳跃、跟斗、回环、腾越等都是通过动力性力量来完成的。其中动作的启动如空翻起跳是克制性收缩，而落地缓冲主要是退让性收缩，因此发展动力性力量时既要注意克制性的向心收缩，也要注意退让性的离心收缩。

相对力量是指人体每公斤体重所表现出最大力量值的能力。它主要反映练习者的最大力量与体重之间的关系。体操运动从某种意义上讲，是一种在空间的身体运动，这正是体操运动员为什么必须控制体重和保持体重的相对稳定的重要因素。

速度力量也叫快速力量，是指人体在运动时以最短的时间发挥出肌肉力量的能力。大多数体操动作的完成都具有此特点，故速度力量对体操练习者及其重要。速度力量取决于人体肌肉的收缩速度和最大力量水平。

二、发展力量素质常用的练习方法

运动训练实践中，教练员们创造了多种多样发展肌肉力量的方法。这些方法或是作用于整个肌肉系统或是有选择性地作用于某些肌肉群，这些具体的练习手段是形成现代力量训练方法的基础。

在这里整个肌肉系统是指，练习者完成某一特定动作，所动员并参与动作的肌群。例如举重项目中的“抓举”。

在这里某些肌肉群是指，练习者完成某些动作时，以某一关节或多关节为轴心，跨过这一关节或多关节的肌肉群。

依据人体的不同部位，可将身体肌肉群按照上肢、躯干、下肢划分为上肢肌肉群、下肢肌肉群、躯干肌肉群等。

根据体操动作的特点，体操教练员常常采用作用于某些肌肉群的训练方法对练习者进行力量训练。如，针对上肢肌肉群、躯干肌肉群、下肢肌肉群的训练等。

（一）上肢力量练习

1. 推撑力量练习

人体参与推撑动作的关节有肩关节、肘关节。跨过这些关节的肌肉主要有胸大肌、斜方肌和肱三头肌等。提高这些肌肉群的力量通常采用以下方法。

（1）俯卧撑

预备姿势：手掌与肩同宽撑地，手指向前，两臂伸直，两腿向后伸直，两脚并拢脚尖着地，成俯撑。

动作做法：两臂屈肘，身体向下至背部低于肘关节，接着两臂撑起伸直成原来姿势（图 12－49）或推起击掌，可连续做。

降低难度做法：

①预备姿势：两手撑于凳子上或墙上（两手高于两脚）成俯撑（图 12－50）。动作做法同上。

②预备姿势：双手撑地，膝关节跪地成俯撑（图 12－51）。动作做法同上。

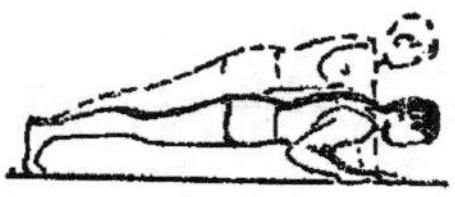

图 12－49

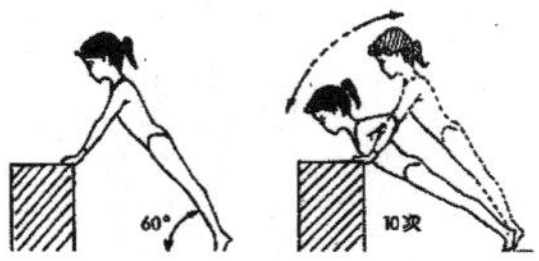

图 12－50

图 12－51

提高难度做法：

①预备姿势：两手撑地两脚置于凳子上（两脚高于两手）成俯撑（图 12－52）。动作做法同上。

②预备姿势：两手手指撑地（图 12－53），成俯撑。动作做法同上。

③预备姿势：两手撑地成俯撑一腿抬起（图 12－54）。动作做法同上。

④预备姿势同上，背部负重。动作做法同上。

要求：身体保持平直，屈臂时两肘向后靠近体侧，胸部接近地面，身体不能踏腰成凹形，也不能拱臀成凸形。

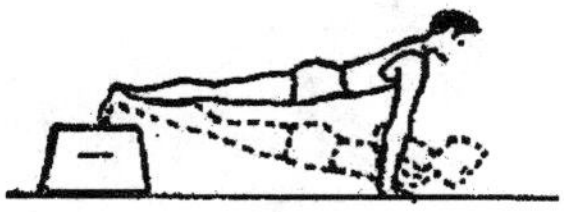

图 12－52

图 12－53

图 12－54

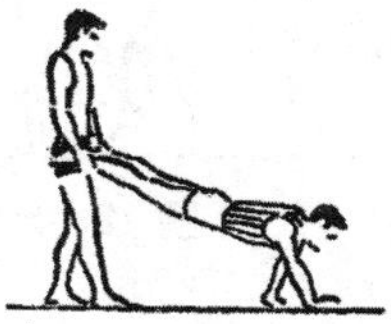

图 12－55

（2）有人扶持的俯撑爬行（推小车）

预备姿势：两人一步距离前后站立，前面的人双手撑地成俯撑，抬起一条腿，后面的人扶住脚背，接着后面的人将前面人的另一条腿扶起（图 12－55）。

动作做法：前面的人用手前进，同时后面的人向前跟进。

（3）双杠或吊环上的双臂屈伸

预备姿势：双杠或吊环上支撑。

动作做法：双杠（图 12－56）或吊环上（图 12－57）双臂屈伸。

要求：屈臂时肘高于肩。

(4) 双臂屈伸支撑摆动

预备姿势：双杠支撑。

动作做法：支撑摆动，前摆或后摆下落时，双肘弯曲，后摆或前摆上升时伸臂顶肩。

要求：以肩为轴进行摆动，摆动时两腿伸直，屈臂时肘高于肩（图 12－58）。

图 12－56

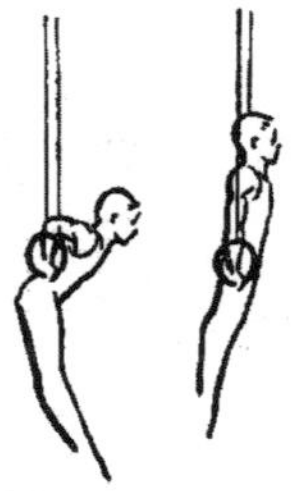

图 12－57

图 12－58

(5) 手倒立类

手倒立动作，根据用力的方式可分为蹬地摆腿手倒立和慢起手倒立。

①蹬地摆腿手倒立

预备姿势：一脚站立，另一脚前点地，同时两臂前上举，掌心向前。

动作做法：前点脚抬起，向前一步屈膝重心前移手撑地，接着后脚向后摆同时前点地脚蹬地摆起成倒立。倒立姿势有并腿倒立（图 12－59）、前后分腿倒立（图 12－60）、左右分腿倒立（图 12－61）等。

要求：成倒立后，两手与肩同宽，肩角拉开，抬头，眼睛看手，腰要直，绷脚尖。

图 12－59

图 12－60

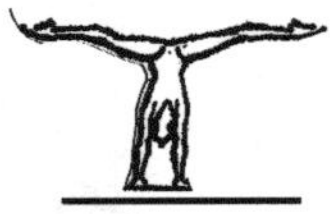

图 12－61

②分腿慢起手倒立

预备姿势：分腿开立两手撑地。

动作做法：顶肩、提臀同时腹肌用力、两腿贴胸同时左右分开慢慢成倒立（图 12－62）。

要求：两脚不能蹬地。

③分腿支撑慢起手倒立

预备姿势：分腿直角坐。

动作做法：顶肩、提臀同时腹肌用力，两腿左右分开慢慢成倒立。

要求：充分顶肩。初学者可以在帮助下完成（图 12－63）。

根据倒立后的状态，可分为靠墙倒立、扶倒立、推倒立、爬倒立等。

①扶倒立

预备姿势：两人面对面站立，练习者一脚站立，另一脚前点地，同时两臂前上举掌心向前。

动作做法：前点脚抬起，向前一步屈膝重心前移手撑地，接着后脚向后摆同时前点地，脚蹬地摆起成倒立。帮助者扶练习者两腿（图 12－64）。

要求：成倒立后，两手与肩同宽，肩角拉开，抬头，眼睛看手，腰要直，并腿绷脚尖。

②推倒立

预备姿势：两人面对面站立。练习者可采用蹬地摆腿或慢起手倒立的方法成并腿倒立。动作做法：帮助者扶练习者两腿，练习者屈臂接着推起，连续做，帮助者可给予助力（图 12－65）。

要求：快速推起。

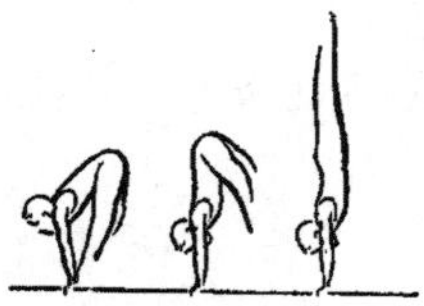
图 12－62

图 12－63

图 12－64

图 12－65

③控倒立

预备姿势：练习者可采用蹬地摆腿或慢起手倒立的方法成倒立。

动作做法：根据练习者需要可前后分腿（图 12－60）、左右分腿（图 12－61）、并腿（图 12－66）等倒立姿势控制不动。

要求：成倒立后，两手与肩同宽，肩角拉开，抬头，眼睛看手，腰要直，绷脚尖（前后分腿时尽量接近 180 度）。

④倒立爬行

预备姿势：练习者可采用蹬地摆腿或慢起手倒立的方法成并腿倒立。

动作做法：在倒立姿势上两手依次前移。

要求：腰要直，并腿绷脚尖，爬行动作节奏好。

（6）推举杠铃类

①仰卧在长凳上，做卧推杠铃动作（图 12－67）。

②站立，两手提杠铃置于锁骨，做推举动作（图 12－68）。

③两脚左右开立，肩负杠铃，屈肘两手紧握杠铃（图 12－69）。做推举杠铃，可连续做。

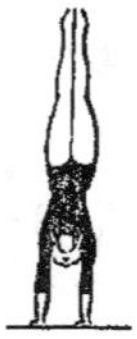
图 12 -66

图 12 -67

图 12 -68

图 12 -69

2. 悬垂拉引力量练习

人体参加悬垂拉引工作的肌肉主要有背阔肌、胸大肌、喙肱肌、肱二头肌、三角肌、肩胛下肌、冈下肌和大小圆肌以及前臂的屈指肌群等。提高这些肌肉的力量通常采用以下方法。

（1）引体向上

预备姿势：两手与肩同宽正握或反握单杠悬垂。

动作方法：A、身体不动，引体屈肘将身体拉上至胸与杠齐平或引至颈后与杠齐平，然后身体垂下还原成预备姿势。连续做（图 12 -70）。

B、身体轻微摆动，引体屈肘将身体拉上至胸与杠齐平或引至颈后与杠齐平，然后身体垂下还原成预备姿势。可连续做。

降低难度做法

预备姿势：两手与肩同宽正握或反握双杠，两膝挂在另一杠上。

动作做法：引体屈肘将身体拉上至胸与杠齐平（图 12 -71）。

要求：引体时快速用力，还原时有控制地伸直两臂。

（2）手脚并用爬绳或爬杆

预备姿势：站立，手握绳或杆。

动作做法：双手引体，然后双腿向上收，用下肢夹紧绳或杆，再两手向上移动，用力引体向上，然后双腿上收夹杆，连续做手脚并用的向上爬行（图 12 -72）。

图 12 -70

图 12 -71

图 12 -72

3. 两臂直臂内收、外展和前举、下压的力量练习

人体参加内收、外展和前举、下压动作的肌肉主要有背阔肌、胸大肌、三角肌、喙肱肌和固定肩胛的各肌群。提高这些肌肉的力量通常采用以下方法。

（1）直臂前举杠铃

预备姿势：仰卧在长凳上，两手持杠铃成卧推姿势。

动作做法：直臂将杠铃慢慢向后放于头后，然后快速前举至胸前成卧推姿势，连续做

(图 12－73)。

要求：前举时，两臂伸直。

(2) 飞鸟运动

预备姿势：仰卧在长凳上，两手握哑铃，两臂伸直，双掌向内。

动作做法：双臂缓慢向两侧放低，然后快速回到原来的姿势 (图 12－74)。

要求：双臂直臂往两侧平放，同时呼气，恢复原来姿势时吸气。

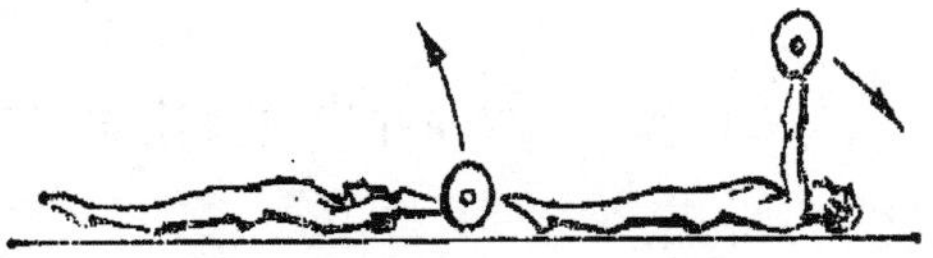

图 12－73

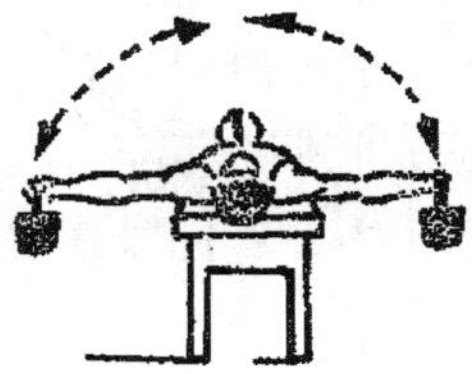

图 12－74

(3) 直臂下压橡皮筋

预备姿势：将橡皮筋带置于高处，练习者站在系点下面，两手握橡皮筋的两头。

动作做法：做两臂由上举下压的动作 (图 12－75)。

要求：双臂伸直，快速下压。

(4) 体侧上拉橡皮筋

预备姿势：将橡皮筋带踩在脚下，练习者成正立姿势，两手握橡皮筋的两头。

动作做法：做两臂经侧平举至上举的动作 (图 12－76)。

要求：双臂伸直，快速向上拉。

(5) 仰卧拉橡皮筋

预备姿势：将橡皮筋带系在肋木上约 1．70 米的高处，练习者脚靠肋木仰卧在体操凳上，两手在体前握橡皮筋带的两头。

动作做法：做两臂成斜上举的上拉动作 (图 12－77)。

要求：双臂伸直，快速向上拉。

(6) 弓步前拉橡皮筋

预备姿势：将橡皮筋带系在肋木高处或单杠上，练习者背对肋木弓步站立，上体前倾两手握橡皮筋带两头。

动作做法：做两臂由斜上举向前拉压经体侧绕环至上举的动作 (图 12－78)。

要求：双臂伸直，快速向前拉。

图 12－75

图 12－76

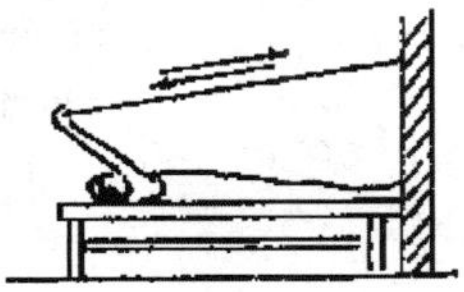

图 12－77

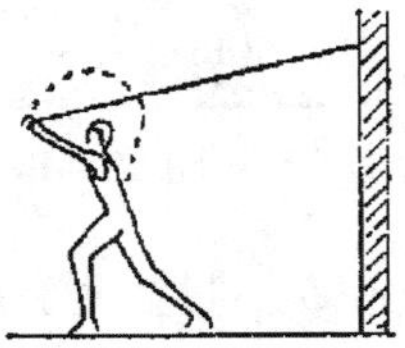

图 12－78

(二) 躯干力量练习

1. 腹肌的练习

(1) 仰卧起坐

预备姿势：练习者仰卧在垫子上（图 12 - 79）或斜板上（头在低处）（图 12 - 80），两腿伸直，两臂上举或抱头。

动作做法：上体前屈到手触脚面或头触胫骨部，然后还原成仰卧姿势。

要求：下落成仰卧时肩背触地（或板）。

(2) 并腿屈膝仰卧起做

预备姿势：练习者仰卧在垫子上（图 12 - 81），双手抱头，双腿并拢屈膝让同伴坐在脚背上。

动作做法：上体抬起两肘触膝，然后还原成仰卧姿势。

要求：下落成仰卧时肩背触地。

图 12 - 79

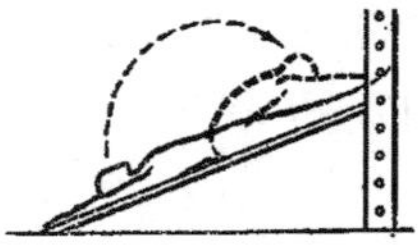

图 12 - 80

图 12 - 81

(3) 仰卧团身吸腿

预备姿势：练习者仰卧在垫子上两腿伸直，两臂上举。

动作做法：团身、屈膝、起上体，同时两手抱小腿（图 12 - 82）。

要求：团身紧，下落成仰卧时肩背触地。

(4) 仰卧举腿

预备姿势：帮助者两腿开立，练习者仰卧在垫子上，两腿伸直，双手抱住帮助者的脚踝。

动作做法：练习者举腿，帮助者将举起的腿用力向下推，练习者还原成仰卧时腿脚不能发出碰地的声音，接着向上举腿，依此反复进行（图 12 - 83）。

要求：收腹举腿时绷脚尖，腿不能弯曲。

图 12 - 82

图 12 - 83

图 12 - 84

(5) 仰卧两头起

预备姿势：练习者仰卧在垫子上，两臂上举，两腿伸直。

动作做法：起上体同时举腿，两手触脚面，然后还原成仰卧姿势，依此反复进行

（图 12－84）。

要求：协调用力，收腹举腿时绷脚尖，腿不能弯曲。

（6）肋木或单杠悬垂举腿

预备姿势：双手与肩同宽握肋木或单杠悬垂。

动作做法：A、收腹举腿至脚面触杠（图 12－85）。

B、轻微摆动接着收腹举腿至脚面触杠。

要求：收腹举腿时绷脚尖，腿不能弯曲。

（7）高杠悬垂举腿同时双腿绕环 360 度

预备姿势：双手与肩同宽握高杠悬垂。

动作做法：双腿从左侧举起，与身体夹角小于 90 度，经体前从右放下，接着双腿从右侧举起，经体前从左放下，依此反复进行（图 12－86）。

要求：收腹举腿时绷脚尖，腿不能弯曲。

（8）直角悬垂控制不动

预备姿势：双手与肩同宽握肋木或单杠悬垂。

动作做法：收腹举腿至水平控制不动（图 12－87）。

要求：收腹举腿时绷脚尖，腿不能弯曲。

（9）俯卧静力控制练习

预备姿势：用前臂和脚支撑，俯卧于山羊或体操凳上。

动作做法：前臂和脚分别置于山羊或体操凳上，俯卧静力控制练习（图 12－88）。腰上可负重。

要求：身体始终保持平直。

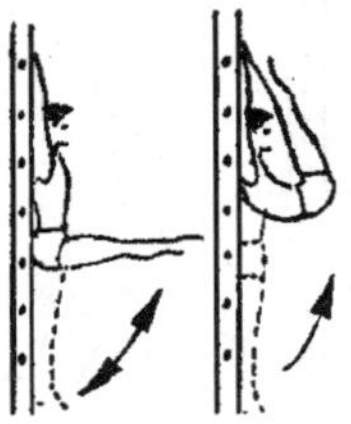

图 12－85

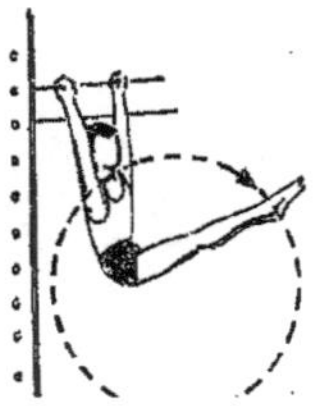

图 12－86

图 12－87

图 12－88

2. 背肌的练习

（1）俯卧起上体

预备姿势：练习者俯卧在凳子或地面上，双手抱头，同伴固定脚。

动作做法：上体抬起，接着还原成预备姿势，依此反复进行（图 12－89）。

（2）在山羊或横马上俯卧起上体

预备姿势：练习者俯卧在山羊或横马上，两脚勾住肋木固定。

动作做法：抬头、挺胸，将上体向上抬起，接着还原成预备姿势，依此反复进行。（图 12－90）；也可负重练习（图 12－91）。

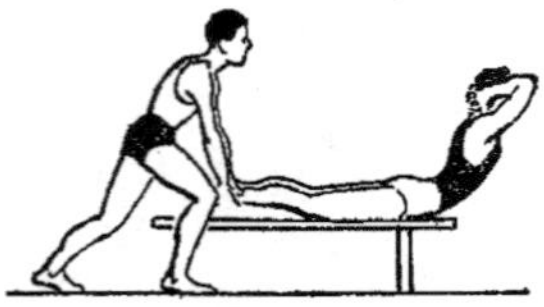

图 12－89

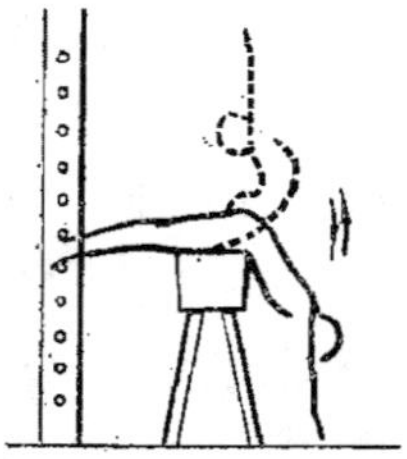

图 12－90

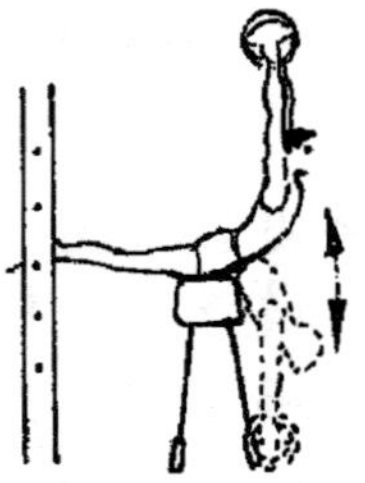

图 12－91

（3） 俯卧两头起

预备姿势：练习者俯卧在地面上。

动作做法：上体和腿同时抬起，接着还原成预备姿势，依此反复进行（图 12－92）。

要求：协调用力，双腿并拢、伸直。

（4） 俯卧举腿

预备姿势：练习者俯卧在横马上，两臂伸直，手扶肋木或双手抱马身下部，固定上体。

动作做法：两腿伸直向后上方摆腿，接着还原成预备姿势，依此反复进行（图 12－93）。

要求：双腿并拢、伸直。

图 12－92

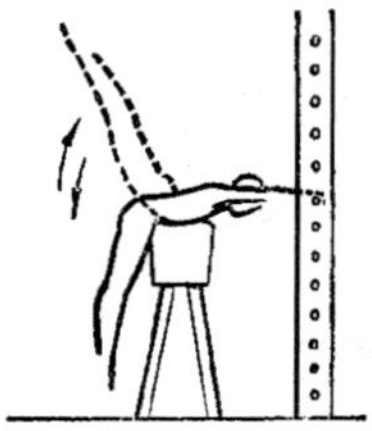

图 12－93

（5） 仰卧静力控制练习

预备姿势：用头枕部和脚支撑，仰卧于山羊上。

动作做法：头和脚分别置于山羊或体操凳上，仰卧静力控制练习。也可采用腰上可负重的方法进行练习（图 12－94）。

要求：身体始终保持平直。

3. 侧腰肌群的练习

预备姿势：练习者侧卧在地面上或山羊上，双手伸直或抱头，帮助者固定其小腿（图 12－95）或双脚勾肋木固定（图 12－96）。

动作做法：双手伸直或抱头向侧屈上体，接着还原成预备姿势。依此反复进行。

图 12－94

图 12－95

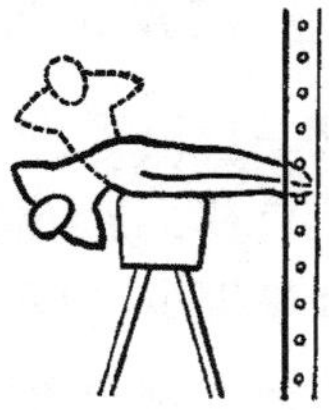

图 12－96

（三）下肢力量练习

体操中的跳跃动作要求短促有力，用前脚掌起跳。因此腿部力量训练的重点是小腿肌肉群的弹跳力训练，在体操教学中发展腿部力量通常采用以下方法。

1. 肩上负重（杠铃或他人），手扶肋木或墙，做起踵练习。
2. 原地连续纵跳。
3. 短绳的单脚、双脚连跳。
4. 短绳的双脚双摇跳等。
5. 双脚连续跳 10～20 米的距离。
6. 双脚负重连续纵跳。
7. 双脚跳越障碍物。
8. 单脚连续跳 10～12 米的距离，然后换腿跳。
9. 原地团身跳。

动作做法：原地跳起腾空时团身，使大腿靠近胸部，上体保持正直，接着迅速伸展落地，依此反复进行。

10. 原地分腿击足跳

动作做法：原地跳起腾空时两腿左右分开，使大腿靠近胸部，两臂侧前平举击脚面，接着迅速伸展落地，依此反复进行。

11. 原地狼跳

动作做法：原地跳起，腾空时屈体同时一腿屈膝，另一腿屈体，使大腿靠近胸部，接着迅速伸展落地，依此反复进行。

12. 模仿跳马助跑三步起跳上板动作练习。
13. 跳深练习

动作做法：从 40～50 厘米高的体操凳或低跳箱上跳下，立即向上跳起至另一凳上，依此反复进行。

三、发展力量素质注意事项

力量素质发展水平是影响身体训练水平的关键因素，在发展力量素质过程中为达到优化控制，取得事半功倍的效果，必须注意以下几点。

（一）力量训练中要采用大负荷并注意循序递增负荷

负荷是指训练的负荷强度和训练总量。大负荷是指练习者所能承受的最大负荷。为了达到最大负荷，训练时无疑要保持最大强度，或者要保持较大的数量。

在力量训练过程中，当力量增长后，原来的负荷就逐渐变为小负荷了，因此为了继续保持大负荷，就必须循序渐进地递增负荷。如训练开始时，某人用 20 公斤做推举练习，反复 8 次后就疲劳，经过一段时间训练后能用 20 公斤反复推举 12 次了，这时就可以增加负荷至又能推举 8 次的重量，从而使其上升到一个新的负荷，达到提高力量素质的目的。

（二）力量训练中应做到全面与重点相结合

力量训练要注意全面性，同时应根据个人的情况不同，有重点地发展各部位的力量。通常来讲，男子应重点发展肩带肌群、背阔肌群、胸大肌、肱二头肌、三角肌、肱三头肌等肌群的力量。女子应重点发展肩带肌群、背阔肌、胸大肌、腹肌、背肌等肌群的力量。下肢力量应主要发展弹跳力。

（三）力量训练应注意和柔韧训练相结合

力量训练应注意和柔韧训练相结合。力量素质和柔韧素质的发展有相互制约的关系。肌肉中蛋白质的含量增加，能使力量增大，但可能会限制关节活动的范围，影响动作的幅度。因此在进行力量训练时，要注意充分加大关节运动的幅度，或者在对某一肌群进行力量练习后，认真地做一些拉伸肌肉的柔韧练习，以提高肌肉的伸展性。

（四）力量训练要系统科学安排

根据“用进废退”的原理，力量素质训练应全年系统安排，不能无故中断。运动实践证明，力量增长得快，停止训练后消退得也快。另外发展力量素质，不宜在疲劳的状态下进行。因为，疲劳状态下的练习，发展的主要是耐力素质。

（五）发展力量素质应考虑力量的类型

发展力量素质应考虑力量的类型。如发展速度力量，可采取规定一定次数计时的方法。如仰卧两头起 10 次计时；如要发展上肢的退让性力量，可选择引体向上慢落下。

（六）发展力量素质应考虑不同身体部位交替进行

发展力量素质应考虑身体不同部位的交替进行，如上肢和下肢的交替；腹肌和背肌的交替等。这样，即可避免局部负担过大而造成疲劳，又可以提高练习的总体效果。

第五节　耐力素质训练

一、耐力素质概念

耐力素质是指人体在长时间进行工作或运动中克服疲劳的能力。竞技体操运动员的专项耐力是指，运动员克服在完成体操专项动作过程中，所产生的疲劳的能力。根据体操动作的特点，耐力素质可分为静力性耐力和动力性耐力。根据完成一套成套动作的时间（跳马5~7秒，鞍马、吊环、双杠、单杠、高低杠25~30秒，自由体操、平衡木70~90秒），竞技体操运动员的专项耐力以无氧耐力为主。根据与专项运动的关系，耐力素质可分为一般耐力素质和专项耐力素质两类。

二、发展耐力素质的练习方法

耐力素质练习的方法较多，而且各种方法都有其各自的特点。这些特点基本上体现在耐力素质练习过程中的练习强度上、持续时间方式、重复次数等因素的组合与变化上。目前通常采用的耐力练习方法主要有：持续练习法、重复练习法、间歇练习法、变换练习法、循环练习法等。

持续练习法是指，在相对较长的时间里（不少于30分钟），以较恒定的强度持续地进行练习的方法。构成持续练习法基本要素是，重复练习的方式、时间与强度。在运动负荷固定的情况下，练习的时间与强度可作相应调整，如练习强度大，时间可缩短；练习强度小，则适当延长练习时间。

重复练习法是指，在不改变动作结构和外部负荷表面数据，在相对固定的条件下，按照既定间歇要求，在机体完全恢复的情况下反复进行练习的方法。重复练习法每次练习的负荷量与强度可大可小，根据具体任务、目的而定。由于每次练习前均需恢复到原来开始练习前的水平，即心率在100~120次/分钟的水平上，故每次练习可以保证强度在中等偏大或极限强度（90~100%）范围内，从而使机体的耐力水平得到有效的提高。如长时间的重复练习，强度稍大于持续练习法，有利于有氧耐力的提高，而强度在90%以上的练习，则有利于无氧耐力的发展。

间歇练习法是指，在一次（或一组）练习之后，按照严格规定的间歇负荷和积极性间歇方式，在机体未完全恢复的情况下，从事下一次（或一组）练习的方法。间歇练习法与重复练习法较相似，主要区别在于间歇上的不同要求。重复练习法的间歇方式，采用完全恢复的间歇负荷和无严格规定的间歇方式（多以消极性的静息为主）进行的。而间歇练习法则是以未完全恢复的间歇负荷和积极性的间歇方式进行的。间歇练习法的持续时间与练习强度之间形成一种对应关系，强度大，时间少；强度小，时间稍长。构成间歇练习法的基本要素有练习的数量，强度，间歇的时间与方式和重复次数等。

变换练习法是指，在变化各种因素的条件下反复进行练习的方法。由于耐力练习比较枯燥，采用变换练习法，可以在一定程度上提高运动员的练习兴趣和积极性，从而提高练习的效果。变换练习法所变换的因素，一般有练习的形式，练习的时间，练习的次数，练习的条件，间歇的时间，方式与负荷等。以上因素只要改变其中一个因素，就会由于这一因素的变化，对运动员机体造成负荷刺激的变化。因而变换练习法的核心是变换运动负荷。

变换运动负荷的形式一般有三种：一是不断增加负荷，二是不断减少负荷，三是负荷时增时减。在实际练习中究竟采用哪一种形式，应视具体情况而定。如要加大对机体的负荷刺激，就要增加负荷。如要提高机体对负荷刺激的适应能力，就应注意负荷的变化，时增时减。

循环练习法是指，循环练习时的各站内容及编排，必须符合专项特点的要求进行选择和设计，同时应根据“渐进负荷”或“递增负荷”的原则安排练习。

在实践中教练员通常将以上练习法进行综合使用，又称为综合练习法。

（一）一般耐力素质训练的方法

一般耐力是指，练习者为了提高专项成绩，最大限度动员机能能力，长时间地承受专项负荷，并保持工作的能力。发展一般耐力素质的具体方法如下。

1. 越野跑（持续训练法）。

2. 400 米速度耐力训练。练习中练习者应休息至机体完全恢复（重复训练法）。

3. 3 ~ 5 分钟连续跳绳。做 3 组，每组间休息 2 ~ 5 分钟（间歇训练法）。

4. 把各种不同的素质练习编成套路进行练习，并要求在一定时间内完成一定的数量。例如，腹肌两头起 30 秒 32 个；背肌两头起 30 秒 42 个；跳绳 30 秒 70 次；俯卧撑 30 秒 40 次为一组，间歇 5 ~ 7 分钟，共做 3 组（循环训练法）。这里的动作、时间、次数、组数、间歇时间可以根据练习者的情况进行变化，对某些要素进行了变化就称为变换练习法。

（二）专项耐力素质训练的方法

专项耐力的主要特征是突出体现专项特点，满足专项运动的需求。发展专项耐力素质的具体方法如下。

1. 单个动作的多次重复练习。例如，连续团身跳 20 次；连续分腿击足跳 20 次；连续狼跳 20 次；连续团身后空翻 10 次；连续屈伸上 10 次等。

2. 联合动作的练习。例如，团身跳 5 次——分腿击足跳 5 次——狼跳 5 次等。

3. 女子自由体操中的舞蹈架子练习（即：不做自由体操成套动作中的技巧动作）。

4. 将成套动作分为前半套、后半套。先做前半套，然后做后半套，再过渡到成套练习。

三、发展耐力素质应注意的事项

（一）耐力素质练习应遵循人体生长发育的规律

耐力素质的发展水平与其他素质一样，在相当程度上受到人体生长发育水平的影响。如果耐力水平与生长发育水平不相一致，非但不能收到良好练习效果，可能还会严重地损害人体健康。因此，根据运动员的发育水平，合理地安排耐力练习，是发展耐力素质过程中一个非常重要的方面。一般来说，儿童少年时期正处于一般耐力和有氧耐力的敏感发展期，在这期间可进行一般耐力和有氧耐力的练习。男 14 ~ 16 岁，女 13 ~ 14 岁以后进入无氧耐力的敏感发展期，这时就可进行无氧耐力的练习。另外，耐力练习时的负荷安排也是一个重要因素，通常以 130 次/分钟，150 次/分钟，170 次/分钟的心率指标作为儿童少年小、中、大的适宜负荷强度标准。青春期后，负荷就要大得多。此外，耐力练习方法与手段的采用，也要根据不同对象的生理、心理特点，从实际出发。

（二）注意在耐力素质练习中体现个性特点

要最大限度地发展耐力水平，就必须在练习中体现大负荷练习的原则。然而，由于练习者之间训练程度、机能水平、项目要求等方面都存在着不同的差异，因此，耐力练习的方法与手段运用应有所不同。而且练习的强度、练习的持续时间、间隙的时间与方式以及重复练习的次数，也应根据实际情况来安排，体现出耐力素质练习中的个性特点。

（三）专项耐力应与技术相结合，同时应严格技术要求

在考虑专项耐力训练与各项技术训练相结合的同时，还要根据各项的特殊要求来选择练习内容，确定练习时间和次数时。

在进行耐力训练时，练习者的动作技术容易变形，使已形成的正确动作技术受到影响。因此，在发展练习者的耐力时，教练员一定要对练习者技术动作有严格的要求，以确保练习者能够正确、准确、协调、运用自如地完成已掌握的动作技术，使练习者神经系统的兴奋与抑制过程合理、稳定、有节奏地交替，从而推迟疲劳的产生。

（四）根据实际情况确定一般耐力与专项耐力的比例

一般耐力和专项耐力的训练比例，根据不同训练期和不同的训练对象应有所不同。在儿童期，一般耐力训练比例较大，而随着训练水平的提高，专项耐力训练则逐渐增多。在全年训练的过渡期和准备期的早期，一般耐力训练为主，而在准备期的后期和竞赛期则以专项耐力训练为主。

第六节　灵敏素质训练

一、灵敏素质概念

灵敏素质是指，人体在各种突然变换的条件下，快速、协调、敏捷、准确地完成动作的能力。它是人的运动技能、神经反应和各种身体素质的综合表现。

根据体操动作的特点，体操运动的灵敏素质主要体现在练习者的协调能力和准确性上。准确性蕴含在协调能力之中。协调能力是指，练习者机体各部分在时间和空间里相互配合，合理有效地完成动作能力。协调能力是体操练习者不可缺少的一项极其重要的素质。它是完成高难技术动作的基础，是上述各项运动素质服务于技术动作的保证。可以说协调能力是体操练习者的灵魂，没有良好的协调能力，就不能成为一个优秀的体操运动员。

协调能力中，起重要作用的是神经系统的协调性。而神经系统的协调性主要是由先天决定的，因此协调能力受遗传因素影响很大。同时协调能力和运动员素质发展情况及条件反射建立的数量有关。运动员素质越好，条件反射建立的数量越多，就越有利于协调能力的提高。协调能力与运动员个性心理特征和年龄特征有关，如神经类型，思维的敏捷度以及注意力集中程度都对协调能力有影响，不同年龄协调能力发展有所不同。

二、发展灵敏素质的练习方法

（一）采用各种体操专门器械进行各种翻腾和转体动作的练习

采用弹网或弹板等专门器械进行力所能及的各种翻腾和转体动作的练习。以改善前庭分析器的功能，提高运动员处于空中状态对自己动作所处位置的分析判断能力，从而提高完成动作的准确性和稳定性。

（二）采用某些专门的练习方法

1. 运用不同习惯的开始姿势。如不对称动作。
2. 反向完成动作（镜面练习）。
3. 采用游戏的方式使练习复杂化。
4. 改变动作速度和节奏。如为区别完成动作的速度，可采用不同的节拍完成同样的动作，或用不同的时间完成同一组动作。
5. 要求“创造性”地改变完成动作的方式。如要求运动员不许做相同的练习。
6. 引入要求适时改变动作的辅助性信号和条件刺激物，如灯光，声响等。如要求运动员听到某种信号时做特定的动作。
7. 改变动作完成时的空间范围。如空中身体由团身变为直体，由并腿变分腿等。

8. 采用改变不同负荷的静止或用力练习，来提高运动员区别完成动作时肌肉用力大小程度不同的能力。

三、发展协调能力应注意的事项

（一）发展协调能力与提高专项知觉相结合

发展协调能力与提高专项知觉——时空、频率，用力的感觉以及平衡能力有密切的关系。因此，提高协调能力的练习应具有负载型、非传统型和新鲜性的特点。除借助体操技术训练手段外，亦可采用舞蹈、基本体操等练习来培养协调能力。

（二）尽可能多地掌握体操各类型技术的基本动作

让练习者尽可能地学习、掌握体操各类型技术的基本动作。掌握动作技术类型越多，基础条件反射建立越多，动作技能迁移就越容易，协调能力就能得到更好地提高。

（三）多种练习形式相结合

经常变换舞蹈练习，准备活动，身体训练手段以及技术动作的组合，使练习者在不习惯的条件下工作，从而提高其身体各部位和不同肌群协同工作的能力。

（四）科学安排练习时间

培养协调能力的练习，通常应安排在训练课主要部分的开始阶段。这时运动员可保持最佳的心理状态和最佳工作能力。但这并不意味着疲劳时就不能培养协调能力，相反，高级体操运动员进行比赛的实际情况是，时间较长，激烈程度较高，这就很容易使运动员产生疲劳。因此，对水平较高的运动员来讲，提高协调能力不仅应安排在稳定情况下，还应在有疲劳征兆和明显疲劳的情况下进行。

思考题：

1. 如何理解身体素质的概念？
2. 身体素质分为几类？
3. 各类身体素质训练的方法有哪些？
4. 在进行身体素质训练时应注意哪些事项？

第十三章 体操比赛的组织与方法

内容提要

体操比赛是展现体操训练成果的平台。要使这个“平台”顺利高效地运转，离不开体操比赛的组织与进行。本章首先讨论了体操比赛的组织与进行、体操比赛的概念，进而依据体操的分类将体操比赛分为队列队形比赛、徒手体操比赛、持轻器械体操比赛、器械体操比赛四大类。在阐述秩序册的制定、比赛程序的基础上，重点讨论了队列队形、徒手体操、持轻器械体操及器械体操比赛的裁判工作。并以案例的形式，详细介绍了体操比赛日程、轮换项目编排、总记录的方法等，以实现体操裁判理论与裁判实践工作的有机结合。

关键词：比赛　秩序册　规程　裁判

体操比赛的组织与进行是指组织者为了完成特定的体操任务，而将人们临时组合在一起的一项团体活动。这就要求比赛的组织者，必须将团体中参与体操比赛活动的每个人，安排到特定的工作岗位上，建立起一个职务系统。明确每个人应该做什么，谁要对什么结果负责，消除由于分工不清而导致的执行中的障碍，提高工作效率，以增强整个组织工作运行的统一性、整体性。使该团体成为一个有机的整体，使整个体操比赛得以顺利进行。

体操比赛是指裁判员依据体操规则的规定，对运动员依据体操规则完成的一套专门的动作给予评分的过程，这一评分决定着运动员的成绩和名次。

根据体操的分类，体操比赛可分为：队列队形比赛、徒手体操比赛、持轻器械体操比赛和器械体操比赛。根据器械体操的层次划分，器械体操又可分为国际体操比赛和国内体操比赛。

国际体操比赛由专门的国际体操联合会组织比赛。国内体操比赛，根据组织者所属的单位级别，又可分为国家体操中心组织的体操比赛；各省市地区组织的体操比赛；以及学校组织的校级体操比赛、年级体操比赛、班级体操比赛等。

体操比赛的组织与进行包括：赛前的准备工作、体操比赛的程序、体操比赛裁判组组成人员、职责及运动员、教练员参赛资格等内容。

第一节　秩序册的编排

秩序册是进行比赛的依据性文件，是实现比赛目的任务的保证。秩序册的编写是否严密，大会组织中各职能部门职能是否能发挥，都将直接影响着整个比赛的顺利进行。因而，事先必须周密地做好各项筹备工作，并将各项工作落实到文字。

秩序册主要包括：规程、组委会、仲裁委员会、裁判员、参赛单位、运动员、竞赛活动日程安排、比赛日程等内容。

秩序册应在裁判员报到之前准备完毕，当裁判员与各代表队报到时即下发。

一、制定竞赛规程

竞赛规程是比赛的指导性文件，是所有的参赛单位和个人必须遵守的准则。在制定体操比赛规程时，应根据比赛的目的、任务和具体条件来制定。一般是由主办单位指定专人负责起草，经有关人员讨论修改后，送主管比赛的领导机关审批。根据比赛规模，竞赛规程应提前三个月或半年以至一年下达。

规程要写得简明、具体准确，使有关单位和参加比赛的人员不产生误解，并按照规程的要求进行有效准备。规程制定应包括下列基本内容。

（一）比赛名称

比赛的名称是融比赛年代、项目、性质、级别为一体的综合称谓。

如："2008 年北京体育大学体操教学比赛"。其中"2008 年"为年代；"体操"为项目；"教学"为性质；"北京体育大学"是级别。

（二）比赛的主办者、承办者和协办者

"主办者"一般是指，对比赛有主导地位，主导着整个比赛的各个方面的单位或部门。

"承办者"一般是指，负责比赛具体事宜的单位。

"协办者"一般是指，对主办单位进行协助，为比赛提供人员、场地以及其他相关服务的单位。

（三）比赛时间、地点

比赛时间、地点主要是指，具体说明比赛的日期（年、月、日）和场馆。如："比赛时间和地点：2007 年 10 月 25 日 ~27 日在北京体育大学北体操馆举行"。这里的 2007 年 10 月 25 日 ~27 日是比赛的具体日期，北京体育大学北体操馆则是比赛的地点。

（四）比赛目的任务

明确指出所举办的比赛要达到的具体目标。

（五）参加人员

参加人员：参赛人员的资格和具体范围。例如：北京体育大学本科生。这就意味着只要是北京体育大学的本科生都有资格参加比赛，而在这个范围以外的研究生就没有资格参加比赛。如果将范围扩展为北京体育大学的学生，那么只要是北京体育大学在册的学生都可以参加比赛。

（六）竞赛项目或内容

1. 器械体操竞赛项目

男子：自由体操、鞍马、吊环、跳马、双杠、单杠。

女子：跳马、高低杠、平衡木、自由体操。

2. 队列队形竞赛内容

成套规定动作比赛或自选动作比赛。

3. 徒手体操竞赛内容

广播操比赛、自编操比赛、规定成套操比赛等。

4. 持轻器械体操竞赛内容

跳绳比赛、绳操比赛、棍棒操比赛、实心球操比赛等。

（七）参赛办法

参赛办法：使参赛人员明确参加比赛的具体要求。

1. 团体赛

团体赛：通常是以单位的名称报名，同时对团体赛的人数作出具体的规定。

（1）器械体操

器械体操：通常一个队参加比赛的人数不超过6名。

（2）队列队形、徒手体操和持轻器械体操

队列队形、徒手体操和持轻器械体操比赛通常有以下两种情况。第一，人数相等；第二，人数不等。如果人数相等，需要在规程中明确男、女是否分开比赛。如果男、女合场，则需明确男、女所占比例。如果人数不等的比赛，需要在规程中明确以下两点。

①出满勤的比赛

各参赛单位的人员除持有请假手续和因公在外的人员外，其余人员必须全部参加，对有无故不参加比赛人员的单位要罚以扣分。

②规定人数最低限额的比赛

规程中必须明确规定各参赛队人数的最低限度。例如：“各参赛单位人数不得少于40人，违者要罚以扣分。”

2. 个人比赛

对报名的方式，应作出明确的规定。如：指出是通过单位统一报名或是凭有效证件直接报名。

3. 参赛人员的身体健康状况

对参赛人员的健康状况作出规定。如：参赛人员必须经医务部门检查，身体合格者方能参加比赛。

4. 抽　签

抽签：在规定的时间、地点由参赛单位的负责人抽出各单位比赛的顺序，或由参赛的个人抽出个人比赛的顺序。如，“赛前一周，由参赛单位的负责人在北京体育大学北体操馆抽签决定出场顺序”。

（八）竞赛办法

竞赛办法：比赛以什么形式、采用什么规则进行、有何特殊规定和要求。

如：对比赛形式的描述：“采用一轮比赛的方式，直接产生团体成绩和个人成绩”；对采用什么规则的描述：“本次比赛采用国家体育总局体操运动管理中心制定的《体操等级运动员规定动作及评分规则》”；对特殊规定和要求的描述：“运动员因特殊情况不能参加比赛，必须在赛前 24 小时以书面形式向大会总记录处报告” 等。

（九）录取名次

1. 团体赛

（1）器械体操

一个队由 N 人参加比赛，取各项比赛成绩最好的前 N－1 人计算团体成绩；总成绩优者名次列前；如成绩相等，则名次并列，下一个名次空出。

（2）队列队形、徒手体操和持轻器械体操

根据参赛队的数量及奖励条件，按照一定比例设计团体赛名次，一般为参赛队的 1/3 到 1/2 为宜。

2. 单　项

以单项成绩优者名次列前，如成绩相等，则名次并列，下一个名次空出。

（十）奖　励

1. 专项奖励

为调动广大群众参加比赛的积极性，根据实际情况可设立各种奖励。例如：做操表演奖、队形表演奖、精神文明奖、创新开拓奖等。

2. 个人奖

个人奖一般是对领操员、指挥员、裁判员、运动员、编操者等个人的奖励，以激励和发挥个人和集体的积极性。

（十一）报名和报到

报名和报到：要明确规定裁判员、运动员和大会工作人员报名、报到的时间和地点，以及提交运动员身体健康证明表的起止日期。例如：“个人或单位于 8 月 15 日至 9 月 15 日将报名表和医院健康证明寄或传真到北京体育大学体操教研室，大会工作人员 12 月 1 日报到；裁判员、运动员 12 月 3 日报到。”

（十二）裁判员

主要说明比赛裁判员的选定。如：“裁判员由国家体育总局体操运动管理中心选派，辅助裁判员由承办单位选派，具体事宜另行通知。”

（十三）其 他

在实际操作中遇到的新问题，通过补充规定下发。通常按如下惯例表示：“未尽事宜，由主办单位和承办单位另行通知。”

（十四）下发竞赛规程

根据比赛规模，竞赛规程应提前三个月或半年以至一年下达。

案例：13.1 2008 年北京体育大学广播体操比赛规程

（一）主办单位：北京体育大学

承办单位：北京体育大学体操教研室

（二）目的任务：

1. 检查徒手操教学情况，总结经验、相互学习，提高徒手体操教学质量。

2. 培养学生组织能力和裁判水平，了解徒手体操比赛特点及组织形式。

3. 促进第八套广播体操的推广和开展。

（三）比赛时间：* 年 * 月 * 日

（四）比赛地点：南体操馆

（五）参赛人员：体育系体操普修课学生

（六）比赛内容：第八套广播体操

（七）参赛办法：

1. 以班为单位，每个学生都必须参加。

2. 赛前一周由各班班长抽签决定出场顺序。

3. 领操员由任课教师指定，统一放广播操音乐指挥。

（八）竞赛办法：

1. 全套操共 100 分，其中出场精神面貌 10 分，领操员情况 10 分，全班做操情况 80 分。

2. 出勤情况扣分：学生无故缺席，每缺一人在全班总分中扣去 3 分。请假须有假条，事假每缺一人扣 2 分。病假每缺一人扣 1 分。

3. 本次比赛采用北京体育大学体操教研室制定的第八套广播体操评分细则。

（九）名次与奖励

以各班得分多少确定名次排列（可并列）。对团体总分获得前三名的班级；获领操员得分前二名的个人颁发奖状，以资鼓励。

（十）裁判员：由体育教育学院体操专项学生及获得体操二、三级裁判员资格的学生组成。

（十一）报名时间：* 年 * 月 * 日—— * 日

（十二）其他：未尽事宜，由主办单位和承办单位另行通知

体育系体操教学组

点评：这一规程主要是针对在校的普修学生制定的。是北京体育大学广播操比赛的规程。

规程中比赛的目的明确：1. 检查徒手操教学情况，总结经验、相互学习，提高徒手体操教学质量。2. 培养学生组织能力和裁判水平，了解徒手体操比赛特点及组织形式。3. 促进第八套广播体操的推广和开展。

规程中比赛时间、比赛地点、参赛人员、比赛内容、参赛办法、竞赛办法、名次与奖励、裁判员、报名时间等都写得较详细，使参赛者一目了然。

案例：13.2　北京体育大学体育教育学院体操比赛规程

一、主办单位：教育学院体操教研室和教育学院有关年级联合举办

二、比赛时间：＊年＊月＊日

三、比赛地点：北京体育大学南体操馆

四、参赛人员：教育学院的学生

五、比赛项目：

男子：技巧、双杠、跳马、单杠

女子：单杠、跳马、平衡木、技巧

六、参加办法：

1. 团队组成：以班为单位、男生班每班一队，女生每班两队，每队由6名正式队员和一名替补队员组成。

2. 男队、女队安排同场比赛，比赛顺序赛前两周抽签决定。

七、竞赛办法：

1. 进行一轮比赛。

2. 团体赛：根据每个队的成绩决定团体名次。

3. 个人赛：根据个人成绩决定个人全能名次和单项名次。

4. 比赛将根据国际体操评分规则和教育学院体操普修课考试动作评分标准进行评分。

八、录取名次和奖励：

1. 男子：团体取前三名、全能和单项前六名，颁发奖状，以资鼓励。

2. 女子：团体取前两名，全能和单项前六名，颁发奖状，以资鼓励（若女子只有两队参赛，则录取名次减半）。

3. 设评精神文明、道德风尚奖男女各一队。

九、报名：各班班长于＊月＊日之前，将本班预选代表队名单报送年级学生会。

十、裁判员：

每一个项目设一个裁判组，由各年级专修学生及获得体操二、三级裁判员资格的学生组成，专项获得二级裁判员资格的学生担任裁判长。各组配一名老师，负责组织裁判学习，试评和现场指导。

十一、其他：未尽事宜，由主办单位和承办单位另行通知

体操教学组＊年＊月＊日

二、召开领队工作会议

赛前，应由竞赛委员会负责人，召开领队会及有关方面联席会议。参加会议的人员应包括：主办单位负责人、参赛单位的领队及总裁判长和竞赛委员会的成员。

会议的主要内容如下。

（一）作比赛场地及设备等情况汇报

（二）解释竞赛规程和评分规则等方面的有关问题

（三）确定比赛顺序

确定比赛顺序有抽签、安排、抽签与安排相结合三种形式。一般多采用抽签的形式。比赛顺序签包括：名称、出场顺序或比赛项目顺序、代表队单位名称（抽签结束后填写单位）、抽签人签名（抽签结束后由抽签人填写）和抽签时间等内容。

案例：13.3　2006 年北京体育大学广播操比赛顺序

出场顺序：1

代表队单位名称：

抽签人签名：

抽签时间：

案例：13.4　2008 年北京体育大学体操比赛顺序

第一场 6 月 20 日 8 时

比赛项目顺序：自、鞍、吊、跳、双、单

代表队单位名称：

抽签人签名：

抽签时间：

（四）安排试用场地顺序

根据每个代表队出场顺序，用表格排列的方式，排列各代表队试用场地的时间和顺序表，并下发到各参赛队。

（五）讨论解决有关比赛的问题

有关负责人和裁判长对参赛队所提出的问题进行解释与解答。

三、编印秩序册

在确定比赛顺序后，编印秩序册。秩序册的内容应包括：封面、规程、参赛单位、组委会、仲裁委员会、裁判员名单、各代表队领队、教练员、运动员、工作人员名单、大会活动日程表、比赛日程表。

（一）封面

主要内容：比赛名称、比赛时间、比赛地点、主办单位、承办单位、协办单位（根据实际情况增设）。

案例：13.5 秩序册封面

2006 年北京体育大学体操比赛

秩

序

册

主办单位：北京体育大学

承办单位：体操教研室

2006、1、8~9 北京体育大学

（二）规程（参见本章第一节）

（三）组委会（成员名单和职位）

（四）仲裁委员会（成员名单和职位）

（五）裁判员名单

（六）各代表队领队、教练员、运动员、工作人员名单

（七）大会活动日程表

（八）比赛日程表（参见本章第五节）

第二节　体操比赛程序

一、开幕式程序

（一）宣布体操比赛开始

（二）裁判员、运动员入场

（三）介绍到场嘉宾

（四）领导致开幕词

（五）运动员代表讲话（非重大比赛可以省略）

（六）裁判员代表讲话（非重大比赛可以省略）

（七）裁判员、运动员退场

二、比赛进行程序

整场比赛应在大会宣告员的组织下进行。比赛开始，裁判员、运动员入场，运动员试用器械、各项目轮换，比赛结束退场等均在大会宣告员指挥下统一进行，也可选用音乐配合广播员指挥。

（一）检 录

赛前大约 10 分钟，检录员在检录处，召集将参加该场次比赛的运动员和裁判员，并检查人数，核对运动员号码，说明有关纪律和要求，以及进场路线等。

（二）裁判员、运动员入场

当听到裁判员、运动员入场的口令后，放音乐；裁判员、运动员入场（器械体操比赛则走到比赛第一项器械旁），运动员队伍面向裁判长，队长向裁判长报告该队参加比赛的人数，并请裁判长指示。

（三）运动员试用器械（适用于器械体操）

每人平均试用器械的时间，国际体操评分规则对不同项目作出了具体规定，详见 2009 年版竞技体操评分规则。当试用时间到，项目裁判长发出“练习停止，比赛开始”的口令后，比赛便开始。

（四）比 赛

裁判长用绿色信号向裁判员、运动员示意比赛开始，运动员举右手示意后开始做动作，成套动作完成后要面向裁判长。

（五）示 分

示分方式有以下两种。

1. 裁判员公开示分

裁判员公开示分：裁判长发出示分的信号，每位裁判员将得出的分数统一出示给观众和运动员，小组记录员按照规则的记分方法算出最后得分，裁判长出示最后得分。

2. 裁判员不公开示分

裁判员不公开示分：由小组跑分员将裁判员得分传递给裁判长，小组记录员按照规则的记分方法算出最后得分，裁判长出示最后得分。当裁判长示出最后得分时运动员要起立。

（六）换项（适用于器械体操）

本项比赛完毕，裁判长要挂起小红旗或亮红灯，示意该项目该组比赛完毕，等待轮换项目。当场上各项目比赛完毕后，宣告员发出轮换项目的指令，运动员整队，并以整齐的步伐走向下一器械。

（七）裁判员、运动员退场

裁判员、运动员退场：有宣告员发出指令退场和作为评分的一部分而专门设计的退场两种。

1. 器械体操比赛的退场

当听到宣告员宣告裁判员、运动员退场的口令后，各项裁判员、运动员起立整队统一退场。

2. 队列队形、徒手体操、持轻器械体操比赛的退场

通常队列队形、徒手体操、持轻器械体操比赛的退场是作为整套操评分的一部分。

由于体操比赛有：队列队形比赛、徒手体操比赛、持轻器械体操比赛和器械比赛，因此，以上比赛程序可根据需要进行增减，通常情况，队列队形比赛、徒手体操比赛、持轻器械体操比赛的比赛程序包括上述中，检录；裁判员、运动员入场；比赛；示分和运动员退场5个部分。而器械体操比赛程序通常包括了以上7个部分。

三、闭幕式程序

（一）宣布闭幕式开始

（二）运动员入场

（三）总裁判长宣布比赛成绩并发奖

（四）领导致闭幕词（非重大比赛可以省略）

（五）宣布大会闭幕

第三节　体操比赛裁判组成人员及其职责

一、裁判员组成

体操比赛通常设仲裁委员会、裁判组、记录组、检录组和场地器材组

（一）仲裁委员会通常由大会的负责人和有威望的体操裁判、总裁判长、领队等代表组成，一般设有：主任1~2名，委员若干名。

（二）裁判组通常有：总裁判长1~2名，裁判长若干名，裁判员若干名。

（三）记录组通常有：总记录长1~2名，记录员若干名。

（四）检录组通常有：检录长1~2名，检录员若干名。

（五）宣告、音响组：宣告员1~2名、放音员1~2名。

（六）场地器材组：组长1~2名，组员：若干名。

二、裁判员职责

（一）仲裁委员会

仲裁委员会主要负责观察整个比赛，处理比赛中接到的申诉，并提出有约束的决定。

（二）裁判组

1. 总裁判长

总裁判长全面负责大会的比赛工作；场地器械的安全工作；处理评分中有关特殊问题；对全体工作人员提出相关的要求及比赛的注意事项。

2. 裁判长

裁判长负责组织裁判员学习竞赛规程和评分细则；观察运动员练习及试评；向运动员发出比赛开始的指令；查对场上裁判员评分；出示运动员的最后得分。

3. 裁判员

裁判员是场上的实际评分者，对整套动作根据规则进行评分。

（三）记录组

记录组包括总记录和小组记录。

1. 总记录

总记录主要职责：根据规则和小组记录送上来的成绩计算团体总分、全能分数和单项分数，编排秩序册、成绩册；准备电脑、比赛表格、示分牌、红绿小旗、文具用品等；并发放秩序册、小组记录表和裁判员的文具用具。

2. 小组记录

小组记录的主要职责：根据规则将本项目小组裁判员的评分进行计算，得出运动员在该项目上的最后得分。

（四）检录组

检录组根据秩序册中的比赛日程表，在总记录长的指挥下负责编写项目出场顺序表，并负责比赛场上裁判员和运动员入场和退场的秩序。

1. 器械体操比赛出场顺序表

出场顺序表通常包括：比赛名称、组别、参赛单位名称、项目、出场时间、出场顺序、运动员姓名和号码等内容。

案例：13.6　第二届北京市中小学体操等级运动员规定动作比赛出场顺序表

女子______组　　单位：　　　　　学校　　　　　项目：跳马

时间：	27 日 9：30～10：10		
顺序	姓名	号码	备注
1			
2			
3			
4			

2. 队列队形、徒手体操、持轻器械体操比赛

出场顺序表通常包括：比赛名称、出场顺序、参赛单位名称、所设个人奖名单（如领操员）、参赛人员名单等内容。

案例：13.7　2008 级北京体育大学广播操比赛出场顺序

出场顺序：　　年级：　　班级：　　领操员：

序号	姓名	序号	姓名	序号	姓名	序号	姓名
1		11		21		31	
2		12		22		32	
3		13		23		33	
4		14		24		34	
5		15		25		35	
6		16		26		36	
7		17		27		37	
8		18		28		38	
9		19		29		39	
10		20		30		40	
备注	应到人数：			实到人数：		缺勤：	

（五）宣告、音响组

1. 宣告员

宣告员的工作主要是：掌握场上比赛流程和节奏，配合总裁判长指挥全场统一协调地完成比赛任务；适时报道比赛成绩、宣传普及体操知识。如：发出裁判员运动员的入场和退场及轮换项目的指令；控制运动员试用器械的时间等。

2. 放音员

放音员的主要职责是：负责比赛场上所有音乐的播放。

（六）场地器材组

场地器材组的主要职责是：提出比赛和练习场地安排方案、布置练习和比赛的场地；并负责器械维修、场地整理等工作。

第四节　队列队形、徒手体操、持轻器械体操比赛的裁判工作

队列队形比赛的特征是：将学生有组织地排列成行或列，由集体统一完成动作，动作

简单，但对集体协调一致完成动作要求非常高，是培养组织纪律性和集体主义精神的有效手段。队列队形的比赛也可以安排到徒手体操和持轻器械体操比赛的入场和退场中，作为比赛的一部分出现，并且给予专门的分值。

徒手体操比赛和持轻器械体操比赛的特征是：由集体完成成套动作。通常是以团体比赛的形式出现，总记录工作比较简单，赛期比较短，通常在一天之内完成。

持轻器械体操比赛是在徒手体操的基础上完成的，因此徒手体操比赛的裁判工作是持轻器械体操比赛裁判工作的基础，我们这里重点介绍徒手体操教学比赛的裁判工作。

一、场地布置

场地包括比赛场地和入场前的准备场地。比赛场地可按照比赛人数 ×2 米，间隔 ×2 米距离来计算。如果有持轻器械体操比赛，还要根据所持器械的长度调整间隔和距离。

为使比赛能够紧凑顺利地进行，通常需要专门设置一块场地，为下一个上场的队伍做入场准备。

二、裁判员的分组

裁判员的分组通常依据所采用的评分方法来进行。

（一）全场评分方法

全场评分：由一个裁判组负责完成从入场、做操、退场全过程的评分工作。这种评分方法适用于裁判员人员较少，或上场比赛的运动员规模较小的比赛。

（二）分区评分方法

分区评分方法：将比赛的人员按照纵队、横队、就近等原则分成若干个区域，同时将裁判员也分成若干个组，对专门负责的区域内运动员的做操情况进行评分。这种评分方法适用于裁判员人员较多，或上场比赛运动员规模较大的比赛。

三、裁判员的工作位置

大会为裁判员安排的工作位置，应使他们能清楚地观察到运动员所做的动作。

（一）裁判员集中就座

裁判员集中就座：裁判员成一排就座。适用于全场评分方法。其优点是：各裁判员能从同一角度观察运动员的表演，评分的差距比较小、出分快、工作紧凑。缺点是：对运动员表演动作的观察有死角，易漏判。

（二）裁判员分区就座

裁判员分区就座：将裁判员分成若干个组，在场地的各个方位就座。适用于分区评分方法。

其特点：对本区域运动员表演的动作观察得较为清楚，不易漏判。其缺点是：评分差距较大，出分慢。

因此在评分中应注意以下两点。

1. 为缩小区与区之间的评分差距，通常采用对局部区域的评分为主，兼顾观全局的方法。

2. 为克服出分慢的缺点，通常要安排1～2名跑分员或设置传分器，以保证能及时将分传至裁判长。

四、记　分

（一）总记录组将小组记录填写的最后得分，汇集到总记录表上，排出名次。

（二）比赛通常采用100分制，从0.1分扣起。

五、评　分

评分必须根据规则进行。比赛的规则是根据学生的实际情况，由负责此次比赛的负责人和相关的教师集体制定的。比赛的内容一般分为规定动作和自选动作两种。

（一）规定动作

制定队列队形、徒手体操、持轻器械体操规定动作比赛的规则，通常包括以下内容。

1. 对出入场的评分

入场是指：当学生听到领操员发出的口令后，进入场地到做操开始前这一过程。退场是指一套操结束到运动员离开比赛场地为止。出入场的评分，是指对进入场地和退场过程中，运动员的精神面貌、步伐、动作以及队形变化等要素进行的评分。

2. 对领操员的评分

领操员是位于队伍的最前列、带领集体完成动作的指挥者。对领操员的评分，是指对领操员的占位、领做、口令、节奏、风度及精神面貌等要素进行的评分。

3. 对集体做操的评分

集体做操：以单位或临时组成的集体成员共同完成一套操。对集体做操的评分，是指对集体做操者的动作顺序、动作技术、身体姿势、整齐程度等要素进行的评分。

案例：13.8　2008年北京体育大学广播操评分细则

（一）“出入场”评分办法

1. 出入场要求

（1）全班同学出入场动作整齐划一。

（2）队伍排列整齐，步伐有力。

（3）服装整齐，精神振奋。

（4）遵守赛场纪律，组织纪律性好。

2. 评分因素及其分值

队伍动作：5 分

队伍排面：1 分

精神面貌：2 分

服　　装：1 分

组织纪律：1 分

3. 错误及扣分

典型错误	轻微	显著	严重
（1）步伐不够有力：	0.3 分	扣至 0.5 分	扣至 1.0 分
（2）步伐不够整齐	个别错误 0.3 分	3 人以上扣 0.5 分	5 人以上扣 1.0 分
（3）排面不够整齐：	0.3 分	扣至 0.5 分	扣至 1.0 分
（4）精神不够振奋：	0.3 分	扣至 0.5 分	扣至 1.0 分
（5）服装不够整齐：	0.3 分	扣至 0.5 分	扣至 1.0 分
（6）组织纪律性不好：	0.3 分	扣至 0.5 分	扣至 1.0 分

（二）对“领操员”评分办法

1. 对领操员的要求

（1）镜面示范，动作准确。

（2）口令正确、声音宏亮、有力，节奏合理。

（3）表现严肃、认真，自然大方。

2. 评分因素及其分值

示范动作：6 分

口令：3 分

仪表：1 分

3. 典型错误及其扣分

（1）动作、口令、示范面的错误：

轻微（不影响全班动作）：　　每次扣 0.1 分

显著（稍微影响全班动作）：　　每次扣 0.3 分

严重（影响全班动作）：　　每次扣 0.5 分

（2）动作部位不够准确　　每次扣 0.1 分

（3）口令声音不够宏亮　　扣至 0.1 分

（4）节奏不好　　扣至 0.3 分

（5）表现紧张　　扣至 0.3 分

（6）每节操动作错误扣分累计不超过　0.5 分

(三) 对集体做操评分办法

1. 裁判组成

由10名裁判员和一名裁判长组成。

2. 评分办法

(1) 以30人为基数，每节操做四八拍、进行评分。每名裁判员负责评定3人，选其中3人中错误最严重者进行扣分。裁判位置根据队形决定。

(2) 每节操最高分10分，整套操为80分。每个裁判按10分进行评分。

(3) 每个裁判员根据动作错误性质对每节操进行扣分，然后去掉一个最高分和一个最低分，剩余的八名裁判得分相加总和为本班广播操集体完成情况得分。

3. 评分标准

(1) 以一个八拍为单位进行扣分。

(2) 漏做一节扣1分。

(3) 漏做一个八拍扣0.5分。

(4) 每节操顺序颠倒每次扣0.5分。

(5) 小错：姿态较好、动作不到位、节奏较差，有力度，路线方向准确扣至0.2分。

中错：姿态欠佳，动作部位不准确，节奏幅度差，路线方向不太准确扣0.2~0.3分。

大错：姿态节奏、幅度差，有停顿，路线方向错误扣0.4~0.5分。

(6) 每节操最多扣分不超过0.8分。

4. 裁判长职责

(1) 督促各班长交做操队形。

(2) 明确分工。

(3) 检查各裁判员大的错误扣分是否准确。

体操教学组

(二) 自选动作

自选动作规则的制定，通常包括动作分值的分配和编排的特殊要求。

1. 分值的分配

分值的分配主要是指：运动员从入场、做操到退场全过程中每一部分的分值分配。如：入场、操、退场、创编、运动量、编操顺序、独特性、新颖性和创新性等所占比例。

2. 编排的特殊要求

编排的特殊要求是指，比赛中必须完成的一类动作。如“入场必须呼口号，但口号的内容和节奏可自编”（在具体的评分方法上可参考规定动作的评分）。

第五节　器械体操比赛的裁判工作

器械体操比赛的特征：由每个个体在器械上独立完成成套动作。通常是将裁判员和运动员分成若干个组，运动员分别在各自的器械上完成成套动作，然后运动员进行项目轮换，最后获得单项、全能和团体比赛的成绩。总记录工作比较复杂。

一、场地布置

体操器械是开展器械体操的物质条件。由于体操器材设备比较复杂，练习者必须在器械上完成动作，因此，器械安装要牢固，各种器械之间要保持适当距离，以上下器械互相不影响为宜。

体操比赛的场地布置：首先，将跳马摆放在场地的一侧，其他固定器械分布在四周，中间应布置自由体操场地。其次，把支撑和悬垂项目隔开对称来布置。

国家级及国际级竞技体操比赛，通常要搭建体操比赛台，然后在比赛台上安装体操器械。裁判员在比赛台下观察运动员完成动作，然后进行打分。

二、项目裁判员组成

器械体操比赛项目多，比赛所需要的时间长。为节省时间，通常将男子裁判组按照项目划分，分为 3 个裁判组，每组负责两个项目的评分。女子裁判组按照项目分为 2 个裁判组，每组负责 2 个项目的评分。有时可根据参赛的人数和项目适当地增减裁判组。

一个裁判组人员组成通常是由 1 名裁判长、4 ~ 6 名裁判员、1 名记时员、1 名记录员组成。

国际体联对世界锦标赛、奥运会、世界杯、国际邀请赛等大型比赛的裁判组人员构成作出了专门的规定，即每项比赛由 A 组 2 名裁判员（评判运动员完成的难度分值）、B 组 6 名裁判员（评判运动员完成动作的情况）和若干个辅助裁判员组成（根据项目的不同，辅助裁判员通常包括：视线员、记录员、记时员等，详见国际体操规则）。

三、总记录组成员及其工作

体操比赛的编排与总记录是一项较为复杂而又细致的工作，要求记录工作准确、快速。大型比赛通常是采用电脑统计和人工统计两套系统进行，小规模的比赛也可以采用一套系统进行。

（一）总记录组成员

总记录组成员一般是由 1 名总记录长、2 名副总记录长、4 ~ 12 名组员组成。

总记录长负责全盘工作；2 名副总记录长分别负责男子组和女子组的总记录工作；2 ~ 6 名组员负责男子组总记录工作；2 ~ 4 名组员负责女子组总记录工作；电脑输入员 1 名；核对员 1 名。

（二）编排工作

1. 编排大会活动日程表

大会日程表：从裁判员、运动员和工作人员报到到离会，这段时间活动的日程安排

（通常适用于国际或全国竞技体操比赛）。

大会日程表一般包括：大会报到时间、运动试用场地时间、比赛时间和离会时间等内容。

2. 编排比赛日程表

一场比赛，分男女分场比赛、男女合场比赛两种，两种比赛都分上半场和下半场。比赛日程表是在这个前提下编写的。比赛日程表是比赛顺利进行的核心，严密合理细致的比赛日程表，是比赛顺利进行的保证。比赛日程表的编排一般是由记录长负责。

编排日程表的方法如下。

（1）根据比赛规程计算比赛场数和天数。通常一场比赛安排 2 个以上的组（或队）参加。

场数 = 运动员组或队数/每场参赛组或队数

天数 = 场数/一天比赛场数

（2）依据参赛组或队数编排项目轮换表。项目轮换表是指，在一场比赛中每一个组或队比赛项目的顺序表。

①男女合场比赛项目轮换

男女合场比赛项目轮换，通常是由男子 3 个裁判组同时为 3 个男子组或队进行评分；女子 2 个裁判组同时为 2 个女子组或队进行评分，但每场比赛女子有 3 个组（或队）参加比赛。轮换项目表通常包括：场次、时间、组别、项目、轮次等。

案例：13.9　男女合场项目轮换表

第 1 场

时间：9 月 20 日上午 9 点 30 分 ~11：30 分

组别	轮次 / 项目 / 组	1	2	3	4	5	6
男子	第一组	自	鞍	吊	跳	双	单
	第二组	鞍	吊	自	双	单	跳
	第三组	吊	自	鞍	单	跳	双
女子	第一组	跳	高	空	平	自	空
	第二组	高	空	跳	自	空	平
	第三组	空	跳	高	空	平	自

注：这里的“空”是指有一个组在后场不上场比赛，通常称为轮空。

②男女分场比赛项目轮换

男女分场比赛项目轮换。男女分场比赛可分为：男子 6 个裁判组同时给 6 个组或队的运动员进行评分；男子 3 个裁判组同时给 3 个组或队的运动员进行评分；女子 4 个裁判组同时给 4 个组或队的运动员进行评分；女子 2 个裁判组同时给 2 个组或队的运动员进行评分。项目轮换表通常包括：场次、时间项目、轮次、组别等。

案例：13.10　男子项目轮换表（3 个裁判组）

第 1 场

时间：9 月 20 日下午 15 点 30 分～17：30 分

项目／轮次／组	自	鞍	吊	跳	双	单
第一组	1	2	3	4	5	6
第二组	2	3	1	5	6	4
第三组	3	1	2	6	4	5

案例：13.11　男子项目轮换表（6 个裁判组）

第 2 场

时间：9 月 21 日上午 9 点 30 分～11：30 分

项目／轮次／组	自	鞍	吊	跳	双	单
第一组	1	2	3	4	5	6
第二组	2	3	4	5	6	1
第三组	3	4	5	6	1	2
第四组	4	5	6	1	2	3
第五组	5	6	1	2	3	4
第六组	6	1	2	3	4	5

案例：13.12　女子项目轮换表（2 个裁判组）

第 3 场

时间：9 月 22 日上午 9 点 30 分～11：30 分

项目／轮次／组	跳	高	空	平	自	空
第一组	1	2	3	4	5	6
第二组	2	3	1	5	6	4
第三组	3	1	2	6	4	5

在实际运用中还应根据裁判员、运动员人数以及比赛项目的多少进行编排。编排要符合规程和规则要求，如采用男女合场比赛，要注意跳马和自由体操两块场地男女交叉使用。

（三）记录工作

1. 赛前记录工作

赛前，总记录长应带领全组成员学习规程及规则，重点掌握记分、计算成绩方法及名次录取的办法。并指定专人负责准备比赛所需要的各种文具和表格。表格包括：总记录用表、小组记录用表、裁判员评分表等。

(1) 总记录表

总记录表应包括：记录表名称、日期、地点、单位、姓名、运动员号码、项目、分数、名次、记录员签字和总记录长签字等。

案例：13.13　男子总成绩记录表

日期：2008 年 1 月 9 日

地点：北京体育大学北体操馆

单位	姓名	号码	自由体操		鞍马		吊环		跳马		双杠		单杠		全能成绩		团体成绩	
			分数	名次	分数	名次	分数	名次	分数	名次	分数	名次	分数	名次	分数	名次	分数	名次

记录员签字：　　　　　　　　　　　　　　　　　总记录长签字：

案例：13.14 女子总成绩记录表

日期：2008 年 1 月 9 日

地点：北京体育大学北体操馆

单位	姓名	号码	自由操		平衡木		跳马		单杠		最好三项全能成绩		团体成绩	
			分数	名次	分数	名次	分数	名次	分数	名次	分数	名次	分数	名次
＊＊＊学校														

记录员签字：　　　　　　　　　　　　　　总记录长签字：

注：这一总记录表适合电脑计算，随着成绩的填写，名次的先后排名会不断地变化，直到比赛结束。

（2）小组记录表

小组记录表应包括：记录表名称、日期、单位、姓名、运动员号码、项目、出场顺序、裁判员给分、裁判长给分、最后得分、小组记录员签字和裁判长签字等，见案例 15。

案例：13.15 小组记录用表

日期：2008 年 1 月 9 日　　　　　　　　　　　　　　项目：单杠

单位／年级	出场顺序	姓名	裁判员给分				裁判长给分	最后得分
			1	2	3	4		
	1							
	2							
	3							
	4							
	5							
	6							

小组记录员签字：　　　　　　　　　　裁判长签字：

2. 赛中记录工作

（1）总记录长工作

总记录长收到小组记录表后，认真审查，检查中间分是否取正确，两个中间分之间差额是否符合规则规定，全场比赛结束后在总记录表上签名。

（2）总记录员工作

总记录员在表上填写成绩，或电脑输入，累计团体和全能成绩。并取暂时领先名次，填写成绩卡片，分别插团体、全能、单项领先卡片，全场比赛结束后在总记录表上签名。

（3）小组记录员工作

小组记录员收到每位裁判员评判的分数后，认真审查，检查两个中间分之间差额是否符合规则规定，在确定准确无误后，将每位裁判员的分数填进小组记录表中，当一组运动员比赛结束后，在小组记录表上签字，然后请裁判长签字，最后将小组记录表送到总记录处。

3. 赛后记录工作

比赛结束后，由总记录长签字，将成绩汇编成成绩册。成绩册包括封面、团体成绩、全能成绩和单项成绩。

（1）封　面

（参见秩序册格式）

（2）团体成绩

团体成绩包括以下内容：名称、单位、姓名、运动员号码、团体成绩和名次、总记录员签字、总记录长签字。

案例：13.16　团体比赛成绩

单位	姓名	号码	团体成绩	名次
				1
				2

总记录员签字：　　　　　　　　　总记录长签字：

（3）个人全能成绩

个人全能成绩包括以下内容：名称、单位、姓名、运动员号码、全能成绩、名次、总记录员签字、总记录长签字和名称、单位、姓名、项目得分、最好四项或三项总成绩、记录员签字、裁判长签字两种。

案例：13.17　全能比赛成绩（1）

单位	姓名	号码	全能成绩	名次

总记录员签字：　　　　　　　　　总记录长签字：

案例：13.18　男子全能总成绩记录表（专项通级用表）

单位/年级	姓名	项目得分						最好四项总成绩
		自由体操	单杠	跳马	双杠	鞍马	吊环	

总记录员签字：　　　　　　　　　总记录长签字：

案例：13.19　女子全能总成绩记录表（专项通级用表）

单位/年级	姓名	号码	项目得分				最好三项总成绩
			自由体操	单杠	跳马	平衡木	

总记录员签字：　　　　　　　　　总记录长签字：

（4）单项成绩

个人单项成绩包括以下内容：名称、项目、单位、姓名、运动员号码、成绩和名次。

案例：13.20　单项比赛成绩

项目：男子自由操

单位	姓名	号码	成绩	名次

总记录员签字：　　　　　　　　总记录长签字：

四、评　分

（一）竞技体操评分参考《国际体操规则》。

（二）国内等级运动员评分参考《国家体操运动员规定动作评分规则》。

思考题：

1. 开展学校体操教学比赛活动的目的、意义是什么？
2. 如何编写秩序册，秩序册包括哪些内容？
3. 如何编写项目轮换表，编写项目轮换表应注意什么？

主要参考书目

[1] 陈镇华等．中国体操运动史［M］．武汉：武汉出版社，1990.
[2] 田麦久．运动训练科学化探索［M］．北京：人民体育出版社，1988
[3] 崔鸣周．体操训练部分问题探微［M］．北京：人民体育出版社，1992
[4] 教材编委会．体育学院普修通用教材——体操［M］．北京：人民体育出版社，2003
[5] 12 师大联合编写．教育学基础［M］．北京：教育科学出版社，2002
[6] 教材编委会．运动训练学［M］．北京：人民体育出版社，2005
[7] 毛振明．探索成功的体育教学［M］．北京：北京体育大学出版社，2004
[8] 胡祖荣．身体训练 1400 列［M］．北京：人民体育出版社，1980
[9] 张予南，高留红．团体操［M］．北京：北京体育大学出版社，2007
[10] 高等学校文科教材——教育学［M］．北京：人民教育出版社，1989
[11] 体育系通用教材——体操［M］．北京：人民体育出版社，1985
[12] 体育学院专修通用教材——体操［M］．北京：人民体育出版社，1991
[13] 郑吾真等．竞技体操训练学［M］．北京：北京体育学院出版社，1990
[14] 苏珊·伍德福特．剑桥艺术史［M］．北京：中国青年出版社，1994